D1880781

काव्य-चिंतन की पश्चिमी परंपरा

वाणी प्रकाशन
21-ए, दरियागंज, नयी दिल्ली-110002
फोन : 011-23273167, 23275710, 41562622
फैक्स : 011-23275710
e-mail : vani_prakashan@yahoo.com
vaniprakashan@gmail.com
website : www.vani-prakashan.com

काव्य-चिंतन की पश्चिमी परंपरा

निर्मला जैन

वाणी प्रकाशन

वाणी प्रकाशन
4695, 21-ए, दरियागंज, नयी दिल्ली 110 002

शाखा
अशोक राजपथ, पटना 800 004

फ़ोन: +91 11 23273167 फ़ैक्स: +91 11 23275710

www.vaniprakashan.in
vaniprakashan@gmail.com
sales@vaniprakashan.in

KAVY-CHINTAN KI PASHCHIMI PARAMPARA
by Nirmala Jain

ISBN : 978-81-8143-589-7
Criticism

© निर्मला जैन
संस्करण : 2006
आवृत्ति 2017
मूल्य : ₹ 595

इस पुस्तक के किसी भी अंश को किसी भी माध्यम में प्रयोग करने के लिए प्रकाशक से लिखित अनुमति लेना अनिवार्य है।

सिटी प्रेस, दिल्ली-110 095 में मुद्रित

वाणी प्रकाशन का लोगो मक़बूल फ़िदा हुसेन की कूची से

अनुक्रम

प्रवृत्तियाँ

परिशिष्ट

पाश्चात्य काव्य-चिंतन का विकास

(भूमिका)

पाश्चात्य साहित्य में समीक्षाशास्त्र के विकास के संकेत पाँचवीं सदी ईस्वी पूर्व के पहले तब से मिलने लगे थे जब हेसियड, सोलन, पिंडार आदि की रचनाओं में काव्य के हेतु तथा प्रयोजन संबंधी मान्यताओं का जिक्र मिलता है। विख्यात नाटककार एरिस्तोफ़ेनिस के नाटकों में भी हास्य-व्यंग्य के माध्यम से साहित्य के सिद्धांतों का उल्लेख हुआ है। किंतु एक व्यवस्थित शास्त्र के रूप में साहित्यालोचन की पहली झलक प्लेटो (427-347 ई.पू.) के 'इओन' नामक संवाद में मिलती है। नाटकीय संलाप के रूप में प्रस्तुत इस कृति में दो पात्र हैं–एक सुकरात तथा दूसरा इओन। इओन जो महाकाव्यों का गान भी करता है और साहित्य का प्राध्यापक तथा व्याख्याता भी है और सुकरात जो टिप्पणियाँ करते चलते हैं। सुकरात के पैने प्रश्नों के उत्तर में इओन जो कुछ कहता है, उससे एक ओर तो काव्य के कथ्य, स्रोत और प्रकृति के विषय में किसी सुनिश्चित सिद्धांत के अभाव का बोध होता है और दूसरी ओर इन विषयों पर प्लेटो के विचारों का परिचय भी मिलता है।

काव्य-सिद्धांत चर्चा के इतिहास को अनेक दृष्टियों से देखा जा सकता है जिनका संबंध काव्य की प्रकृति, लक्षण, स्वरूप, उद्देश्य, विषय-वस्तु, प्रयोजन आदि किसी से या सबसे हो सकता है। किंतु इन सभी बातों पर जीवन-जगत के प्रति विचारक की मूल दृष्टि का प्रभाव पड़ता है। पाश्चात्य साहित्य-सिद्धांत चर्चा के क्रम में आत्मवादी (सब्जेक्टिव) या प्रत्ययवादी (आइडियलिस्ट), और वस्तुवादी (ऑब्जेक्टिव) या अनुभववादी (एम्पिरिकल) दो विरोधी प्रतीत होनेवाली जीवन-दृष्टियाँ मिलती हैं। पाश्चात्य काव्यशास्त्र के विकास-क्रम में एक रोचक तथ्य है काल के क्रम में एक के बाद एक क्रमशः आत्मवादी विचारधारा और वस्तुवादी विचारधारा का प्राधान्य। यह अलग बात है कि ये प्रवृत्तियाँ सदा स्पष्ट तथा सुनिश्चित नहीं रही हैं और कहीं-कहीं, लोंगिनुस जैसे विचारकों की स्थापनाओं में, ये काफी घुल-मिल गई हैं। किंतु अपने-अपने युग की सिद्धांत-चर्चा पर, रूप तथा बल की कमोबेशी के साथ, इनका प्रभाव किसी-न-किसी रूप में हमेशा दिखाई देता रहा है और इनका स्वरूप एक सीमा तक काफी स्पष्ट

भी रहा है।

प्लेटो की मूल दृष्टि प्रत्ययवादी थी। उनके मत में यह विश्व और इसके सकल पदार्थ विश्व की विराट चेतना में प्रत्यय के रूप में स्थित हैं। बाह्य जगत में हम जो कुछ देखते हैं, वह उस अमूर्त प्रत्यय का मूर्त अनुकरण मात्र है। कविता चूँकि बाह्य संसार से सामग्री ग्रहण करती है और इस सामग्री को ही अपने ढंग से संयोजित करके प्रस्तुत करती है, अतः यह अनुकरण का अनुकरण है और सामान्यतः ग्रहणीय नहीं है। वैसे भी कविता में वैज्ञानिकता तथा तर्कसिद्धता के गुणों का अभाव होता है। प्लेटो के अनुसार यह सामाजिक गुणों को प्रश्रय देने के बजाय छिछोरे हास्य तथा छिछली भावनाओं को उकसाती है। कविता के प्रभाव को आधार बनाकर, उन्होंने आदर्श नगर राज्य से कवि के निष्कासन का जो प्रस्ताव किया, उसके बारे में उनके अपने मन की द्विधा भी अंतर्विरोध के रूप में सामने आई।

कविता को प्लेटो तभी संभव मानते हैं जब कवि पर दैवी कृपा हो और वह सुधबुध खोकर 'दैवी विक्षेप' से प्रभावित तथा प्रेरित हो। इतने पर भी कविता तभी ग्राह्य हो सकती है जब कवि या कथाकार गंभीर भाव से केवल श्रेष्ठ गुणवानों की शैली का अनुकरण करे। उसे देवताओं तथा प्रख्यात मानवों की स्तुति तथा प्रशंसा को अपना विषय बनाना चाहिए। प्लेटो काव्य के जन्म के संदर्भ में प्रत्ययवाद से प्रेरित हैं और प्रयोजन के संदर्भ में सामाजिक आदर्शवाद से। उनका विवेचन इस विषय की प्राथमिक चर्चा होने के नाते पूर्णतः सुसंगत नहीं बन पाया किंतु उसने आगे के लिए प्रस्थान बिंदु की भूमिका जरूर निभायी।

प्लेटो के शिष्य अरस्तू (384-322 ई.पू.) ने इस विषय पर अधिक वैज्ञानिक तथा व्यवस्थित दृष्टि से विचार किया। दोनों के विवेचन में मुख्य अंतर उनकी जीवन-दृष्टियों का है। प्लेटो की लोकोत्तर अमूर्त दृष्टि के विपरीत अरस्तू का नज़रिया अनुभववादी तथा मूर्त था। प्लेटो वस्तु के रूप को अमूर्त चेतना में स्थित प्रत्यय का अनुकरण मानते थे और अरस्तू रूप को वस्तु से अभिन्न ही नहीं, वस्तु के कारणों में से भी मानते थे। इसीलिए अनुकरण को प्लेटो जहाँ यथार्थ से दूर और यथार्थ को विकृत करने वाला मानते थे वहीं अरस्तू उसे यथार्थ से बढ़कर मानते थे। कविता को इसीलिए इतिहास से श्रेष्ठ मानते थे कि यह इतिहास की तरह विशेष तथ्यों तक सीमित न रहकर संभावनाओं को आत्मसात भी करती है। कविता, कला या शिक्षा, प्रकृति द्वारा अधूरी छोड़ी गई स्थितियों को पूरा करने की चेष्टा करती है, अतः इसका स्थान प्रकृति से बढ़कर है। कला को प्रकृति से श्रेष्ठ मानने की इस प्रवृत्ति से आगे चलकर शास्त्रवादी या आभिजात्यवादी विचारधारा को बल मिला।

प्लेटो की भाँति अरस्तू ने भी कविता को अनुकरण माना मगर मात्र बाह्य यथार्थ का अनुकरण नहीं। वह वस्तुओं तथा स्थितियों को ठीक वैसा ही चित्रित नहीं करती जैसी कि वे हैं, बल्कि वैसा भी जैसी वे समझी जाती हैं और वैसा भी जैसा

उन्हें होना चाहिए। यहाँ अरस्तू की दृष्टि भी स्पष्टतः आदर्शवादी है, किंतु प्लेटो से भिन्न अर्थ में।

अरस्तू के विवेचन के जिस पक्ष ने उन्हें प्लेटो से अलग और आगे खड़ा किया और आभिजात्यवादी विचारधारा के पुरोधा के रूप में प्रतिष्ठित किया, वह था काव्य पर, और मुख्य रूप से त्रासदी पर विस्तृत विचार-विमर्श। इस क्रम में उन्होंने इस विधा के नियमों को रेखांकित करते हुए उनके पालन पर जो बल दिया उससे आगे आनेवाले समय में शास्त्रीय नियमबद्धता, रूप की स्थिरता तथा अनुशासन को अनिवार्य मानने की शास्त्रवादी प्रवृत्ति को बढ़ावा मिला।

अरस्तू के बाद लगभग दो सदी तक साहित्य-सिद्धांतों की विशेष चर्चा उपलब्ध नहीं है। इसके बाद सबसे पहले रोमन कवि होरेस (65-8 ई. पू.) की 'आर्स पोएटिका' नाम से प्रसिद्ध रचना में साहित्य के मानों का उल्लेख मिलता है। ये मान मूलतः वस्तुपरक और शुद्धतावादी थे हालाँकि स्वयं होरेस की रचनाओं में इनका पूरी तरह पालन नहीं हो सका था। होरेस पर यह आरोप लगाया जाता है कि वस्तुपरक मानकों की सिफारिश के बावजूद उनका लेखन अपने समय के नाटकों के सामंती दर्शक वर्ग की रुचि से प्रभावित था। व्यवहार में जैसी भी स्थिति रही हो, सिद्धांत रूप में होरेस कवि में नैसर्गिक प्रतिभा तथा दैवी प्रेरणा की आवश्यकता को स्वीकार करते हुए भी शास्त्र तथा शिल्प के महत्त्व पर भी बल देते थे और वस्तुपरकता पर भी। उस समय तक साहित्य में अनेक विधाओं का समावेश हो चुका था और सभी के संदर्भ में होरेस ने औचित्य (डेकोरम) को मूल कसौटी माना था।

होरेस के भाषा-संबंधी सिद्धांत का भी काव्यालोचन के क्षेत्र में महत्त्वपूर्ण अवदान है। वे विषय के अनुरूप अनुदात्त तथा उदात्त भाषा के प्रयोग की आवश्यकता तो बताते ही हैं, आवश्यकतानुसार प्रयोग करने के लिए पुरानी शब्दावली के उद्धार तथा नयी शब्दावली के निर्माण की सिफारिश भी करते हैं। यह उनकी औचित्य संबंधी धारणा के अनुरूप ही था। ध्यान देने की बात है कि शास्त्रीय नियमबद्धता के समर्थन के बावजूद होरेस की दृष्टि में एक लचीलापन था जो आगे आने वाले रूढ़ शास्त्रवादियों में मुश्किल से ही दिखाई देता है।

ईसा की पहली सदी में हुए यूनानी लेखक लोंगिनुस की रचना 'पेरिइप्सुस' में काव्य के लिए उदात्त तत्त्व को बहुत महत्त्व दिया गया। उदात्तता तथा विराटता को वे काव्य के विषय के रूप में काम्य मानते हैं। यह उदात्तता महान् विचारों, समुचित अलंकार-योजना, अभिजात पद-रचना तथा प्रभाव की गरिमा में निहित होती है। इस मान्यता के आधार पर लोंगिनुस को आभिजात्यवादियों की श्रेणी में रखा जा सकता है। किंतु वास्तव में उनकी औदात्य संबंधी धारणा ठीक शास्त्रवादी धारणा से नहीं मिलती। लोंगिनुस के अनुसार उदात्त तत्त्व केवल भव्यता या विराटता में नहीं होता, बल्कि लघुता तथा सामान्यता में भी दिखाई दे सकता है। इसी प्रकार भाषा के औदात्य

को वे निरे वागाडंबर से अलगाते हैं। साथ ही प्रबल भावावेग को भी वे काव्य के लिए आवश्यक मानते हैं। इस प्रकार लोंगिनुस की मान्यताओं में वस्तुपरक शास्त्रीयता तथा आत्मपरक रोमानी दृष्टि का गहरा तालमेल दिखाई देता है। इसीलिए आगे चलकर क्लासिकी तथा रोमानी, दोनों ही धाराओं के विचारकों ने उनका ऋण स्वीकार किया।

ईसा की तीसरी सदी तक आते-आते आत्मवाद तथा वस्तुवाद का पुनरुत्थान क्रमशः नव्य-प्लेटोवाद तथा नव्य-आभिजात्यवाद के रूप में होने लगा था। इस समय के लगभग प्लॉटिनस ने गहन दर्शन पर आधारित सिद्धांतों का प्रतिपादन किया। प्लेटो की भाँति उन्होंने भी माना कि यह संसार अदृश्य अमूर्त यथार्थ की बाह्य अभिव्यक्ति भर है। बाह्य जगत के सौंदर्य का महत्त्व भी वहीं तक है जहाँ तक यह हमें अमूर्त स्तर पर स्थित यथार्थ सौंदर्य की ओर ले जाता है। किंतु प्लेटो के विपरीत, वे यह नहीं मानते कि कविता अनुकरण का अनुकरण होने के कारण त्याज्य है। प्लॉटिनस के अनुसार वह बाह्य जगत का अनुकरण मात्र नहीं है, बल्कि परम चैतन्य में स्थित प्रत्ययों तक पहुँचने की चेष्टा है। इस प्रकार प्लॉटिनस आधार रूप में प्लेटो के सिद्धांत को स्वीकार करते हुए भी साहित्य में वस्तु तथा आत्मतत्त्व की निकटता पर बल देते हैं।

नव्य-प्लेटोवाद का प्रभाव मध्ययुगीन धार्मिक चिंतन पर भी पड़ा और आधुनिक काल में 18वीं सदी के इंग्लैंड में यह कैंब्रिज प्लेटोवाद के रूप में उभरा। उस युग के रचनाकारों-विचारकों पर इसका गहरा प्रभाव पड़ा और उस काल के जर्मन दार्शनिकों की अवधारणाओं के साथ मिलकर इसने स्वच्छंदतावाद का मार्ग तो प्रशस्त किया ही, जर्मन तथा अंग्रेजी साहित्य-विवेचन के विकास में भी इसका महत्त्वपूर्ण योगदान रहा।

नव्य-आभिजात्यवाद (निओ क्लासिसिज्म) थोड़े-बहुत अंतर के बावजूद शास्त्रवाद अथवा आभिजात्यवाद का ही नया उत्थान था। इसमें भी आत्मनिष्ठता की अपेक्षा वस्तुनिष्ठता पर अधिक बल दिया जाता था और कलाकृति की बाह्य संरचना तथा उसके निर्माण में सधे-बँधे सिद्धांतों का पालन ही उसकी श्रेष्ठता के निर्णायक तत्त्व माने जाते थे। वैयक्तिकता तथा आत्म की सहज ऊर्जा के बहिष्कार के कारण इसमें एक ओर व्यक्तिगत सर्जनात्मकता की उपेक्षा हुई और दूसरी ओर साहित्य के देशकालातीत शाश्वत मूल्यों पर बल बढ़ता गया। नव्य-आभिजात्यवाद में सिद्धांत और आदर्श की ही प्रधानता रही। वह आदर्श बाह्य जगत में स्थिर था और उसका अनुकरण किसी भी युग में आदर्श रचना के लिए आवश्यक माना जाता था। अरस्तू ने अपने समय में अनुकरण को बाह्य यथार्थ तक सीमित न रखकर रचना में उसका विस्तार आंतरिक भावनाओं तथा क्रियाओं तक किया था किंतु नव्य-आभिजात्यवाद की दृष्टि अपेक्षाकृत संकीर्ण थी। यहाँ रचनाकार के लिए मात्र वस्तुनिष्ठ आदर्शों का अनुकरण आवश्यक माना गया और उसके लिए रचना में मौलिकता लाने की

जरा भी गुंजाइश नहीं छोड़ी गई। स्वयं होरेस ने अरस्तू के सिद्धांतों की व्याख्या करते हुए समकालीन रचनाकारों के लिए प्राचीन काव्य-सिद्धांतों का ही नहीं, प्राचीन श्रेष्ठ काव्यों का अनुसरण भी आवश्यक माना था। संभवतः समकालीन लेखन की प्रतिभाहीनता के कारण ही ऐसा सुझाव दिया गया था ताकि आंतरिक गरिमा से रहित रचनाओं में प्राचीन भव्य रचनाओं के बाह्य अनुकरण से बाह्य स्तर पर ही सही, गरिमा का समावेश हो।

ईसा की पाँचवीं से पंद्रहवीं सदी तक यूरोप में साहित्य तथा कला के अध्ययन-विवेचन का स्पष्ट तथा प्रामाणिक इतिहास नहीं मिलता। चौदहवीं-पंद्रहवीं सदी ईस्वी में पुनर्जागरण के साथ साहित्य तथा कला के क्षेत्र में भी नयी ऊर्जा का संचार हुआ। पुनर्जागरण की मूल धारा व्यक्तिवादी और मानववादी थी किंतु प्राचीन साहित्य तथा संस्कृति के प्रति भी इस युग में उत्सुकता, उत्साह तथा सम्मान का भाव जागा। प्राचीन क्लासिकी साहित्य के पुनरुद्धार, अनुवाद तथा पुनर्व्याख्या की प्रक्रिया भी इसी युग में आरंभ हुई। इस साहित्य से परिचय के साथ ही इसकी गरिमा तथा अनुशासन ने लोगों को प्रभावित किया। इसलिए, जब पुनर्जागरणयुगीन साहित्य में व्यक्तिवाद तथा कल्पना के अतिरेक के कारण अराजकता फैलने लगी, तब विचारकों तथा रचनाकर्मियों का झुकाव सहज ही आभिजात्यवाद की ओर होने लगा। इसके वस्तुगत प्रतिमानों, गठन के संतुलन तथा भव्यता में लोगों को प्रचलित बारोक शैली के उद्वेग, विशृंखलता तथा व्याकुलता का विकल्प मिला। नव्य-आभिजात्यवाद का प्रभाव पहले साहित्येतर क्षेत्रों पर दिखाई पड़ा। सत्रहवीं सदी ईस्वी से साहित्य पर भी यह असर स्पष्ट होने लगा था। साहित्य में यह प्रभाव क्लासिसिज्म की जन्मभूमि यूनान या इटली में नहीं, बल्कि फ्रांस में दिखाई दिया जहाँ अरस्तू तथा होरेस के सिद्धांतों की व्याख्या तथा चर्चा निरंतर हो रही थी। फ्रांस में कॉर्नील, रासीन, बुअलो आदि ने इन सिद्धांतों के आधार पर ही साहित्य विधाओं के, मुख्यतः नाट्य-लेखन के नियम प्रतिपादित किये। प्राचीन साहित्य-कृतियों के कथ्य तथा संरचना की भव्यता तथा संतुलन को उन्होंने किसी भी युग के श्रेष्ठ साहित्य के लिए अनुकरणीय माना। साहित्य में वैयक्तिकता के प्राधान्य की तथाकथित अशास्त्रीय प्रवृत्ति के खिलाफ उन्होंने शास्त्रीयता को प्रतिष्ठित करने की चेष्टा की। इस चेष्टा में वे बहुत हद तक सफल भी हुए किंतु उनके द्वारा प्रतिपादित सिद्धांतों तथा इन सिद्धांतों पर आधारित साहित्य का संबंध जनसाधारण से न होकर मुख्यतः अभिजात वर्ग से था और कला के प्रति इसी वर्ग के दृष्टिकोण को सिद्धांत-विवेचन तथा प्रतिपादन में प्रधानता मिली थी। अठारहवीं सदी ईस्वी में जर्मनी में जिस आभिजात्यवाद की स्थापना हुई, वह भी अभिजात वर्ग के ही विचारों को प्रतिबिंबित करता था।

इंग्लैंड में भी आभिजात्यवाद का प्रवेश 18वीं सदी में हुआ, किंतु कुछ अलग ढंग से। इसके पहले 17वीं सदी में बेन जॉनसन (1573-1637) जैसे

नाटककार-साहित्यशास्त्रियों ने भी पुराने लैटिन तथा ग्रीक साहित्य से प्राप्त नियमों के पालन पर बल दिया था और उनका दृष्टिकोण भी बहुत कुछ आभिजात्यवादी था। किंतु 18वीं सदी के इंग्लैंड में आभिजात्यवादी साहित्य सिद्धांतों का झंडा मध्यवर्गीय विचारकों–डॉ. सैमुअल जॉनसन, जॉन ड्राइडन, अलेक्जेंडर पोप, जोसेफ एडिसन आदि ने उठाया। पोप (1688-1744) ने आभिजात्यवाद के विवेक तथा संयम को अपनाने पर बल दिया, उसके वर्गवाद को नहीं। कला में प्राचीन आदर्शों की रक्षा की सिफारिश करते हुए भी उन्होंने अपने समय के समाज से उसके संबंधों की अहमियत को स्वीकार किया। उस समय तक शिक्षा के प्रचार-प्रसार के साथ साहित्य सामान्य जनता तक पहुँच गया था। पोप मानते थे कि चूँकि साहित्यिक रचनाओं का समाज पर व्यापक प्रभाव पड़ता है, इसलिए लेखक का सामाजिक दायित्व भी बहुत बड़ा होता है। उसे अपनी रचनाओं के माध्यम से सौंदर्यशास्त्रीय ही नहीं, नैतिक दृष्टि से भी ऊँचे प्रतिमानों की स्थापना करनी चाहिए।

यह सामाजिक दृष्टि पोप के पूर्ववर्ती जॉन ड्राइडन (1631-1700) में इतनी स्पष्ट नहीं थी। ड्राइडन ने बड़े पैमाने पर प्राचीन क्लासिकी ग्रंथों का अनुवाद किया था और उस परंपरा की श्रेष्ठता के वे प्रबल समर्थक थे। रोमानी भावाकुलता के विरोधी ड्राइडन कला की कसौटी तर्क को मानते थे, भाव को नहीं। उनकी अपनी रचनाओं में भी भावुकता के स्थान पर व्यंग की प्रधानता थी।

सोलहवीं-सत्रहवीं सदी में ही नव्य-आभिजात्यवाद के समानांतर इसकी विपरीत आत्मवादी धारा का भी विकास होता रहा। वस्तुतः यूरोपीय पुनर्जागरण काल का पूरा बल वैयक्तिकता के महत्त्व की स्थापना पर था। पुनर्जागरण काल में बाहरी तत्त्वों को नहीं, व्यक्ति को विश्व का केन्द्र माना गया और मानववाद के साथ ही आत्मतत्त्व की भी प्रतिष्ठा हुई। साहित्य और कला के क्षेत्र में बँधी-बँधायी रूढ़ियों के स्थान पर सर्जनात्मकता पर बल दिया गया। कला में भी मात्र वस्तुगत प्रतिमानों की कैद से मुक्त होकर आत्माभिव्यक्ति के अधिकार और महत्त्व को स्वीकार किया गया। यह माना गया कि हर कलाकार अपनी बात को अपने ढंग से प्रस्तुत करने के लिए स्वतंत्र है; भले ही इसके लिए उसे शास्त्रीय नियमों की अवहेलना करनी पड़े।

इस युग में दर्शन के स्तर पर प्रत्ययवाद और आत्मवाद का प्रभाव बढ़ा। सोलहवीं सदी में ही सर फिलिप सिडनी (1554-1586 ई.) ने कविता के देशकालातीत महत्त्व को रेखांकित करते हुए कवि को भविष्यद्रष्टा ऋषि का दर्जा दिया था। वे मानते थे कि कविता के माध्यम से किया गया अनुकरण भी सृजन है, जो कवि की प्रतिभा का फल है। यह सृजन भावनाओं के माध्यम से होता है, यांत्रिक क्रिया के रूप में नहीं।

नव्य-प्लेटोवाद की इस अनुगूँज को जर्मन दार्शनिकों शिलर, शेलिंग, श्लेगल आदि की मान्यताओं ने और पुष्ट किया। यही दर्शन इंग्लैंड में कैंब्रिज प्लेटोवाद के

रूप में पनपा और अठारहवीं सदी के मध्य तक इसका प्रभाव अंग्रेज साहित्यकारों पर स्पष्ट दिखाई देने लगा।

वस्तुतः इस युग का विचारक अनेक ऐसी युगांतरकारी घटनाओं के बीच जी रहा था जिन्होंने उसकी मानसिकता को बिल्कुल नये रूप में गढ़ा। औद्योगिक क्रांति ने पूरी समाज-व्यवस्था को बदल डाला था। सामंतवादी ढाँचा चरमराने लगा था और शिक्षित मध्यवर्ग तथा कामगार वर्ग जैसे नये समूहों के उभरने के कारण सामाजिक संबंधों के समीकरण बदलने लगे थे। सामान्य जन में अपने स्वत्व और अस्मिता की पहचान जाग रही थी। न अब ये पारंपरिक उच्च वर्ग की महिमा से आतंकित होने को तैयार थे, और न ही उनसे शासित होना अपनी नियति मानते थे। दूसरी ओर फ्रांस की राज्यक्रांति के लिए ज़मीन तैयार हो रही थी और स्वतंत्रता, समानता तथा बंधुत्व के सूत्र ने उस समय के सभी विचारकों को प्रेरित किया था। इस जोश ने इंग्लैंड के विचारकों के मानस को भी बहुत प्रभावित किया। हर ओर से उमड़ती यह मुक्ति-कामना साहित्य के क्षेत्र में भी दिखाई देने लगी। सत्रहवीं सदी के उत्तरार्ध से गुरु-गंभीर तथा रूढ़िबद्ध नव्य-आभिजात्यवादी साहित्य का जो दौर चल रहा था उसके विरुद्ध स्वच्छंदतावादी विचारधारा निरंतर प्रबल होती जा रही थी। साहित्य के—मुख्यतः कविता के क्षेत्र में इसका प्रभाव सबसे अधिक दिखाई देता है। स्वच्छंदतावादी कवियों विलियम ब्लेक (1757-1827), सैमुअल टेलर कॉलरिज (1772-1834) आदि पर आत्मवादी दर्शन का गहरा प्रभाव था। विलियम वर्ड्स्वर्थ (1770-1850) की कविताओं में भी दार्शनिक रहस्यात्मकता तथा सर्वात्मवाद के दर्शन होते हैं। इस युग में सैद्धांतिक तथा व्यावहारिक साहित्य समीक्षा का महत्त्व स्वतंत्र अनुशासन के रूप में बढ़ने लगा था, जिसमें कॉलरिज का योगदान बहुत महत्त्वपूर्ण रहा। वर्ड्स्वर्थ के साहित्य-सिद्धांत भी बहुत चर्चित हुए किंतु उन्होंने सिद्धांत-प्रतिपादन के बजाय कविता संबंधी अपने मत को सामने रखने की चेष्टा की थी जिससे उनकी कविताओं के कथ्य और मिजाज़ को समझने में सुविधा हो। वैसे भी इस युग में काव्य-सिद्धांत जितने सिद्धांत-कथन के रूप में सामने आए, उतने ही कविताओं के व्यावहारिक उदाहरण के माध्यम से भी।

साहित्य की जिन विशेषताओं पर इस दौर में बल दिया जा रहा था, उनमें सबसे महत्त्वपूर्ण है नवीन प्रयोगों का स्वीकार। पिछले दौर की रूढ़िबद्धता के नकार का सबसे ज्वलंत प्रमाण यही था। इसका एक कारण आत्मतत्त्व (सब्जेक्टिव एलिमेंट) का प्राधान्य भी था। हर रचनाकार व्यक्ति के रूप में विशिष्ट होता है और यह विशिष्टता उसे तथा उसकी रचनाओं को औरों से अलग करती है। अपनी रचनाओं में इस विशिष्टता को बनाये रखना उसका अधिकार है। इस युग के साहित्य में भावनाओं के महत्त्व को भी खुलकर स्वीकार किया गया। हालाँकि कॉलरिज जैसे विचारकों ने रचना में 'मस्तिष्क तथा हृदय के संयोग' (अ यूनियन ऑफ हेड एंड हार्ट) पर बल

दिया था किंतु यहाँ भी मस्तिष्क को वह महत्त्व नहीं मिला जो पिछले युग के गद्य तथा तर्कप्रधान साहित्य में दिया गया था। वर्ड्स्वर्थ ने तो कविता की परिभाषा में स्पष्ट रूप से 'प्रबल मनोवेगों के सहज उच्छलन' को प्रधानता दी।

भावना के साथ ही कल्पना को भी इस युग में साहित्य का मूल प्रेरक तत्त्व माना गया। कॉलरिज ने अपने कल्पना-सिद्धांत में सर्जन प्रक्रिया में कल्पना के महत्त्व को रेखांकित किया, और सर्जक की कल्पना को सामान्य व्यक्ति की कल्पना से ऊँचा स्थान दिया। किंतु कुल मिलाकर इस युग में सामान्यता का तिरस्कार नहीं हुआ बल्कि उदात्त, भव्य तथा विराट विषयों से हटकर दैनिक जीवन तथा परिवेश के सामान्य विषयों को काव्य में अपनाया गया। कवि-व्यक्तित्व के दार्शनिक पक्ष पर भी इस युग में बल दिया गया। यह दार्शनिकता ही उसे सामान्य में असामान्यता और लोकोत्तर गरिमा के दर्शन कराती है। बाह्य प्रकृति तथा प्रकृत तत्त्वों के प्रति झुकाव के कारण इन कवियों में कृत्रिमता के प्रति तो अरुचि जागी किंतु अद्‌भुत तत्त्व के प्रति इनमें से कुछ का आकर्षण बहुत प्रबल रहा। विस्मय तथा कुतूहल का भाव इस युग के काव्य की विशेषता रही। कुल मिलाकर इस युग के साहित्य में हमें नयी सौंदर्य दृष्टि का साक्षात्कार होता है।

इस युग में काव्यभाषा का विवेचन भी हुआ और इस प्रश्न पर विवाद भी। किंतु सामान्य रूप से कृत्रिम तथा गंभीर भाषा के स्थान पर सहज-सरल किंतु संस्कारित भाषा को कविता के उपयुक्त माना गया। यह ध्यान देने की बात है कि अब तक का काव्यालोचन मुख्य रूप से काव्य और कुछ हद तक नाटक तक सीमित रहा था किंतु अब बदलते युग के साथ परिस्थितियाँ भी बदल रही थीं और अनेक नयी विधाएँ साहित्य के क्षेत्र में अपनी पहचान बनाने लगी थीं। ये विधाएँ भी सामान्यतः इस दौर की प्रयोगधर्मिता से प्रेरित थीं।

स्वच्छंदतावादी काव्य-चिंतन में साहित्य के इन्हीं सब गुणों पर बल दिया गया और इनके अनुरूप प्रचुर परिमाण में अद्‌भुत सौंदर्ययुक्त काव्य तथा अत्यंत संवेदनशील गद्य की रचना हुई। किंतु यह आत्मवादी प्रवृत्ति क्रमशः तीव्र से तीव्रतर होती गई, और क्रमशः वस्तुगत प्रतिमानों और वस्तुतत्त्व से बिलकुल विच्छिन्न होकर इसका विकास कलावाद तथा अभिव्यंजनावाद जैसी प्रवृत्तियों में होने लगा।

शास्त्रीय नियमों की सख्त जकड़बंदी तथा काव्य पर काव्येतर मूल्यों के दबाव के खिलाफ विद्रोह की जो प्रवृत्ति स्वच्छंदतावाद का मूल तत्त्व थी, उसी ने आगे चलकर कलावाद का रूप ग्रहण किया। सन् 1818 में फ्रांस में विक्टर कूजे ने 'कला कला के लिए' सिद्धांत का प्रतिपादन किया। इस मत को ऑस्कर वाइल्ड, ए.सी. स्विनबर्न, एडगर एलेन पो जैसे साहित्यकारों, जे.ई. स्पिनगार्न, ए.सी. ब्रैडले तथा वाल्टर पेटर जैसे समालोचकों तथा व्हिसलर, कांदिंस्की तथा क्ली जैसे कलाकारों का समर्थन मिला। इस सिद्धांत के अनुसार कला का उद्देश्य नैतिक या धार्मिक उपदेश नहीं, स्वयं अपनी

पूर्णता की तलाश है। इसे किसी भी प्रकार की उपयोगिता की कसौटी पर कसना गलत है। इसकी एकमात्र कसौटी है सौंदर्य, और वह सौंदर्य भी बाह्य जगत से निरपेक्ष होता है। कला सौंदर्यानुभूति की वाहक है जो अपना लक्ष्य आप है। कला को समाज, नीति, धर्म, दर्शन आदि के नियमों का नहीं केवल अपने ही नियमों का पालन करना चाहिए; वाल्टर पेटर तो कला और उसकी समीक्षा के लिए भी नियम-निर्धारण के खिलाफ रहे, क्योंकि ऐसे नियम कला की स्वच्छंदता तथा स्वतःस्फूर्त अभिव्यक्ति में बाधक होते हैं। उनके मत में सौंदर्य-सृजन के लिए कलाकार की जीवन-दृष्टि ही प्रमाण है। अभिव्यक्ति का महत्त्व इस बात पर निर्भर है कि वह कलाकार के विचारों के सौंदर्य तथा औदात्य को कहाँ तक प्रतिबिंबित कर सकती है। पेटर यह भी मानते हैं कि विचार यदि सुंदर तथा सुसंगत हुए तो कलाकृति की शैली भी उनके अनुरूप ही होगी।

कला को स्वतःपूर्ण तथा बाह्य जगत से निरपेक्ष मानने की वृत्ति बेनेदितो क्रोचे (1866-1952) के अभिव्यंजना सिद्धांत में अपने चरम पर पहुँची। कलावादियों ने कला की बाह्य अभिव्यक्ति को नहीं नकारा था किंतु क्रोचे ने शब्द-स्वर-आकार-रूप-रंग-रेखाओं आदि के माध्यम से बाह्य संसार में कला की अभिव्यक्ति को पूरी तरह अनावश्यक करार दिया। उनके मत में कलाकार के मन की सहजानुभूति ही अभिव्यंजना है और उसके मानस में सहजानुभूति-अभिव्यंजना के स्तर पर ही कलाकर्म संपूर्ण हो जाता है। आत्मवादी विचारधारा की इस पराकाष्ठा ने कला को समाज से पूरी तरह काट दिया।

अठारहवीं सदी में नव्य-आभिजात्यवादी धारा की शक्ति मंद पड़ने लगी थी और स्वच्छंदतावादी विचारधारा सिर उठाने लगी थी। उन्नीसवीं सदी के अंत में इंग्लैंड तथा अमेरिका में आभिजात्यवाद का फिर से उत्थान हुआ। इंग्लैंड में मैथ्यू ऑर्नल्ड (1822-1888) ने अपने समय के नैतिक दृष्टि से पतनोन्मुख और अराजक समाज के उपचार के लिए संस्कृति और विशेषकर कविता को आवश्यक माना। हर तरह की नैतिक-सामाजिक अराजकता को दूर करने के लिए उन्हें ऐसे आदर्शवादी नियमों की जरूरत महसूस हुई जो जीवन तथा साहित्य दोनों को मूल्यों से अनुशासित कर सकें। ये मूल्य उन्हें क्लासिकी ग्रीक साहित्य में दिखाई पड़े। ऑर्नल्ड के अनुसार ऐसे मूल्यों से अनुप्राणित कविता ही सत्य और सुंदर के प्रति प्रतिबद्ध होती है। ऑर्नल्ड का कहना था कि कविता जीवन की आलोचना है, वह समाज को शिक्षा देती है और सुधारती है। आलोचक-कर्म को भी ऑर्नल्ड ने गंभीरता से लिया और समाज के प्रति समालोचक के दायित्व पर बल दिया। ऑर्नल्ड ने हर प्रकार से साहित्य, साहित्यकार और समालोचक को युग-चेतना से जोड़कर देखा। कुछ मतभेदों के बावजूद उनका प्रभाव टी.एस. इलियट, एज़रा पाउंड, स्टीफेन स्पैंडर, इरविंग बैबिट आदि कवि-विचारों पर भी पड़ा। इन्होंने आभिजात्यवाद को भी नये सिरे से परिभाषित किया।

उन्नीसवीं सदी के अंतिम दौर से लेकर अब तक साहित्य तथा समालोचना संबंधी कई सिद्धांत तथा आंदोलन सामने आये हैं। कुछ आंदोलन जल्दी ही समाप्त हो गये किंतु कुछ का असर काफी समय तक बना रहा। इनमें मुख्य है प्रतीकवाद जिसका स्पष्ट आरंभ सन् 1886 में विलिए द लील एडम (1838-89) के नाटक एक्सेल से माना जाता है। किंतु इसके पहले ही बॉदलेअर (1821-67) की रचनाओं में इस प्रवृत्ति का सूत्रपात हो चुका था। मलार्मे (1842-98), वर्ले (1844-96), रिम्बो (1854-91), ज्यॉ मोरेआ (1856-1910), मेटरलिंक (1862-49), डब्ल्यू. बी. येट्स (1865-1939), जे. एम. सिंज, गुस्ताव कान, रोडेनबार्ख आदि की रचनाओं तथा सिद्धांत-निरूपण के माध्यम से यह आंदोलन पूरे पश्चिमी साहित्य तथा कला-जगत में काफी विस्तृत तथा प्रभावी हो उठा। यह मुख्य रूप से प्रकृतवाद तथा जड़ यथार्थवाद के विरुद्ध आत्मपरक तथा कलात्मक प्रवृत्तियों का विद्रोह था। इनकी मान्यता थी कि घटनाओं, व्यक्तियों तथा बाह्य जगत के पदार्थों की अपेक्षा मानवीय संवेदनाएँ, मनोभाव तथा अनुभव अधिक महत्त्वपूर्ण होते हैं और इन्हें सामान्य तथा यथार्थवादी भाषा तथा वर्णनों के माध्यम से संप्रेषित नहीं किया जा सकता। दार्शनिक प्रत्ययों, अतिप्राकृत अनुभवों तथा जीवन के महान अर्थ को अभिव्यक्त करने के लिए प्रतीकों का सहारा आवश्यक है। यही मानते हुए प्रतीकवादियों ने वस्तुजगत के पदार्थों, प्राणियों तथा स्थितियों को प्रतीक के रूप में लिया, जहाँ वे अपना प्रत्यक्ष या अभिधात्मक अर्थ छोड़कर स्वप्नों, संवेदनाओं तथा अमूर्त विचारों की व्यंजना करने लगे। इसी संदर्भ में उन्होंने मिथकों का भी बड़े पैमाने पर प्रयोग किया। व्याख्या का विरोध करके इन्होंने व्यंजना को महत्त्व दिया और स्पष्ट वर्णन के स्थान पर प्रभाव को। समाजधर्मिता तथा नैतिकता के नियमों का भी इन्होंने निषेध किया। इसलिए इनकी कला को विरोधियों द्वारा 'पतनोन्मुख' (डेकाडेंट आर्ट) कहा गया।

प्रतीकवादियों ने साहित्य के शिल्प को भी बदला और पारंपरिक साहित्य-रूपों को भी त्यागा। कविता में ये यांत्रिक तुक के विरोधी थे किंतु प्रगीतात्मकता के समर्थक। ध्वनि-संयोजन तथा दुहराव के माध्यम से ये अपने आशय का संप्रेषण करने का प्रयत्न करते थे।

अपने समय के तथा आगे आने वाले साहित्य पर इस विचारधारा का बहुत प्रभाव पड़ा किंतु इसकी आलोचना भी बहुत हुई। प्रतीक कवि, कलाकार की आत्मपरक दृष्टि से अर्थ ग्रहण करते हैं और व्याख्या के अभाव में सामान्य पाठक के लिए उनकी कृति दुर्बोध हो जाती है। प्रतीकवादियों के लिए क्रमशः कथ्य के स्थान पर अभिव्यक्ति तथा रूप ही अधिक महत्त्वपूर्ण हो उठा, जिससे इनकी कृतियाँ अपनी जीवंतता खोने लगीं। इसके अतिरिक्त यथार्थ तथा समाज से कटे होने के कारण और अपनी 'पतनशील नैतिक मान्यताओं' के कारण भी इस विचारधारा का प्रबल विरोध हुआ।

विरोध के बावजूद प्रतीकवादी विचारधारा ने जिन दृष्टियों को प्रभावित किया

उनमें से एक महत्त्वपूर्ण दृष्टि है मिथकीय साहित्यालोचन की। मिथक सामान्यतः उस पुरा-कथा अथवा कल्पकथा को कहा जाता है जो अलौकिक या यथार्थ घटनाओं में वर्णन के बहाने प्राचीन मानव के व्यवहारों तथा विश्वासों को व्यक्त करती है। इस प्रकार मिथक भी एक प्रकार से प्रतीक है जिनके माध्यम से सृष्टि तथा जग-जीवन के तथ्यों को स्पष्ट किया जाता है। इनका महत्त्व अत्यंत प्राचीन काल से माना जाता रहा है। जर्मन आलोचक हर्डर (1744-1803) तथा उनके समकालीन विको ने मिथक के महत्त्व पर प्रकाश डाला था और नीत्शे (1844-1900) ने भी इसे निरी कपोल-कल्पना न मानकर काव्य सत्य से जोड़कर देखा। उन्नीसवीं सदी के आरंभ में स्वच्छंदतावादी आंदोलन के साथ ही मिथकों के अध्ययन तथा प्रयोग में साहित्यकारों-कलाकारों की रुचि बढ़ी। तुलनात्मक भाषा विज्ञान तथा नृतत्त्वशास्त्रीय अनुसंधानों के विकास के साथ बीसवीं सदी में मिथकों का वैज्ञानिक अध्ययन होने लगा और इनमें आदिम मानव-समाज की इच्छा-आकांक्षाओं का प्रतिबिंब देखा जाने लगा। लेवीस्त्रास जैसे संरचनावादियों ने सारे विश्व के मिथकों के संबंधों तथा पैटर्नों का अनुसंधान किया। साहित्यशास्त्र के क्षेत्र में अर्न्स्ट कैसिरर, रिचर्ड चेज, सूजन लैंगर आदि ने मिथक को कला की सामग्री तथा सर्जनात्मक कल्पना की सृष्टि माना। कैसिरर का तो यहाँ तक कहना है कि यथार्थ को प्रतीक रूपों के माध्यम से ही समझा जा सकता है। इस प्रकार वे आत्म (सब्जेक्ट) और वस्तु (आब्जेक्ट) को एकाकार कर देते हैं।

मिथक के महत्त्व को मनोवैज्ञानिक अध्ययन से भी बल मिला। फ्रायड ने मिथक को सांस्कृतिक इतिहास ही नहीं, मानसिक क्रियाओं से भी जोड़ा और उन्हें दमित विचारों की अभिव्यक्ति माना। इस प्रसंग में और भी अधिक महत्त्व युंग की स्थापनाओं का रहा, जिन्होंने 'सामूहिक चेतना' तथा आद्यबिंब संबंधी अवधारणाओं के द्वारा मिथक के क्षेत्र को और भी विकसित किया। आद्यबिंब एक संघनित तथा स्वतंत्र बिंब होता है जबकि मिथक में एक कथा रहती है जिसमें अनेक आद्यबिंब समाहित हो सकते हैं। मिथक की स्थिति सामूहिक अचेतन मन में होती है। युंग ने मिथक और स्वप्न के अंतर को स्पष्ट करते हुए दिखलाया है कि स्वप्न की स्थिति हालाँकि अवचेतन में होती है किंतु अवचेतन कभी-कभी चेतन से भी अधिक स्पष्ट और संगत ढंग से विचारों को रूप दे सकता है। इसे दृष्टि में रखते हुए उन्होंने मनोवैज्ञानिक दृष्टि से कवि और कविता के अध्ययन पर भी विचार किया। उन्होंने मिथकीय आलोचना को साहित्य की व्याख्या के लिए सहायक माना क्योंकि यह मानव द्वारा प्रतीकीकरण की प्रक्रिया तथा आद्यबिंबों का ज्ञान देती है। किंतु युंग ने यह भी स्वीकार किया है कि यह संपूर्ण समालोचना कर्म के लिए स्वतःपूर्ण या पर्याप्त नहीं हो सकती।

इंग्लैंड तथा अमेरिका की अंग्रेजी कविता में अतिस्वच्छंदतावादी प्रवृत्ति के खिलाफ 20वीं सदी के आरंभ में एक और आंदोलन उभरा जिसे 'इमेजिज़्म' या बिंबवाद के नाम से जाना गया। इस पर ग्रीक तथा रोमन क्लासिकी काव्य के साथ ही फ्रांसीसी

प्रतीकवादियों का भी प्रभाव था किंतु इसके मुख्य प्रवर्तक टी. ई. ह्यूम (1883-1917) ने अपने युग की अतिरोमानी कविता के साथ प्रतीकवाद के अतिरेक की भी आलोचना की। बिंबवाद का बल कविता में भावाकुल संगीतमयी, विशिष्ट काव्यभाषा के स्थान पर आम बोलचाल की भाषा के स्पष्ट कटे-छँटे, चुस्त और सटीक प्रयोग पर था। दो-टूक भाषा में समस्त तथा सटीक बिंबों के माध्यम से काव्य-रचना इनका लक्ष्य था। इन्होंने काव्य के रूप तथा लय को लेकर नवीन प्रयोग भी किए। एज़रा पाउंड, एमी लावेल, हिल्डा डूलिटिल, डी.एच. लॉरेंस, एफ.एस. फ्लिंट आदि कई प्रसिद्ध कवि इस आंदोलन से जुड़े किंतु व्यावहारिक स्तर पर इसके सिद्धांतों का पूरा पालन संभव नहीं हुआ और सन् 1909 के लगभग उभरा यह आंदोलन टी.ई. ह्यूम की मृत्यु के साथ ही सन् 1917 में समाप्त हो गया। फिर भी काव्यभाषा तथा तकनीकी अनुशासन की दृष्टि से इसने आगे की कविता को काफी प्रभावित किया।

बीसवीं सदी में ही एक अनुशासन के रूप में भाषा विज्ञान का और इसके साथ ही साहित्यालोचन में भी भाषा का महत्त्व बढ़ा। इस पृष्ठभूमि में विक्टर श्कोलोव्स्की तथा मॉस्को लिंग्विस्टिक सर्कल से संबद्ध भाषाशास्त्रियों के विवेचन से रूस में समालोचना संबंधी रूपवादी सिद्धांत जोर पकड़ने लगा। यह सिद्धांत साहित्य में प्रयुक्त भाषा को अन्य क्षेत्रों में प्रयुक्त भाषा से भिन्न मानता था। इस पर प्रसिद्ध भाषाशास्त्री सस्यूर की उस मान्यता का विशेष प्रभाव था जिसके अनुसार एक ही भाषा संदर्भ के अनुसार अलग-अलग रूप धारण करती है। इस सिद्धांत पर भी प्रतीकवाद का प्रभाव था जिसके तहत इसमें पाठ को केन्द्रीय महत्त्व दिया गया; समय, समाज, लेखक की जीवन स्थितियों या किन्हीं सामाजिक सिद्धांतों को नहीं। पाठ में भी इनका बल अंतर्वस्तु (कंटेंट) के स्थान पर रूप तथा तकनीक पर था। इनके लिए साहित्य का माध्यम महत्त्वपूर्ण था, संदेश नहीं और साहित्य के विश्लेषण में इनका लक्ष्य यह देखना रहता था कि रचना में भाषा किस प्रकार बदलकर अधिक कलात्मक और वैचित्र्यपूर्ण हो जाती है। संरचनावादी भाषा वैज्ञानिक रोमन याकोबसन के प्रभाव के अंतर्गत पश्चिमी साहित्यालोचन में भी इस रूपवादी प्रवृत्ति का प्रसार होने लगा। सामाजिक-राजनीतिक संदर्भ तथा प्रतिबद्धता से पूर्णतः कटे होने के कारण रूपवादी सिद्धांत का काफी विरोध भी हुआ किंतु सन् 1929 तक रूस जैसे देश में भी यह काफी प्रचलित रहा। पश्चिम में इसका असर बहुत बाद तक चलता रहा और इंग्लैंड तथा अमेरिका में नयी समीक्षा के विकास में इसका विशेष महत्त्व रहा।

पश्चिम में आलोचना की जिस प्रवृत्ति को 'नयी समीक्षा' के नाम से जाना गया, इलियट और रिचर्ड्स उसके प्रतिष्ठापक थे। यह बात अलग है कि बीसवीं शताब्दी की इस सबसे महत्त्वपूर्ण और समृद्ध आलोचनात्मक प्रवृत्ति के लिए यह नाम सन् 1941 में प्रकाशित जॉन क्रो रैंसम की इसी शीर्षक की रचना से रूढ़ हुआ।

सन् 1930-60 तक के समय को जॉन हॉलावे ने 'साहित्यिक आलोचना में

क्रांति' का युग कहा है। 'नयी समीक्षा' के विकल्प के रूप में इस प्रवृत्ति के लिए जो अन्य नाम सुझाए गये, वे इस कारण प्रचलित न हो सके क्योंकि इसके अंतर्गत आने वाले आलोचकों की विविधता को एक साथ व्यंजित करने की सामर्थ्य उनमें नहीं थी। इसके अलावा, 'नयी समीक्षा' को मात्र रूपवाद नहीं कहा जा सकता।

नये समीक्षकों ने एक ओर स्वच्छंदतावाद में उस सबका विरोध किया जो अव्यवस्थित, दुरूह, पलायनवादी और साथ ही भावुक था और दूसरी ओर विक्टोरियन साहित्य की नैतिकता का। इस समीक्षा में ज्ञान की नयी शाखाओं से उपलब्ध तकनीकी साधनों के आधार पर साहित्य के पुनर्मूल्यांकन का साहस भी किया गया और परंपरा के संदर्भ में जीवन के मूल्यों पर पुनर्विचार का प्रयत्न भी। वस्तुतः आरंभ में 'नयी समीक्षा' रोमांटिसिज्म के विरुद्ध एक नये क्लासिकल पुनरुत्थान के रूप में दिखाई पड़ी।

इन आलोचकों ने इस बात पर बल दिया कि साहित्यिक रचना एक भाषिक कृति या भाषिक संरचना है और अपने इस रूप में वह मूलतः संप्रेषण की एक विधि है। इनका आग्रह इसलिए माध्यम के रूप में भाषा की प्रकृति की पहचान पर रहा। कविता को एक ओर ऐतिहासिक सामाजिक ब्यौरों से और दूसरी ओर कवि से काटकर एक स्वतंत्र स्वायत्त इकाई के रूप में देखने का सहज परिणाम यह हुआ कि विश्लेषण के लिए केवल कृति का रूप और संरचना ही बच रही।

नयी समीक्षा को कोरा रूपवाद या कलावाद समझने का भ्रम न हो जाए, इसलिए अधिकांश समीक्षकों ने इस स्वायत्तता को कलावादियों के द्वारा प्रतिपादित स्वायत्तता से अलगाकर समझाने का प्रयास किया। इनकी सभी व्याख्याओं में मानव और सभ्यता के संबंध में गहरी चिंता दिखाई पड़ती है। ब्लैकमर के शब्दों में कविता की आलोचना किसी-न-किसी रूप में अंततः मानवीय या नैतिक मूल्य की प्रतिष्ठा और आस्वादन से जुड़ जाती है। नयी समीक्षा का रूपवाद वस्तुतः एक ऐसे सत्ता-मूलक (ऑनटोलॉजिकल) सिद्धांत के विकास का प्रयत्न है जिसके आधार पर कविता की स्वायत्त प्रतिष्ठा, सत्य को ग्रहण करने की अद्वितीय विधि के रूप में की जा सके। किंतु आलोचक का मुख्य दायित्व इनकी दृष्टि में कविता की व्याख्या करना था।

तीसरे और चौथे दशाब्द के समीक्षक प्रायः मूल्यांकनपरक समीक्षा से कतराते रहे। विवेचना के लिए ये मूल्यों की अपेक्षा प्रविधि पर अधिक बल देते थे। इनकी विषयीगत अभिरुचि आधुनिक मनोविज्ञान से प्रभावित थी और कृति के प्रति निर्वैयक्तिक वस्तुनिष्ठ आलोचनात्मक रुख विज्ञान के प्रभाव से निर्मित हुआ था।

रचना के उपरांत कविता को ये एक स्वायत्त निरपेक्ष इकाई या रूप मानते थे। इस प्रकार की आलोचना की पहली शर्त यह थी कि कविता को कविता के रूप में ग्रहण किया जाए न कि किसी दर्शन या विचारधारा के माध्यम के रूप में। आलोचक को केवल कविता के भीतर प्रयुक्त अक्षरों, शब्दों, बलाघातों, पंक्तियों, बिंबों,

प्रतीकों आदि के बीच उपलब्ध विविध संबंधों का विश्लेषण और व्याख्या करनी चाहिए। इस प्रकार नयी समीक्षा ने आलोचना में कविता के विस्तृत विश्लेषण और घनिष्ठ पाठ की परंपरा कायम की।

इस प्रकार के विश्लेषण का मुख्य उद्देश्य साहित्येतर तत्त्वों से निरपेक्ष रहकर कृति की आंतरिक संहिति का विश्लेषण करना था। इसके लिए इन समीक्षकों ने साहित्य की पाठ-प्रक्रिया पर बहुत गंभीरता से विचार ही नहीं किया, पाठकों को इस विषय की शिक्षा देने के लिए अनेक उपयोगी रचनाएँ प्रस्तुत कीं। एज़रा पाउंड की ए.बी.सी. ऑफ रीडिंग, एफ.आर. लीविस की हाउ टु टीच रीडिंग, रिचर्ड्स की हाउ टु रीड ए पेज और इंटरप्रटेशन इन टीचिंग आदि रचनाएँ इसका प्रमाण हैं कि काव्य-पाठ को ये समीक्षक एक निश्चित अनुशासन मानते थे।

कहना न होगा कि साहित्य के प्रति यह रुख क्रमशः एकांगी और अतिवादी सिद्ध होने लगा। इसीलिए कविता की सीमाओं में बँधे रहने के हिमायती, क्लीन्थ ब्रुक्स जैसे आलोचक को भी अंततः यह कहना पड़ा कि यदि हम कविता के तनावों और समाहितियों को सही ढंग से समझना चाहते हैं तो ''हमें कविता के बाहर जाने के लिए बाध्य होना पड़ेगा।'' इलियट ने कविता की तार-तार व्याख्या की प्रवृत्ति को लक्ष्य करते हुए 'समीक्षा के सीमांत' में इस प्रकार के आलोचकों को 'नीबू निचोड़' आलोचक की संज्ञा दी। उन्होंने इस बात पर बल दिया कि कविता का पाठक कविता को केवल समझना नहीं चाहता, बल्कि उसका आस्वादन भी करना चाहता है। ये वही इलियट थे जिनके निबंध-संग्रह 'सेक्रेड वुड' (1920) से नयी समीक्षा का इतिहास आरंभ हुआ था।

यह सही है कि इलियट ने कला को मात्र आत्माभिव्यक्ति मानने की रोमानी वृत्ति पर प्रहार करते हुए उसकी वस्तुनिष्ठता पर बल दिया था। पर उनकी दृष्टि में साहित्य के विषय की गरिमा और प्रौढ़ता का विशेष महत्त्व था। उन्होंने वैयक्तिक प्रतिभा और परंपरा के अंतस्संबंध की विस्तार से व्याख्या की और कृति की मूल्यवत्ता के संदर्भ में कवि की आस्था का सवाल उठाया।

इलियट से प्रारंभ होकर आई.ए. रिचर्ड्स, जॉन क्रो रैंसम, क्लीन्थ ब्रुक्स, विलियम एम्पसन, एफ. आर. लीविस, एलेन टेट, आर. पी. ब्लैकमर, केनेथ बर्क, डब्ल्यू. के. विमसाट आदि आलोचकों की रचनाओं में 'नयी समीक्षा' परवान चढ़ी। बीस वर्ष तक 'नयी समीक्षा' का विकास इस हद तक हुआ कि सन् 1940 के आसपास द कीनियन रिव्यू और द सिवानी रिव्यू जैसी आलोचनात्मक पत्रिकाओं पर इस समीक्षा-दृष्टि का पूर्ण प्रभुत्व हो गया। कुल मिलाकर नयी समीक्षा के उदय और विकास का काल दो विश्वयुद्धों के बीच का काल है।

सन् 1950 के आसपास नयी समीक्षा की सीमाएँ सामने आने लगीं। इस प्रवृत्ति के वरिष्ठ आलोचकों ने स्वयं इसकी खामियों की ओर ध्यान आकर्षित किया और

उनकी आलोचना की। नयी समीक्षा की सभी महत्त्वपूर्ण कृतियाँ पहले ही प्रकाशित हो चुकी थीं, और आलोचक जैसे अपने ऐतिहासिक दायित्व को पूरा करके विराम की मुद्रा में थे। आलोचना का एक प्रमुख दौर, एक विशेष युग मानो समाप्त हो गया था।

इंग्लैंड और अमेरिका में नयी समीक्षा का विरोध अत्यंत प्रबल और मुखर रूप में सामने आने लगा। आर.एस. क्रेन के नेतृत्व में शिकागो स्कूल के नवअरस्तूवादी आलोचकों ने इस पूरे आंदोलन पर पहला प्रबल आघात किया। शिकागो स्कूल के आलोचकों ने कृति के मूल्यांकन के लिए रूप-संरचना केंद्रित दृष्टि और प्रतिमान को नाकाफ़ी ठहराया। उनका कहना था कि रूप या संरचना के विश्लेषण की यह पद्धति लघु रचनाओं के लिए भले ही उपयुक्त प्रमाणित कर दी गई हो किंतु बृहत् कथात्मक काव्यों, प्रबंध रचनाओं, नाटक, महाकाव्य और दीर्घ संरचना वाली तमाम विधाओं के लिए यह एकदम नकाफ़ी है। एलेन टेट पहले ही स्वीकार कर चुके थे कि "लंबी कविता की समस्या कुछ अलग किस्म की होती है।"

नयी समीक्षा की प्रतिक्रिया में उभरकर सामने आने वाले आलोचकों में फ्रैंक कर्मोड और नार्थ्रोप फ्राई का महत्त्वपूर्ण स्थान है। फ्रैंक कर्मोड ने नयी समीक्षा के रोमांटिक और प्रतीकवादी तत्त्वों पर आक्षेप करते हुए कहा कि आलोचना के ये आधार विज्ञान-विरोधी दृष्टि से पैदा होते हैं। आधुनिक कविता के संदर्भ में इस प्रकार की तर्कातीत (इर्रेशनल) विज्ञान-विरोधी दृष्टि को ग्रहण नहीं किया जा सकता।

इसके ठीक विपरीत नार्थ्रोप फ्राई ने इस समीक्षा पर पर्याप्त रोमांटिक न होने का आक्षेप लगाया। एक अधिक व्यापक प्रतिमान के रूप में फ्राई ने मिथकवादी आलोचना की प्रतिष्ठा और प्रसार किया। इसी समय के आसपास अमेरिका में मरे क्रीगर ने नयी समीक्षा का विरोध किया। वस्तुतः समय के साथ विचार के केंद्र में इलियट की आधुनिकतावादी कविता के स्थान पर डब्ल्यू. बी. येट्स की कविता आ गई। परिणामतः सन् 1950 तक आते-आते आलोचना की प्रतिज्ञाएँ बदल गईं।

सन् 1920 के आसपास जिन नये समीक्षकों ने विद्रोहियों की मुद्रा में साहित्य में प्रवेश किया था, उनमें से अधिकांश विश्वविद्यालयों में प्रतिष्ठित पदों पर आसीन होकर प्रतिष्ठान का अंग बन चुके थे। कृति की स्वायत्तता पर दिया गया अतिरिक्त बल एक ओर कोरे रूपवाद में स्खलित होकर शुद्ध साहित्यिक मूल्यों का रूप धारण कर चुका था और दूसरी ओर साहित्य पर समाजशास्त्रीय दृष्टि का दबाव बढ़ रहा था। स्वयं एफ. आर लीविस के शिष्य रेमंड विलियम्स साहित्य के समाजशास्त्रीय अध्ययन की दिशा अपना चुके थे। नये समीक्षकों को प्रतिक्रियावादी घोषित किया जा चुका था।

सिद्धांतों से असहमति या विरोध के बावजूद इस बात से इंकार करना कठिन है कि इस समीक्षांदोलन ने पूरे आंग्ल-अमरीकी आलोचना साहित्य को एक नयी दिशा

दी। इनका सबसे बड़ा योगदान इस बात में है कि इन्होंने केवल सिद्धांत-चर्चा नहीं की, उन सिद्धांतों को व्यावहारिक समीक्षा की कसौटी भी प्रदान की। इस क्रम में इन सिद्धांतों की कुछ परिसीमाएँ भले ही सामने आई हों, असंगतियाँ नहीं।

नये समीक्षकों ने अंग्रेजी कविता के इतिहास का पुनर्लेखन या पुनर्व्यवस्था करके कवियों के मूल्यांकन में एक नया क्रम स्थापित किया, जिससे असहमति भले ही संभव हो किंतु उसकी उपेक्षा परवर्तियों के लिए असंभव हो गई। इस प्रकार उन्होंने आंग्ल-अमरीकी साहित्य में व्यावहारिक आलोचना का स्वरूप जैसे स्थिर कर दिया।

मार्क शोरर ने नयी समीक्षा की उपलब्धियों का जिक्र करते हुए लिखा है कि "साहित्यिक कृतियों के श्रमसाध्य परीक्षण के द्वारा आधुनिक आलोचना ने निर्णयात्मक रूप से यह सिद्ध कर दिया है कि कला में सत्य और सौंदर्य एक अविभाज्य इकाई है। यदि हम सौंदर्य के बजाय रूप का, और सत्य के बजाय कथ्य का प्रयोग करें तो इन शब्दों को कीट्स के द्वारा प्रदान की गई अधिव्यंजनाएँ कुछ कम हो सकती हैं और एक पुराने असमंजस का हल मिल सकता है।...आधुनिक आलोचना ने हमें दिखा दिया है कि केवल कथ्य की बात करने का मतलब एकदम कला की बात न करके अनुभव की बात करना है, जब हम सिद्ध कथ्य की—रूप की, अर्थात् कलाकृति के रूप में कलाकृति की बात करते हैं, तभी हम सही मानों में आलोचकों की तरह बात करते हैं। कथ्य और अनुभव तथा सिद्ध कथ्य अथवा कला के बीच जो बच रहता है वह प्रविधि है।"

नयी समीक्षा की प्रक्रिया और सिद्धियों का सार इससे बेहतर और क्या हो सकता है!

नयी समीक्षा के बाद जिस प्रवृत्ति ने व्यापक विश्वव्यापी परिदृश्य का रूप ग्रहण किया उसकी पहचान उत्तर-आधुनिकतावाद के रूप में बनी। पर इसकी न कोई निश्चित सैद्धांतिकी थी न शास्त्र, और न ही कोई विचारधारात्मक आधार। अपने अस्तित्व की घोषणा इसने पूर्ववर्ती सत्ताओं, विधानों, विचारों और केंद्रीयताओं के अंत का ऐलान करते हुए की।

साहित्य में भी इस अंतवाद की शुरुआत इलियट, एडमंड विल्सन और लायनल ट्रिलिंग के द्वारा की जाने वाली चर्चा में हो चुकी थी जिसमें संस्था के रूप में लेखक के अंत की घोषणा भी शामिल थी।

उत्तर-आधुनिकतावाद का दूसरा लक्षण था सब कुछ का भूमंडलीकृत होते जाना जिसे मार्शल मैकलूहान ने विश्वग्राम की संज्ञा दी है और कुछ अमरीकी आलोचकों ने 'द वर्लडिंग ऑफ अमेरिका' कहा। इसी संदर्भ में 'विश्वदृष्टि' की भी चर्चा की जाने लगी जो वस्तुतः पश्चिमी देशों, मुख्यतः अमेरिका की दृष्टि को गैर-पश्चिमी देशों पर हावी करने का विराट अभियान था।

वस्तुतः यह विकसित देशों के द्वारा विकासशील देशों पर वर्चस्व कायम करने,

मुख्यतः उनके बाजारों पर कब्जा करने का प्रयास था जिसे संचार-माध्यमों और तकनीकी के विकास के द्वारा साधा गया था।

इस प्रवृत्ति का प्रभाव कलाकृतियों में मानक के बदलाव के रूप में सामने आया। संस्कृति और कलाकृतियों ने 'उत्पाद' का दर्जा ग्रहण कर लिया और लोकप्रियता को उनकी सफलता का मानदंड समझा जाने लगा। इतना ही नहीं संस्कृतिकर्मी, विचारक सब यूरोप-अमेरिका केंद्रित सोच की भाषा बोलने लगे।

केंद्र से 'विचारधारा' का स्खलन इस परिवर्तन का सबसे चिंताजनक पहलू था। आइडियालॉजी की जगह टेकनॉलॉजी ने ले ली। इस स्थिति से उत्पन्न तमाम खतरों के बावजूद साहित्य और कलाओं का वजूद तो बना रहा पर उनकी हैसियत 'पाठ' की हो गई। संप्रेषण के माध्यमों में पढ़ने के समानांतर देखने-सुनने का महत्त्व हो चला, जिससे यथार्थ-बोध की एक नयी विधि, एक नयी दुनिया सामने आई। दावा किया गया कि 'मास मीडिया' के विस्तार ने हमारे सोच और संवेदना का प्रसार किया है।

सदी के सातवें-आठवें दशक में, साहित्य के संदर्भ में फ्रांस में 'विखंडनवाद' का निरूपण और प्रचलन हुआ। इसकी प्रमुख विशेषता थी कि इसने आलोचना को 'प्रतिपाठ' का दर्जा देकर इस मिथ को तोड़ा कि आलोचना दोयम दर्जे का काम है।

विखंडन ही साहित्य की उत्तर-आधुनिक स्थिति है जिसमें आलोचना 'पाठ' की समझ के लिए बाहरी मानकों और 'कारणों' को खोजने के बजाय स्वयं 'पाठ' का विखंडन करके उसमें दबे अर्थ को मुक्त करती है। विखंडन को एकमात्र कर्म और धर्म मानने से जितनी सुविधा हुई उतना ही अराजकता के लिए अवकाश बढ़ा। क्योंकि यह मानने से कि हर पाठ की एकाधिक व्याख्याएँ संभव भी हैं और वैध भी, व्याख्या की प्रामाणिकता का प्रश्न बेमानी हो गया। इसी को अर्थ की लीला कहा गया।

यह शास्त्रहीन स्थिति, एक तरह का अनेकांतवाद है जिसमें आलोचक का दायित्व सिर्फ अर्थ को खोलना नहीं 'एक पाठ के लिए एक अर्थ का निर्माण करना' होता है। लेखक के अभिप्रेत से इसका संबंध हो यह बिल्कुल जरूरी नहीं है। यह लेखक के विकेंद्रण और पाठक के महत्त्व स्थापन की प्रक्रिया थी।

उत्तर-आधुनिकतावाद की शक्ति इस बात में देखी गई कि उसने 'पाठ' को केंद्रीय अर्थ से मुक्त करने के साथ 'सत्य' को भी मुक्त कर दिया। केंद्रीय वृत्तांतों से हटकर बल उपकेंद्रों, हाशिए पर स्थित समुदायों पर दिया जाने लगा। समाज के उपेक्षितों, स्त्रियों, दलितों, बच्चों, जनजातियों, भाषायी समुदायों की आवाजों का महत्त्व बढ़ चला। इन उपकेंद्रों से देखे गए सत्य की वैधता उतनी ही हो गई जितनी केंद्राधारित सत्य की।

केंद्रीयता के वर्चस्व का टूटना सामाजिक न्याय की दृष्टि से चिंता की बात

नहीं थी, पर विचारधारा मात्र के निषेध के बारे में यह नहीं कहा जा सकता। इसलिए मार्क्सवादी विचारकों ने इससे संभावित अराजकता के खतरे के कारण इसका विरोध किया। विखंडन को पाठ की ऐसी प्रक्रिया के रूप में देखे जाने की सिफारिश की जाने लगी जो अंततः विचारधारा तक पहुँचती है।

पश्चिम में भी अब यह पूरा प्रश्न पुनर्विचार का विषय है। क्योंकि न तो यह स्वीकार करना संभव है कि कलाकृतियाँ, हर अन्य वस्तु की तरह केवल 'पाठ' हैं और न इस पर सर्वसम्मति बन सकी है कि रचनाकार के परिवेश की उसके रचना-कर्म में कोई प्रासंगिकता नहीं है।

चिंतक

प्लेटो (427-347 ई.पू.)

:1:

प्लेटो का जन्म एथेंस के एक ऐसे कुलीन वंश में हुआ, जिसके सदस्य पीढ़ियों से राजनीति में प्रमुख रूप से भागीदारी करते आए थे। माता-पिता ने उन्हें नाम दिया—अरिस्तोक्लीस। जिसे उनके चौड़े-चकले शरीर को लक्ष्य करके उनके मल्ल-गुरु ने बदलकर 'प्लातोन' कर दिया। अरबी-फारसी भाषाओं में यही नाम 'अफलातून' के रूप में प्रचलित हुआ और अंग्रेजी और कुछ अन्य भाषाओं में 'प्लेटो' के रूप में।

प्लेटो का बचपन एथेंस के पतन का साक्षी रहकर बीता। एथेंस युद्ध में पराजित होकर दुर्भिक्ष और महामारी की चपेट में था। इतिहासकारों के ब्यौरों के अनुसार माहौल में आध्यात्मिक दिवालियापन था। चारों ओर अवसरवादिता, धोखाधड़ी, तुच्छ स्वार्थपरता और असुरक्षा व्याप्त थी।

जनसंख्या का दो-तिहाई भाग उन दासों का था जिनके श्रम पर एथेंस की सभ्यता और संस्कृति के विशाल भवन का निर्माण हुआ था। किंतु ये नागरिक जीवन के मूल अधिकारों तक से वंचित थे। कहने को प्रजातंत्र जिसमें राजसत्ता पर अल्पसंख्यक कुलीनों और व्यापारियों का कब्जा था। इस वस्तुस्थिति ने प्लेटो के मन पर गहरी छाप छोड़ी। वंशगत संस्कार का अभिन्न अंग होने के बावजूद उन्होंने स्वयं राजनीति में भाग नहीं लिया। बाल्यकाल में पिता की मृत्यु के बाद माता ने दूसरा विवाह कर लिया था, अतः पारिवारिक स्थिति भी अनुकूल न रही।

ऐसी परिस्थितियों में 18-20 वर्ष की आयु में प्लेटो का संपर्क सुकरात से हुआ। उनकी पूरी शिक्षा सुकरात की छाया में हुई और सुकरात के मृत्यु क्षण तक वे उन्हीं के साथ रहे। प्लेटो के चिंतन में व्याप्त आदर्शवाद समकालीन समाज के पतन की गहरी प्रतिक्रिया और सुकरात के प्रभाव के संगम का परिणाम था।

जनश्रुति के अनुसार सुकरात को मृत्युदंड दिए जाने के बाद प्लेटो ने 28 वर्ष की आयु में शहर छोड़ दिया। लगभग बारह वर्ष तक देश-देशांतर में घूमकर वे अध्ययन करते रहे। चालीस वर्ष की पूर्ण ज्ञान-संपन्न प्रौढ़ आयु में लौटकर उन्होंने उस अकादमी

की स्थापना की, जिसे यूरोप का सर्वप्रथम विश्वविद्यालय होने का गौरव प्राप्त है।

उपलब्ध प्रमाणों से संकेत मिलता है कि युवावस्था में प्लेटो की रुचि काव्य-रचना में थी। सुकरात के संपर्क में आने पर उन्होंने काव्य-रचना छोड़ दी और अपनी कविताओं को नष्ट कर दिया। उनकी कविता के कुछ अवशेष 'ऑक्सफोर्ड बुक ऑफ ग्रीक वर्स' में संकलित हैं। यह तथ्य उनके कवि-हृदय संपन्न होने का प्रमाण है।

अनुमान किया जाता है कि अकादमी की स्थापना के पहले भी वे अनेक संवादों की रचना कर चुके थे। उनका संपूर्ण लेखन ही संवादों के रूप में उपलब्ध है। अकादमी की स्थापना करने के लगभग बीस वर्ष बाद तक उन्होंने कोई संवाद नहीं लिखा। यह क्रम जीवन के अंतिम बीस वर्षों में एक बार फिर आरंभ हुआ। कुछ संवादों का रचनाकाल उनके जीवन के पूर्वार्द्ध से उत्तरार्द्ध तक विस्तृत है। इनमें 'पोलितेइया' और 'रिपब्लिक' जैसे संवाद हैं। वय-क्रम से युवावस्था, प्रौढ़ावस्था और वृद्धावस्था की रचनाओं को स्पष्ट रूप से अलग पहचाना जा सकता है। 'लॉज' संभवतः उनका अंतिम संवाद है। रचनाओं के विशाल भंडार में से विद्वानों ने 27 संवादों और एक पत्र-संग्रह को प्लेटो का प्रामाणिक कृतित्व तय किया है।

प्लेटो का मुख्य सरोकार काव्य और कला का विवेचन न होकर आदर्श नगर राज्य में उनकी उपयोगिता था। शिक्षा के साधनों में काव्य और कलाओं की भूमिका पर विचार करते हुए ही उन्होंने इस विषय का विवेचन किया। यह विचार किसी निश्चित क्रम में नहीं किया गया। इसके बावजूद उन्होंने जिन विषयों का स्पर्श किया उनके आधार पर एक व्यवस्थित काव्य-सिद्धांत के पुनर्निर्माण की संभावना बनती है। इनमें कला की परिभाषा, कलाओं में काव्य का स्थान, काव्य का स्वरूप, काव्य की प्रेरणा, काव्य-सृजन, काव्य के विषय, काव्य के रूप, काव्य का प्रभाव, काव्य और सत्य, काव्य और जीवन का संबंध, काव्य-सौंदर्य और शिवत्व जैसे तमाम विषय शामिल हैं।

जिन संवादों में प्रसंगात् काव्य या कला की चर्चा मिलती है, उनमें मुख्य हैं—'इओन', 'सिंपोसियोन', 'फएद्रस', 'पोलितेइया', 'नोमोई' आदि के अलावा उनकी प्रसिद्ध रचना 'रिपब्लिक'।

प्लेटो के संवादों का प्रमुख आकर्षण उनकी शैली है। इनके प्रमुख नाटकीय पात्र हैं सुकरात। ये संवाद द्वंद्वात्मक पद्धति से विचार क्रम को आगे बढ़ाते हैं, गोकि जरूरी नहीं कि वे अंत में किसी निश्चित निर्णय पर पहुँचें। बल्कि अधिकांश संवाद प्रायः अनिर्णीत स्थिति में समाप्त हो जाते हैं। यही नहीं, सुकरात के कथन में आपाततः पूर्वापर असंगतियाँ और अंतर्विरोध मिलते हैं जिन्हें सुलझाने का प्रयास कम ही किया गया है। पाठक के मन में विषय के बारे में प्लेटो के विचारों को लेकर असमंजस बना रहता है। इस सबके बावजूद इस शैली के अपने आकर्षण हैं। अनौपचारिकता, तार्किकता और चित्रात्मकता के कारण उनके संवाद काव्यशास्त्र के इतिहास में बराबर

विद्वानों के आकर्षण का विषय बने रहे हैं।

: 2 :

काव्य, सत्य और अनुकरण

प्लेटो ने अन्य विषयों की तरह, काव्य और कलाओं पर भी आदर्श नागरिकों की शिक्षा के संदर्भ में विचार किया। 'रिपब्लिक' के दूसरे अध्याय में उन्होंने व्यक्तित्व के अंतरंग की शिक्षा के लिए संगीत (जिससे उनका तात्पर्य व्यापक अर्थ में संपूर्ण ललित कलाओं से था) की आवश्यकता स्वीकार की थी।

जहाँ तक काव्य को अनुकरण मानने का प्रश्न है, कलाओं को अनुकरणमूलक मानने की अवधारणा पहले से चली आ रही थी। इस विषय में कोई आपत्ति न उठाकर प्लेटो ने भी काव्य के संदर्भ में 'माइमेसिस' अर्थात् अनुकरण शब्द का प्रयोग परंपरासिद्ध रूप में किया। उनके लिए विचारणीय प्रश्न यह नहीं था कि काव्य 'अनुकरण' है या नहीं। वे यह मानकर चलते थे कि अन्य कलाओं की तरह काव्य भी अनुकरणधर्मी कला है। उनकी चिंता यह थी कि कला के लिए अनुकरणीय क्या है और अनुकरण का विषय क्या है?

प्लेटो के बारे में आम धारणा है कि वे आदर्श नगर राज्य से कवि के निष्कासन की अपेक्षा इसलिए करते थे क्योंकि वह सत्य के अनुकरण का अनुकरण करता है। इस तर्क से उसकी कृति सत्य से तिगुनी दूर हो जाती है। ऐसा मानना प्लेटो के मत को एकांगी रूप में सरलीकृत करके देखना होगा।

प्लेटो ने इस विषय पर गणतंत्र में दो स्थलों पर विचार किया है। 'सत्य' को वे विचार-रूप, अमूर्त और सार्वभौम मानते थे। वस्तुगत जगत उनके अनुसार इस सत्य की प्रतिकृति (या अभिव्यक्ति) है। जो अनुकरणमूलक, मूर्त और विशिष्ट होने के कारण असत्य होती है। विचार केवल ज्ञान का विषय है जो अनुकरण का विषय होकर रूपाकार ग्रहण कर लेता है। पर भौतिक वस्तुओं के निर्माताओं को उनके तात्विक रूप का ज्ञान होता है। वस्तुओं के निर्माता व्यक्तियों से कलाकृतियों के निर्माता कलाकारों की स्थिति और भी विशिष्ट होती है। तत्त्व ज्ञान से वंचित कलाकार के अनुकरण का आधार रूपाकार के विषय में उसकी अपनी धारणा होती है, विषय का तात्विक ज्ञान नहीं। उन्होंने अपनी बात को जूता बनाने वाले मोची और उसका चित्र बनाने वाले चित्रकार के उदाहरण से स्पष्ट किया। जहाँ मोची को जूता बनाने के कौशल का तात्विक ज्ञान होता है वहाँ उसका चित्र बनाने वाला चित्रकार इस ज्ञान से पूरी तरह वंचित होने पर भी उसका चित्र बनाकर मोची का आभास प्रस्तुत करता है। इसी तरह काव्य में रथ-दौड़ की प्रतिस्पर्धा का वर्णन करने वाले कवि और रथ को बनाने वाले शिल्पी और दौड़ाने वाले रथी योद्धा के बीच अन्तर को

रेखांकित करते हुए उन्होंने अपनी बात की पुष्टि की। जहाँ रथ बनाने वाला शिल्पी और दौड़ में भाग लेने वाला योद्धा, दोनों अपनी-अपनी कलाओं के तात्विक ज्ञाता होते हैं, वहाँ रथ-दौड़ का वर्णन करने वाला कवि इससे पूर्णतः वंचित होकर भी, देखे-सुने के आधार पर धारणा बनाकर उसका विश्वसनीय वर्णन करता है।

प्लेटो को आपत्ति कलाओं के अनुकरणधर्मी होने के कारण नहीं, बल्कि ज्ञान रहित अनुकरण के कारण थी। उन्होंने 'अनुकरण' का प्रयोग दो संदर्भों में किया—विचार जगत और गोचर जगत के बीच संबंध की व्याख्या के लिए और गोचर जगत और कला-जगत के बीच संबंध की व्याख्या के लिए। पहले का संबंध तत्त्व-मीमांसा से है और दूसरे का नैतिकता से। कला का प्रश्न स्वभावतः नैतिक परिधि में आता है। इसलिए 'गणतंत्र' के दसवें अध्याय में जो प्रश्न तात्विक दृष्टि से सत्य-असत्य का है, वही गणतंत्र के दूसरे-तीसरे अध्याय में नैतिक दृष्टि से शुभ-अशुभ का है।

साहित्य के संदर्भ में प्लेटो के लिए सत्यता का प्रश्न अनावश्यक है। वे जानते थे कि जिन कहानियों से बच्चों को आरंभिक शिक्षा दी जाती है, वे पूर्णतः असत्य न होने पर भी प्रायः कल्पित होती हैं। इसलिए **वहाँ सवाल सच और झूठ के बीच, सच के चुनाव का नहीं, बल्कि अच्छे और बुरे झूठ के बीच अच्छे झूठ के चुनाव का है।** पुराकथाओं और काव्य दोनों में विगत, वर्तमान और अनागत घटनाओं का वर्णन किया जाता है। जिनमें बड़ा अंश कल्पना पर आधारित प्रसंगों का होता है। इसलिए उनकी दृष्टि में 'अनुकरण' में बहस का मुद्दा कल्पना के विरुद्ध तथ्यपरकता की प्रतिष्ठा नहीं है। उनकी बहस 'अनुकरण' मात्र से नहीं **अनुकरण के विषय से है।**

प्लेटो की दृष्टि का केन्द्र आदर्श नगर-राज्य के भावी नागरिकों की शिक्षा था। इसलिए उन्होंने ऐसे विषयों को अनुकरणीय माना जिनसे सद्मूल्यों में आस्था पैदा हो। उन्होंने स्पष्ट कहा था कि विवेकहीन, अपरिपक्व मन पर दुष्प्रभाव डालने वाले साहित्य का पूरी तरह निषेध किया जाना चाहिए, भले ही वह सत्य हो। राज्य के भावी नागरिकों की उचित शिक्षा के लिए साहित्य को नैतिक संस्कारों के निर्माण का साधन मानना स्वाभाविक ही कहा जाएगा। प्लेटो अन्यापदेशिक शैली में लिखी गई कथाओं के भी विरोधी थे। उनका तर्क था कि बच्चों में कथा के अभिधार्थ और अन्यापदेशिक अर्थ के बीच फर्क करने की तमीज़ नहीं होती।

प्लेटो के अनुसार कवि और कथाकार का बड़ा दोष असत्य कथन नहीं, बल्कि यह है कि वे दुर्जनों को सुखी और सज्जनों को दुखी, एवं अन्याय को लाभप्रद और न्याय को हानिकर दिखाते हैं। कहना न होगा कि प्लेटो के सामने ट्रेजिडी प्रधान ग्रीक साहित्य की परंपरा थी। इसलिए उनकी विचार-प्रणाली में अनुकरण शब्द ने नैतिकता की चिंता से अभिन्न होकर, कलागत अवधारणा से अधिक नैतिक अवधारणा का रूप ग्रहण कर लिया। गणतंत्र के आरंभिक अध्यायों में उन्होंने **काव्य का निषेध अनुकरण मात्र होने के कारण नहीं, बल्कि अनैतिक होने के कारण किया।**

इसलिए उन्होंने उस कवि को आदर्श नगर में रहने की अनुमति दे दी, जो शुभ का अनुकर्ता हो, और अपनी इस भूमिका के पक्ष में तर्क और प्रमाण प्रस्तुत कर सके। उनके अनुसार आदर्श राज्य के भावी संरक्षकों की शिक्षा में उचित का अनुकरण ही उपादेय हो सकता है।

प्लेटो के अनुसार तात्विक दृष्टि से मूल सत्य अमूर्त ज्ञानरूप विचार होता है, वस्तु-सत्य, उसका ज्ञान-प्रसूत मूर्त रूप है, और कलाकृति, धारणा-प्रसूत आभास मात्र। जो अंतर सत्य और असत्य के बीच है, ज्ञान और धारणा के बीच है, वही अस्तित्व और आभास के बीच है। कला की प्रकृति अनुकरणात्मक होने के कारण असत्यमूलक होती है। उसमें सत्य केवल शुभ के रूप में ही वर्तमान रहता है। अपने इसी आग्रह के कारण कला-चिंतन के इतिहास में प्लेटो को नैतिकतावादी माना गया है।

प्लेटो ने 'अनुकरण' शब्द का प्रयोग किस अर्थ में किया, इस पर विचार करते हुए उनके संवादों की द्वंद्वात्मक प्रवृत्ति को ध्यान में रखना जरूरी है। वे अकसर प्रसंग-विशेष में अर्थ-निश्चय करने के लिए द्वंद्वात्मक पद्धति का सहारा लेते हैं और कभी-कभी एक ही संवाद में यह शब्द विरोधी अर्थों का बोध कराने लगता है। कलाकृतियों में मिथ्यात्व के विभिन्न रूपों को स्पष्ट करने के लिए प्लेटो ने कभी अनुकरण के पर्याय के रूप में और कभी विकल्प के रूप में प्रतिकृति, सादृश्य, रूपक, छायाभास जैसे अनेक सजातीय शब्दों का प्रयोग किया है। इन शब्दों से अनुकरण के बारे में उनके आशय को समझने में काफी सहायता मिलती है, परंतु विमसाट का यह कहना सही है कि इस पद्धति से अनुकरण की हीनार्थकता में कमी भले ही आ जाए, किंतु उसका पूरी तरह निरसन नहीं हो पाता।

अनेक विद्वानों ने 'गणतंत्र' के अनुकरण संबंधी भिन्न मतों के बीच संगति बैठाने का प्रयास किया है। इनमें जे.टेट, डब्ल्यू.सी.ग्रीन, रिचर्ड मैककिओन आदि उल्लेखनीय हैं। लेकिन जितना यह कहना व्यर्थ है कि प्लेटो ने इसका प्रयोग विविध अर्थों में किया है, उतना ही यह प्रयास करना व्यर्थ है कि इसके विविध अर्थों का न्यास किसी **एक** अर्थ में कर दिया जाए।

उनके बारे में आम धारणा यही है कि प्लेटो कविता का तिरस्कार उसकी अनुकरणधर्मी प्रकृति के कारण करते थे। वास्तव में कविता को वे अनुकरणात्मक होने के कारण नहीं, ज्ञान विरहित अनुकरण होने के कारण हेय मानते थे। अनुकार्य विषय के ज्ञान के आधार पर किए जाने वाले अनुकरण को उन्होंने वैज्ञानिक और विद्वत्तापूर्ण कहा, और **अनुकरण का सत्य किसी वस्तु को गुण और परिमाण के अनुरूप प्रस्तुत करने में निहित माना।** निष्कर्ष रूप में प्लेटो सभी अनुकरणधर्मी कलाओं में, सही निर्णय के निमित्त निर्णायक के लिए तीन बातों का ज्ञान आवश्यक मानते थे; अनुकरण का विषय क्या है? वह सत्य (शुभ) है या नहीं? तथा उसे शब्द, स्वर और लय के माध्यम से भली-भाँति निष्पादित किया गया है, अथवा नहीं?

: 3 :

काव्य का प्रभाव

आदर्श नगर राज्य में कविता को स्थान देने के विरुद्ध प्लेटो को एक और आपत्ति थी, जिसका संबंध मानव मन पर पड़ने वाले उसके प्रभाव से था। 'गणतंत्र' के दसवें अध्याय में जहाँ उन्होंने कविता को सत्य से तिगुनी दूर, अतः उसके निम्नतर स्तर का चित्र माना, वहीं मानवात्मा पर उसके घातक प्रभाव का आरोप लगाया। वे मानते थे कि मानवात्मा की प्रकृति दुहरी होती है। उसके उत्तम भाग में बुद्धि और विवेक की स्थिति होती है और अधम भाग में शोक, क्रोध आदि मनोविकारों की। कविता का प्रभाव इन्हीं मनोविकारों पर पड़ता है। उनका कहना था कि कवि का लक्ष्य लोकप्रियता हासिल करना होता है। चूंकि उत्तेजनशील संवेगों को संचालित करना अपेक्षाकृत सरल होता है, इसलिए वह आत्मा के बौद्धिक पक्ष को प्रभावित करके श्रोताओं को प्रसन्न करने के बजाय, संवेगों को उद्दीप्त करके लोकप्रिय होने का सरल मार्ग अपनाता है।

प्लेटो ने अपनी बात को स्पष्ट करने के लिए एक ऐसे नगर का दृष्टांत दिया जिसमें उत्तम व्यक्तियों को रास्ते से हटाकर दुष्टता को शक्ति प्रयोग की अनुमति दी जाती है। उनका कहना था कि इसी प्रकार अनुकर्ता कवि हर व्यक्ति की आत्मा में दुष्ट प्रकृति का बीजारोपण करता है। काव्य का दोष केवल इतना नहीं होता कि वह आत्मा के असाधु अंश का पोषण करता है, बल्कि वह ऐसी शक्ति से संपन्न होता है जो मनुष्य की साधु प्रकृति के लिए घातक होती है। इसलिए वे उसे सर्वथा अग्राह्य मानते थे।

वास्तविक जीवन में जब हम निजी शोक से संतप्त होते हैं, तो हमें भावोद्वेलन पर संयम रखने में गौरव की अनुभूति होती है। हम मूक रहकर धैर्य धारण करने का प्रयत्न करते हैं क्योंकि ऐसा आचरण पुरुषोचित समझा जाता है। इसके विपरीत कवि की सफलता का मापदंड भावनाओं को उत्तेजित करने की क्षमता को ही समझा जाता है। काव्य को सुनते समय विगलित होने को प्लेटो स्त्रियोचित आचरण कहते थे।

इस प्रभाव की व्याख्या करते हुए प्लेटो ने तर्क दिया कि आमतौर से जिन भावों की अभिव्यक्ति हम सामाजिक मर्यादा की रक्षा करने के लिए नहीं करते, वे अभिव्यक्ति के अवसर ढूंढ़ते रहते हैं। कविता उन्हें यह अवसर प्रदान कर हमारे आत्म-संयम को शिथिल करती है।

प्लेटो के अनुसार यह बात त्रासदी जैसी दुःखमूलक रचनाओं पर ही नहीं कामदी आदि हासमूलक विधाओं पर भी समान रूप से लागू होती है। जीवन व्यवहार में मनुष्य परिहास की वृत्ति पर इसलिए संयम रखता है कि उसे मसखरा न समझ लिया

जाए, पर नाटक देखते समय उसकी यह वृत्ति अनायास उद्बुद्ध हो जाती है।

त्रासदी हो या कामदी, दोनों ही मनुष्य की चित्तवृत्तियों को विक्षुब्ध करती हैं। यह विक्षोभ ही अंततः दुःख का कारण बनता था। प्लेटो के आदर्श राज्य की अवधारणा में मनुष्य का 'अच्छा' होना सुखमूलक और दुःखमूलक, सभी प्रकार के संवेगों के दमन पर निर्भर माना गया। कविता इस दमन को बाधित करती है। इसलिए मर्यादावादी प्लेटो ने उसके विरुद्ध तर्क दिया : ''यह अनुकरण मनोवेगों को सींचता और उनका पोषण करता है, जबकि हमें उनको सुखा देना चाहिए। यह उन्हें हमारा शासक बनाकर प्रतिष्ठित करता है जबकि उन्हें हमारे द्वारा शासित होना चाहिए।''

प्लेटो के अनुसार अच्छा मनुष्य वह है जो अपने भावों पर शासन करता है, वह नहीं जो उनके द्वारा शासित होता है। इसी युक्ति का विस्तार करते हुए उन्होंने राज्य के बारे में कहा कि जिस राज्य में सुख-दुःख आदि मनोवेगों का प्रभुत्व होगा, वह आदर्श राज्य नहीं हो सकता। आदर्श राज्य में कविता के प्रवेश का निषेध उन्होंने इसीलिए किया कि ऐसी स्थिति में हमारे नगर राष्ट्र में सुख और दुःख का प्रभुत्व स्थापित हो जाएगा।

सारे विरोध के बावजूद 'गणतंत्र' में यह बात बार-बार उभर कर सामने आती है कि प्लेटो कविता की प्रभाव-माधुरी से परिचित भी थे और अभिभूत भी। उन्होंने स्वीकार किया कि : ''यह सब होते हुए भी इस बात की घोषणा कर देनी चाहिए कि यदि प्रिय लगने वाली मधुर कविता तथा अनुकरणात्मक कलाएँ किसी सुव्यवस्थित राज्य में बने रहने के लिए युक्ति प्रस्तुत कर सकें तो हम सहर्ष उन्हें नगर में प्रवेश करा लेंगे क्योंकि हम स्वयं उनके आकर्षण के बारे में बखूबी सचेत हैं।'' वे इस बात को न्यायसम्मत मानते थे कि कविता को **''चाहे गीत काव्य में अथवा किसी अन्य छंद में, अपने पक्ष का प्रतिपादन करके'' निर्वासन से लौट आने का अवसर दिया जाना चाहिए।**

वे कवियों और उनके समर्थकों को अपना पक्ष प्रस्तुत करने के लिए पूरा अवसर देना चाहते थे। इस बात से एक ओर तो प्लेटो की जनतांत्रिक दृष्टि का प्रमाण मिलता है और दूसरी ओर इस पूरे सवाल के बारे में उनके गंभीर दायित्व बोध का परिचय मिलता है। इस बहस का समापन उन्होंने अंत में यह कहकर किया, कि ''प्रिय ग्लाउकोन, सचमुच इस द्वंद्व में बड़ी भारी बाजी लगी है। इतनी बड़ी बाजी जितनी कि लोग समझते नहीं। क्योंकि इस द्वंद्व पर मनुष्य का भला या बुरा होना निर्भर है। इसलिए क्या सम्मान, क्या धन, क्या पदाधिकार और क्या कविता का प्रलोभन, किसी को भी हमें न्यायपरायणता एवं सद्गुणों के प्रति असावधान होने के लिए प्रेरित नहीं करना चाहिए।''

कविता के बारे में प्लेटो की यह अवधारणा रोमांटिक काव्य-दृष्टि की विरोधी है। वह भावोद्रेक-क्षमता जिसे रोमांटिक आज भी काव्य का गुण मानते हैं, प्लेटो

की दृष्टि में बहुत बड़ा मानवीय अभिशाप है।

कविता के प्रभाव का विवेचन करते हुए प्लेटो ने इस बात का भी संकेत दिया कि उन्हें त्रासदी के मूल में त्रास और करुणा के दोहरे मनोवेग की अवस्थिति के साथ उसके सुखात्मक प्रभाव का भी एहसास था। 'फिलेबस' में इसका विस्तार से वर्णन करते हुए उन्होंने कहा : "मानव स्वभाव में मिश्रित अनुभूतियाँ होती हैं। क्रोध, भय, विद्वेष आदि भावों की एक पूरी श्रेणी है जो प्रकृत्या दुःखद होते हुए भी सुख से विहीन नहीं होती, विशेषकर उस स्थिति में जब उनका उन्मुक्त भोग किया जाए।" जाहिर है, प्लेटो प्रकृत्या दुःखद भावों के कलात्मक रूपांतरण की बात कर रहे थे। यह विषय परवर्ती विद्वानों के बीच लंबे समय तक विचारणीय रहा।

: 4 :

काव्य-सृजन

काव्य-सृजन-प्रक्रिया के बारे में प्लेटो ने मुख्यतः 'इओन' नाम के संवाद में विचार किया। इस संबंध में उनकी मान्यता यह है कि **सभी कवि 'काव्य-रचना' किसी सचेष्ट कलात्मक प्रयास के द्वारा नहीं बल्कि दैवी शक्तियों से प्रेरित और अभिभूत होकर करते हैं।** वह चाहे महाकाव्य जैसा वृहद् ग्रंथ हो अथवा प्रगति जैसी रम्य एवं सुललित रचना हो। यानी कवि-कर्म किसी वैज्ञानिक पद्धति पर अवलंबित नहीं रहता। कवि में सृजन की क्षमता का उन्मेष अलौकिक शक्ति के रूप में होता है। अपनी बात को सिद्ध करने के लिए उन्होंने तर्क दिया कि यदि काव्य-रचना किसी तयशुदा वैज्ञानिक पद्धति के आधार पर करना संभव होता या रचना किन्हीं कलात्मक नियमों के अधीन की जाती तो कोई कवि सभी विषयों पर काव्य-रचना में कुशल होता, पर व्यवहार में ऐसा नहीं होता। प्लेटो ने दैवी प्रेरणा के प्रभाव को इस हद तक स्वीकार किया कि उनके अनुसार, "कोई भी कवि जब तक बोध शक्ति को धारण करता है तब तक काव्य के देववाणी तुल्य उपहार का अधिकारी नहीं होता।"

जिस विक्षेप या बोधहीनता की चर्चा प्लेटो ने बार-बार की है वह उनके अनुसार **"अलौकिक शक्तियों से अभिभूत मानव की सहज आत्मविस्मृति का परिणाम है"** किसी प्रकार की मनोग्रंथि या मानसिक विकृति नहीं। अर्थात् काव्य-सृजन ऐसी मनःस्थिति में होता है जब कवि का सहज विवेक किन्हीं दैवी शक्तियों के अधीन हो जाता है, और वह एक आरोपित व्यक्तित्व धारण कर लेता है। वह केवल एक माध्यम, एक यंत्र होकर रह जाता है। इस मनःस्थिति में वह जिस अमूल्य-वाणी का उच्चार करता है उसका वक्ता वह स्वयं नहीं होता। वह केवल दैवी उक्तियों का माध्यम भर होता है। समस्त सुंदरतम कविता का आविष्कार मूलतः काव्य देवियाँ (म्यूज़ेज) करती हैं। इन देवियों द्वारा अधिकृत कवि की चेतना कविता का सृजन

नहीं करती। वह इस देववाणी का प्रवक्ता होता है, स्रष्टा नहीं। प्लेटो के अनुसार सृजन-क्षण सचेष्ट प्रयत्न का परिणाम नहीं अनायास घटित घटना के रूप में घटित होता है। उनके अनुसार दैव-कृपा के बिना कोई कवि, कवि नहीं हो सकता। काव्य-सृजन की प्रक्रिया को वे एक सुचिंतित प्रयास नहीं मानते अतः कविता उनके लिए शिल्प नहीं है।

कवि को कविता का प्रवक्ता अर्थात् निमित्त कारण मानकर प्लेटो ने उसे सभी दायित्वों से मुक्ति दे दी। सृजन-क्षण में वह पूर्णतः अवश होकर, इस हद तक समर्पित हो जाता है कि कविता उसके द्वारा नहीं स्वयं हो जाती है।

काव्य-सृजन के बारे में यह धारणा प्लेटो के पहले से चली आ रही थी। होमर और अन्य कवियों ने काव्य-रचना का आरंभ करने से पहले काव्य-देवियों का आह्वान किया है। बाद में भी रोमांटिक कवियों ने न केवल उनके इस मत का अनुमोदन किया बल्कि वे कविता के पक्ष-समर्थन के लिए उनके इस कथन का उपयोग करते रहे। ड्राइडन और शेक्सपीयर में भी इसकी अनुगूँज सुनाई पड़ती है। इतना ही नहीं, अनेक संशोधनों और परिवर्तनों से गुज़र कर, इसका पूरी तरह निषेध कभी हो सका, यह निश्चित रूप से आज भी नहीं कहा जा सकता।

यह भी तय है कि प्लेटो ने इस **प्रेरणा-सिद्धांत का प्रतिपादन कवि की अवमानना करने या उसका महत्त्व कम करने के लिए नहीं बल्कि कविता को वैज्ञानिक ज्ञान से अलगाने के लिए किया।** 'फीद्रस' में उन्होंने चार प्रकार के विक्षेपों की चर्चा की है जिसमें कवि को पैगंबर, धर्म-गुरु, और प्रेमी की सोहबत में जगह दी गई है। 'इओन' में इसी दृष्टिकोण का विस्तार किया गया है।

कठिनाई यह है कि प्लेटो ने 'गणतंत्र' में जिस रूप में काव्य-चर्चा की है। वह 'इओन' से बहुत भिन्न है। 'इओन' में उन्होंने कवि को कहीं असत्य भाषी नहीं कहा बल्कि यह स्वीकार किया कि वह जो कहता है (देवी प्रेरणा के कारण) वह सत्य और सुंदर होता है। वस्तुतः प्लेटो अपने चिंतन-क्रम में जैसे-जैसे अपने नैतिक सिद्धांतों का विकास करते गए, उतनी ही उन्हें कवि की नैतिक ज़िम्मेदारी की चिंता बढ़ती गई। 'गणतंत्र' के दसवें अध्याय में उन्होंने कवि पर जो आक्षेप लगाए वे इसी नैतिक दायित्व संबंधी चिंता का परिणाम है। साथ ही उनके कवि और दार्शनिक के बीच द्वंद्वात्मक संबंध का भी।

: 5 :

निष्कर्ष के रूप में कहा जा सकता है कि यद्यपि इतिहास में प्लेटो को कला-विरोधी दार्शनिक के रूप में स्मरण किया जाता है, परंतु काव्यशास्त्रीय चिंतन में उनका अप्रतिम योगदान है। क्रोचे ने उनके बारे में कहा था कि "विचारों के इतिहास में कला के

महान निषेध का विचारक कोई दूसरा नहीं हुआ।'' पर प्लेटो का निषेध भी असामान्य था। वे अपने निषेध में भी महान थे। समस्या वस्तुतः इस निषेध की महानता के अन्वेषण की है।

प्लेटो के संवादों से यह स्पष्ट है कि उनका लेखक काव्य का गहरा प्रेमी और स्वयं कवि हृदय संपन्न व्यक्ति है। उनके सभी संवाद काव्यत्व से अनुप्राणित हैं। उनके विचारों से असहमत होने पर भी उनकी भाषा की सादगी, शैली का लालित्य और गरिमामयी भंगिमा गहरा प्रभाव छोड़ते हैं। उनकी दीप्त कल्पना, उनका आदर्शवाद, उनका आत्मव्यंग्य और उनकी अनौपचारिक आत्मीयता आदि विशेषताओं के कारण, उनके संवादों के बीच से एक ऐसा दार्शनिक उभरता है जो अपने पाठक को निरस्त्र कर देता है। पाठक का सामना एक ऐसे चिंतक से होता है ''जिसकी रचनाओं का रजकण भी सोना है।''

प्लेटो के व्यक्तित्व में कवि और दार्शनिक के बीच अद्‌भुत द्वंद्वात्मक एकता है। दोनों पक्षों का ऐसा संयोग जो इतिहास में दुर्लभ है। उनके संवाद प्रायः इसी तनाव से उपजते हैं। प्लेटो ने अगर इस आंतरिक द्वंद्व को काव्यशास्त्रीय विवेचन में भी प्रक्षेपित कर दिया तो आश्चर्य नहीं होना चाहिए। उनमें कविता का जो विरोध दिखाई पड़ता है वह वस्तुतः कविता को दर्शन की चुनौती है। वे कविता की आलोचना इसलिए करते हैं क्योंकि वे उसे दर्शन की ऊँचाई पर देखना चाहते हैं। दर्शन की ओर से कविता को यह चुनौती देकर प्लेटो ने कविता के ऊपर गंभीर दायित्व सौंपने का कार्य किया। कहना न होगा 'कविता बनाम दर्शन' विवाद का आज तक कोई निर्णायक या संतोषप्रद समाधान नहीं हो सका।

प्लेटो पहले विचारक थे जिन्होंने कविता की रहस्यमय शक्ति और अक्षय जीवंतता को पहचाना। कविता के संदर्भ में उन्होंने 'चुम्बक' के बिंब का जैसा काव्यात्मक प्रयोग किया, उससे स्पष्ट है कि वे कविता की जादुई आकर्षण शक्ति से पूरी तरह अवगत थे और मानते थे कि कविता गायक के साथ श्रोता का भी रूपांतरण कर देती है। काव्य-सृजन के दौरान जिस काव्यात्मक विक्षेप की उन्होंने दार्शनिक व्याख्या की उससे कविता की अलौकिक सृजनशीलता का उद्‌घाटन हुआ। इस रूप में कविता अभ्यास सुलभ शिल्प भर न रहकर रहस्यमय और उदात्त मानवीय क्रिया-व्यापार के रूप में प्रतिष्ठित हुई। आदर्श-राज्य के निर्माण में कविता की भूमिका पर विचार करते हुए प्लेटो ने इस बात पर बल दिया कि कविता मनोरंजन मात्र की वस्तु नहीं है। उसे यदि अपनी सामाजिक उपयोगिता प्रमाणित करनी है तो उसे समाज के मंगल-विधान की दिशा में अग्रसर होना होगा।

दर्शन के समकक्ष होने के लिए कविता को उन्होंने 'सत्य' के चित्रण का सामाजिक दायित्व सौंपा। प्लेटो के अनुकरण-सिद्धांत का इस दृष्टि से बुनियादी महत्त्व है। उन्हें यदि कविता सत्य से तिगुनी दूर दिखाई पड़ी तो इसका कारण उनका विशिष्ट

तत्त्व दर्शन है। वस्तु-सत्य से कविता की तुलना करने के लिए प्लेटो, वस्तु जगत और कला जगत के दो घटकों के अलावा वस्तु जगत से परे, विचारों के अमूर्त अतींद्रिय लोक के रूप में एक तीसरे घटक का प्रयोग करते हैं। यूनानी चिंतन में इस अवधारणा का सूत्रपात प्लेटो के चिंतन से ही हुआ। विडंबना यह है कि जिन अमूर्त विचारों को परम सत्ता की कसौटी बनाकर उन्होंने अनुकरणधर्मी काव्य को त्याज्य ठहराया वही आगे चलकर रोमांटिक कवियों का प्रस्थान बिंदु बना।

प्लेटो के चिंतन का एक और पक्ष भी है। कविता में भावोद्रेक के स्थान पर बुद्धि विवेक का समर्थन। आवेश की जगह संयम का आग्रह। भाषा में अलंकृति की बजाय सादगी और सरलता की स्वीकृति। इन सबसे प्लेटो के क्लासिकी रुझान का संकेत मिलता है। इस प्रकार प्लेटो का आदर्शवाद और दीप्त कल्पना यदि रोमांटिक तत्त्वों की प्रेरक है तो उनकी सत्यनिष्ठा और वाक्-संयम क्लासिकी आदर्श का आधार प्रस्तुत करती है। दोनों काव्यादर्शों का यह संगम उनकी वैचारिक उदारता और समृद्धि का प्रमाण है।

प्लेटो को सामान्यतः नैतिकतावादी और उपयोगितावादी चिंतक माना गया है। गोकि उनका नैतिकतावाद और उपयोगितावाद उतना स्थूल और लौकिक नहीं था जैसा आधुनिक युग में समझा जाता है। 'गणतंत्र' के तीसरे अध्याय में उन्होंने कहा कि **कला का पहला कर्तव्य वस्तुओं के सौंदर्य की ओर लोगों की आँखें खोलना है।** यह बात अलग है कि वे उसे सौंदर्य तक सीमित न रखकर कला का अभीष्ट प्रयोजन मानव-प्रकृति में जो महान और शुभ है उसका उद्घाटन करना मानते थे।

प्लेटो ने काव्य-भाषा की प्रकृति पर भी विचार किया जिसका संबंध ग्रीक काव्यशास्त्र में प्रचलित 'रेटरिक' नामक शास्त्रीय विवेचन से है। उन्होंने भाषा में सादगी, सरलता, व्यंजकता जैसे गुणों पर बल देकर वागाडंबर का विरोध किया और सही शैली शास्त्र की नींव डाली। शैली को वे आत्मा का प्रतिबिंब मानते थे और कोरे अभ्यासजन्य शिल्प का निषेध करते थे।

विद्वानों ने समय-समय पर प्लेटो के संवादों में परवर्ती काव्यशास्त्र में विकसित अनेक सिद्धांतों के बीज खोजने का प्रयास किया। उन्होंने प्लेटो में 'आवश्यक अन्विति', 'विरुद्धों के सामंजस्य' और त्रासदी में 'करुणा और त्रास की दुहरी स्थिति' के संकेत खोज निकाले। कुछ दूर तक 'विरेचन सिद्धांत' से कुछ-न-कुछ परिचय की संभावना भी ढूँढ़ ली। किंतु प्लेटो का महत्त्व केवल सिद्धांतों की फेहरिस्त से नहीं आँका जा सकता। उनकी उपलब्धियों का रहस्य वस्तुतः उनकी अचूक निश्चय-बुद्धि में निहित है जिससे वे सहज ही किसी जिज्ञासा की आत्मा तक पहुँचकर मूल तत्त्व को पकड़ पाते थे।

प्लेटो का महत्त्व काव्यशास्त्र के आदि विचारक होने भर के कारण नहीं बल्कि सतत प्रेरणा के अक्षय स्रोत होने के कारण है। व्हाइट हेड की यह टिप्पणी कि 'समस्त

दर्शनशास्त्र प्लेटो के संवादों की पाद-टिप्पणी मात्र है'—काव्यशास्त्र के बारे में भी काफी हद तक सही है। समस्त नहीं तो पाश्चात्य काव्यशास्त्र का बहुत बड़ा अंश प्लेटो के संवादों पर पाद-टिप्पणी है।

अरस्तू (ई.पू.384-322)

: 1 :

अरस्तू का जन्म ई. पू. 384 में मकदूनिया के नगर स्तगिरा में हुआ। उनके पिता मकदूनिया के राजा सिकंदर के पितामह अभ्युंतस द्वितीय के राजवैद्य थे। अरस्तू का बाल्यकाल अभिजात और सुसंस्कृत वातावरण में बीता था। पिता की छत्रछाया उनके सिर पर लंबे समय तक नहीं रही, परंतु इससे वंशगत संस्कारों में कोई अंतर नहीं पड़ा।

ई. पू. 368 के आसपास उन्होंने एथेंस जाकर प्लेटो के प्रसिद्ध विद्यापीठ में प्रवेश लिया। उनकी कुशाग्र बुद्धि और अभिजात व्यक्तित्व ने शीघ्र ही उन्हें सबके आकर्षण का केन्द्र बना दिया। प्लेटो उन्हें विद्यापीठ का मस्तिष्क और बाकी सभी छात्रों को शरीर कहा करते थे। लगभग आरंभिक बीस वर्ष तक उन्होंने विद्यापीठ में अनेक विषयों का अध्ययन और उसके बाद वहीं कुछ वर्ष अध्यापन किया। गुरु शिष्य में अनेक बातों पर तीव्र मतभेद था। फिर भी आपसी संबंधों में मधुरता बनी रही।

एशिया माइनर के शासक हेरमियास अरस्तू के पुराने सहपाठी थे। ई. पू. 348 में उनके निमंत्रण पर, प्लेटो की मृत्यु के बाद अरस्तू ने भी एथेंस छोड़ दिया। मूलतः यह आमंत्रण शासन के सिद्धांतों की जानकारी हासिल करने के लिए दिया गया था। पर अंततः मैत्री रिश्तेदारी में बदल गई। हेरमियास ने अपनी दत्तक पुत्री 'वीथियास' का विवाह अरस्तू से कर दिया। दहेज में मिले धन का उपयोग अरस्तू ने वहाँ रहकर वैज्ञानिक अनुसंधानों के लिए किया। पर कुछ ही समय बाद ईरान के आक्रमण में हेरमियास के मारे जाने पर अरस्तू एक बार फिर नगर छोड़ने के लिए बाध्य हुए।

ई.पू. 343 में अरस्तू ने मकदूनिया के राजा फिलिप के दरबार में लौटकर विख्यात राजपुत्र सिकंदर महान की शिक्षा की जिम्मेदारी सँभाली। फिलिप की मृत्यु के बाद भी अरस्तू और सिकंदर के संबंध वैसे ही बने रहे।

कुछ समय बाद अरस्तू ने एथेंस के निकट अपोलो में एक स्वतंत्र ज्ञानपीठ की स्थापना की जिसमें ज्ञान की सभी शाखाओं का अध्ययन किया जाता था। सिकंदर की मृत्यु के बाद अरस्तू ने भी मकदूनिया छोड़ दिया। ई.पू. 322 में अपनी जन्मभूमि

स्तगिरा के पास ही खलकिस नगर में उनकी मृत्यु हो गई। मृत्यु से कुछ समय पहले उन्होंने अपनी युगांतरकारी रचना 'वसीयतनामा' लिखी। यह कृति इतिहास में दास-प्रथा से मुक्ति का प्रथम घोषणापत्र मानी जाती है। इसमें उन्होंने अपने सभी दासों को मुक्त कर दिया।

अरस्तू बहुमुखी प्रतिभा के धनी थे। 'ज्ञान की सभी शाखाओं में अबाध गति' को वे शिक्षा का लक्ष्य मानते थे। उनका मुख्य विषय भौतिक विज्ञान और उसमें भी विशेष रूप से प्राणी-विज्ञान था। पर उनके 400 ग्रंथों में ज्ञान-विज्ञान का शायद ही कोई क्षेत्र उनसे अछूता बचा हो। साहित्यिक विषयों पर उन्होंने दो ग्रंथ लिखे : (1) भाषाशास्त्र (तेखनेस रितोरिकेस) और काव्यशास्त्र (पेरिपोइतिकेस)। पहले में भाषण कला पर विचार करते हुए, अन्य विषयों के साथ उन्होंने भाषा और भावों पर भी विचार किया और दूसरे में काव्य के मौलिक-सिद्धांतों का विवेचन किया।

'पेरिपोइतिकेस' लगभग पचास पृष्ठों की छोटी-सी रचना है जिसका विभाजन छब्बीस असमान अध्यायों में किया गया है। इस ग्रंथ में उन्होंने एक तो काव्य पर प्लेटो द्वारा लगाए गए आक्षेपों का उत्तर देने का प्रयास किया और दूसरे यूनानी काव्य का वस्तुगत विवेचन किया। प्लेटो को दिए जाने वाले उत्तरों में उनका खंडन करने की प्रेरणा उतनी नहीं दिखाई पड़ती जितनी काव्य के पक्ष-समर्थन की चिंता दिखाई पड़ती है।

अरस्तू ने काव्य की रचना, संरचना और प्रभाव—तीनों पक्षों पर विचार किया है। पर जितना विस्तार त्रासदी की संरचना को दिया गया है उतना किसी और विषय को नहीं। यह अनुपात भेद अरस्तू की वस्तुनिष्ठता का प्रमाण है। बाद के विचारकों के बीच अरस्तू के 'अनुकरण' और 'विरेचन' सिद्धांत विशेष रूप से चर्चा के केंद्र में रहे। काव्य-रचना के प्रसंग में 'अनुकरण' का प्रयोग परंपरा से होता रहा था। परंतु 'विरेचन' का प्रयोग पहली बार अरस्तू ने ही किया। उनके भाष्यकारों का अनुमान है कि इस शब्द का ग्रहण उन्होंने अपनी वंश-परंपरा अर्थात् चिकित्सा-शास्त्र से किया।

: 2 :

काव्य और अनुकरण

काव्यशास्त्र के आरंभ में ही अरस्तू ने स्पष्ट कर दिया कि : "चित्रकार अथवा किसी भी अन्य कलाकार की ही तरह कवि भी अनुकर्ता है।" काव्य के विभिन्न रूपों—त्रासदी, महाकाव्य, कामदी आदि को उन्होंने अनुकरण के ही प्रकार माना।

हिंदी में अनुकरण का प्रयोग मूल यूनानी शब्द 'मीमेसिस' के अंग्रेजी रूपांतर 'इमिटेशन' के पर्याय के रूप में किया जाता है। कलाओं के संदर्भ में 'अनुकरण' की अवधारणा यूनान में अरस्तू से पहले ही प्रचलित थी। प्रो. गिलबर्ट मरे के अनुसार

यूनानी भाषा में कवि का वाचक शब्द 'पोएतेस' है। जिसका अर्थ है कर्ता। व्यवहार में इसका प्रयोग अनुकर्ता के अर्थ में, परंपरा के अनुरोध से कवि-कर्म के लिए प्रचलित हो गया। प्लेटो ने जिन कारणों से आदर्श नगर-राज्य से काव्य के बहिष्कार का प्रस्ताव किया था उनमें से एक कारण उसका अनुकरणधर्मी होना था। उनकी मुख्य आपत्ति थी कि अनुकृतियों का निर्माता कवि मूल कृतियों के तात्विक ज्ञान के अभाव में नकल करता है जिसके लिए वस्तुओं के बाह्य रूप की प्रतीति और उनके बारे में उसकी अपनी सम्मति पर्याप्त है।

अरस्तू ने परंपरा से शब्द को ग्रहण करके उसका प्रयोग भिन्न अर्थ में किया। उन्होंने काव्य को **प्रकृति** की अनुकृति कहा। अनुकर्ता कवि जिस 'अनुकार्य' का अनुकरण करता है उसकी प्रकृति की व्याख्या करते हुए उन्होंने स्पष्ट किया कि वह इन तीन प्रकार की वस्तुओं में से कोई एक हो सकती है–जैसी वे थीं या हैं, जैसी वे कही या समझी जाती हैं या जैसी वे होनी चाहिए। (काव्यशास्त्र, अ. 6)।

आगे चलकर उन्होंने कवि और इतिहासकार के बीच अंतर बताया। उनके अनुसार इतिहासकार उसका वर्णन करता है जो घटित हो चुका है और कवि उसका भी जो घटित हो सकता है। इतिहास में विशेष की अभिव्यक्ति होती है और काव्य में सार्वभौम की। इसलिए काव्य का स्वरूप इतिहास से भव्यतर तो होता ही है, उसमें दार्शनिकता भी होती है। काव्य का लक्ष्य होता है, नाम रूप से विशिष्ट व्यक्तियों के माध्यम से सार्वभौमिकता की सिद्धि। काव्य में व्यक्ति तो विशिष्ट होते हैं, किंतु वे आचरण संभाव्यता तथा आवश्यकता के नियम के अनुसार करते हुए चित्रित किए जाते हैं। यही उनकी सामान्यता या सार्वभौमिकता होती है। (काव्यशास्त्र, अ.9)।

अरस्तू के व्याख्याकारों में इस विषय में लगभग सहमति है कि परंपरा से शब्द लेकर भी अरस्तू ने उसका प्रयोग 'नकल' के परंपरा प्राप्त अर्थ में नहीं किया। अरस्तू इस शब्द का प्रयोग किस अर्थ में कर रहे थे, इसकी बाद में तरह-तरह से व्याख्या की गई। इतिहास-क्रम में इनमें तीन दृष्टियाँ प्रमुख मानी जाती हैं। विवेचन की सुविधा के लिए इन्हें (क) नव्यक्लासिकी (ख) रोमांटिक और (ग) रूपवादी तथा संरचनावादी कहा जा सकता है।

(क) नव्यक्लासिकी व्याख्या के प्रेरक होरेस थे। ग्रीक चिंतन पर नये सिरे से अध्ययन करने की प्रवृत्ति रेनेसां के दौर में सत्रहवीं-अठारहवीं शताब्दी में आरंभ हुई। होरेस ने अरस्तू के सिद्धांतों की व्याख्या करते हुए समकालीन रचनाकारों के लिए प्राचीन काव्य-सिद्धांतों के साथ प्राचीन श्रेष्ठ काव्यों का अनुसरण आवश्यक माना। उनके अलावा मध्ययुग के पंडित वर्ग ने अरस्तू के सूत्र 'काव्य प्रकृति की अनुकृति है' की नये सिरे से व्याख्या की। उन्होंने **प्रकृति** का अर्थ किया–**नियमों से बँधा हुआ जीवन** और **अनुकरण** का अर्थ किया–**यथावत् प्रत्यंकन**। इन व्याख्याताओं में चर्च के पादरियों में फादर क्विंटिलियन और सेंट टॉमस एक्वाइनस का विशेष उल्लेख

किया जाता है। अनुकार्य में उन्होंने प्रकृति का अर्थ विस्तार करके पूर्व-परंपरा के महान रचनाकारों और रचनाओं को तो शामिल कर लिया, पर अनुकरण का अर्थ वही (हुबहू नकल) बना रहा। स्वभावतः यदि 'प्रकृति' का अर्थ नियमबद्ध जीवन तक सीमित कर दिया जाय, तो वस्तु के उसी रूप का अनुकरण संभव होगा—'जैसी वे थीं या हैं'। ऐसे अनुकरण में 'जैसी वे हो सकती हैं' या 'जैसी वे होनी चाहिए' के लिए गुंजाइश नहीं बचेगी। पूर्व-परंपरा के महान रचनाकारों और रचनाओं को भी अनुकार्य मान लेने पर भी मौलिक सृजन के लिए अवकाश नहीं बचेगा। क्योंकि रचनाकार यथासंभव उस मूल आदर्श की पुनरावृत्ति करने का प्रयास करेगा।

जैसे ही रचनाकार 'जैसी वह हो सकती है या जैसी वह होनी चाहिए' की दिशा में बढ़ेगा, वह वस्तुओं का यथावत् प्रत्यंकन करने के बजाय उनके संभावित और आदर्श रूपों का चित्रण करेगा। जो नहीं है, उसी अप्रस्तुत की संभावना या आकांक्षा कल्पना के आधार पर की जा सकती है और ऐसी प्रस्तुति मौलिक ही हो सकती है। प्रस्तुत के आधार पर यथावत् प्रत्यंकन नहीं। वस्तुतः कलाकृति में प्रस्तुत के भी **प्रतीयमान** रूप का ही अनुकरण संभव होता है। 'यथावत्' रूप का नहीं। इसके अलावा, नाटककारों को प्रख्यात कथानक अधिकतर श्रुति या लिखित परंपरा से प्राप्त होते हैं। ऐसी स्थिति में न तो 'वस्तु' के प्रत्यक्ष दर्शन का प्रश्न उठता है न उसके सत्यापन का। इसलिए यथावत् प्रत्यंकन का अभिप्राय रचना के वस्तुनिष्ठ आधार के महत्त्व की स्वीकृति के अलावा कुछ नहीं हो सकता। परंतु 'अनुकरण' की इस व्याख्या का उपयोग रीतिबद्ध काव्य-रचना के लिए प्रेरक मंत्र के रूप में किया गया।

(ख) **रोमांटिक व्याख्या** का सिलसिला आधुनिक युग में अरस्तू के टीकाकारों और आलोचकों के बीच आरंभ हुआ तो उन्होंने 'अनुकरण' को 'यथावत् प्रत्यंकन' तक सीमित करना स्वीकार नहीं किया। उनके प्रसिद्ध व्याख्याता बूचर ने स्वयं अरस्तू के साक्ष्य पर प्रश्न उठाया कि "कौन कहता है कि कवि 'अनुकर्ता' है? वह तो ईश्वर की तरह स्वयं कर्ता है, काव्य जगत का निर्माता है।" बूचर के अनुसार अनुकरण से अरस्तू का आशय था, "सादृश्य विधान अथवा मूल का **पुनरुत्पादन,** सांकेतिक उल्लेखन नहीं।"

बूचर को आधार बनाकर डॉ. नगेंद्र ने अरस्तू के काव्यशास्त्र का हिंदी अनुवाद किया। उसकी भूमिका में उन्होंने अरस्तू की रोमांटिक व्याख्याओं को उद्धृत करते हुए उन पर विचार किया है। इन व्याख्याओं में से प्रमुख इस प्रकार हैं : (1) गिलबर्ट मरे, जिन्होंने पोएतेस के व्युत्पत्तिपरक अर्थ कर्ता या रचयिता के आधार पर अनुकरण का अर्थ किया **रचना या करण**। इस अर्थ में कवि की स्थिति मात्र 'अनुकर्ता' या 'मौलिक स्रष्टा' की न होकर दोनों के बीच 'निर्माता' या 'रचयिता' की होगी।

(2) एटकिंस ने 'अनुकरण' का अर्थ किया 'सर्जनात्मक दर्शन की क्रिया' या

फिर इसे प्रायः 'पुनःसृजन' का ही दूसरा नाम माना।

(3) स्कॉट जेम्स ने कहा, "अरस्तू के काव्यशास्त्र में अनुकरण से अभिप्राय है **साहित्य में जीवन का वस्तुपरक अंकन,** जिसे हम अपनी भाषा में **जीवन का कल्पनात्मक पुनर्निर्माण** कह सकते हैं।"

(4) स्वयं बूचर के अनुसार, अरस्तू के 'अनुकरण' शब्द का अर्थ है : "सादृश्य-विधान अथवा मूल का पुनरुत्पादन—सांकेतिक उल्लेखन नहीं।" उन्होंने इस तरफ भी ध्यान दिलाया कि : "कलाकृति मूल वस्तु का पुनरुत्पादन, जैसी वह होती है, वैसा नहीं, वरन् जैसी वह इंद्रियों को प्रतीत होती है, वैसा करती है। कला का संवेदन तत्त्वग्राहिणी बुद्धि के प्रति नहीं होता, वरन् भावुकता तथा मन की मूर्ति विधायिनी शक्ति के प्रति होता है।"

उपर्युक्त व्याख्याओं का विवेचन करते हुए डॉ. नगेंद्र ने इस बात पर बल दिया कि : "अरस्तू जब कला को प्रकृति की अनुकृति कहते हैं, तो प्रकृति से उनका आशय जीवन के अंतर्बाह्य दोनों रूपों से है।" उन्होंने तर्क दिया कि : 'बाह्य या मूर्त तो वही होता है जो घटित हो चुका है, अर्थात् वस्तुएँ जैसी वे थीं या हैं' किंतु जब अनुकरण का विषय 'जैसी वे कही या समझी जाती हैं, या जैसी वे होनी चाहिए' होगा तो वह संभावना और आदर्श पर निर्भर होने के कारण कल्पना-सापेक्ष होगा। वस्तुपरक अंकन उसी का किया जा सकता है जो मूर्त और ऐंद्रिय ज्ञान का विषय हो। जो अमूर्त अतः कल्पनापेक्षी है, उसका 'अनुकरण' तो भावपरक ही होगा। उन्होंने यह भी कहा कि मूर्त देश कालबद्ध होने के कारण विशिष्ट होता है, इसके विपरीत अमूर्त (भाव, विचार और कल्पना) इन सीमाओं से मुक्त होकर सामान्य, सार्वभौम और सार्वकालिक हो जाता है। "विशिष्ट का सत्य सीमित है, सामान्य का असीम, इसलिए यह भव्यतर है, इसमें दार्शनिकता अधिक है।"

कहना न होगा कि काव्य को 'निश्छल आत्माभिव्यक्ति' मानने वाले डॉ. नगेंद्र ने यदि 'अमूर्त' और अनुकर्ता के 'भाव' और 'कल्पना' पर विशेष बल दिया, तो यह उनके लिए स्वाभाविक भी था और उनकी अपनी काव्य-दृष्टि से मेल भी खाता था। परंतु स्वयं अरस्तू ने इतिहास के सत्य और काव्य के सत्य के बीच तुलना करते हुए काव्य के स्वरूप को भव्यतर अवश्य कहा था, परंतु वस्तुपरक अंकन की तुलना में संभाव्य और आदर्श के अनुकरण को अधिक दार्शनिक या भव्यतर कहा हो, इसका कोई स्पष्ट प्रमाण नहीं मिलता।

अरस्तू ने ऐसा भी कहीं स्पष्ट नहीं कहा कि अनुकरण का विषय प्रकृति अथवा जीवन का 'अंतरंग अथवा अनुभूति, विचार, कल्पना आदि भी हैं'। इसलिए इस बात से सहमत होना और भी कठिन है कि : "इन दोनों (बहिरंग और अंतरंग) में भी अंतरंग का ही प्राधान्य है।" अरस्तू ने यह भी कहीं नहीं कहा कि "वस्तु के प्रत्यक्ष रूप की अपेक्षा उसका कल्पनात्मक तथा विचारात्मक रूप ही अधिक ग्राह्य है।"

डॉ. नगेंद्र ने बूचर के आधार पर, अरस्तू की अनुकरण संबंधी मान्यता के चार चरणों का हवाला दिया है :

(1) कलाकृति मूल वस्तु का पुनरुत्पादन है।

(2) यह पुनरुत्पादन वस्तु के मौलिक रूप का नहीं, उसके प्रतीयमान रूप का होता है, अर्थात् कलाकृति कलाकार के मनोगत बिंब का प्रतिफल होती है।

(3) कलाकृति में जीवन के सामान्य पक्ष का अनुकरण होता है।

(4) कलाकृति जीवन का संभावित या आदर्शीकृत प्रतिरूपण होती है।

बचूर के अनुसार अरस्तू ने 'अनुकरण' का प्रयोग प्लेटो से सर्वथा भिन्न अर्थ में किया। अरस्तू ने इस शब्द को बहुत दूर तक उस हीनार्थकता से मुक्त किया, जो उनके गुरु प्लेटो ने उसे प्रदान की थी।

(ग) रूपवादी/संरचनावादी व्याख्या : बीसवीं शताब्दी के मध्य, उन नव्य अरस्तूवादी आलोचकों ने की जिन्हें शिकागो-आलोचक कहा जाता है। इनकी मुख्य चिंता कलाकृति की स्वायत्त सत्ता की प्रतिष्ठा करना था। अनुकरण-सिद्धांत के बारे में इस वर्ग के प्रमुख आलोचक आर.एस. क्रेन ने कहा कि यह सिद्धांत कविता की केवल प्रतिच्छायात्मक सत्ता नहीं मानता। ऐसी सत्ता, जिसके बाहर जीवन की सत्ता निरंतर विद्यमान सच्चाई के रूप में बनी रहे। अगर यह मान लिया जाए, तो कला के लिए यह अनिवार्य हो जाएगा, कि वह अपने उत्कर्ष के लिए जीवन को जैसे-तैसे आत्मसात् करे या उसके साथ न्याय करे। ऐसी स्थिति में कला जीवन के अधीन हो जाएगी और जीवन कला की कसौटी हो जाएगा।

उन्होंने स्पष्ट किया कि कला इस अर्थ में अनुकरण होती है कि वह किसी **प्रकृत रूप या प्रक्रिया** का सादृश्य रचती है। कविता को ऐसी स्थिति में अनुकृति कहा जा सकता है। जब :

(1) वह स्वतःपूर्ण मूर्त रूप में पूर्णतः ग्राह्य हो।

(2) यह मान लिया जाए कि कवि उसकी रचना करते समय, भाषा की कतिपय संभावनाओं का प्रयोग, हमारे भीतर लगभग हम जैसे ही मानव-चरित्रों का भ्रम उत्पन्न करने के लिए करता है।

क्रेन के अनुसार 'अनुकरण' संरचनाधर्मी सिद्धांत है। वह इस प्रकार वक्तृत्व कला से संबद्ध 'परसुएशन' जैसे दूसरे सिद्धांतों से भिन्न है। अरस्तू ने काव्य-रचना के संदर्भ में 'अनुकरण' का प्रयोग काव्य कला को वक्तृत्व कला (रेटरिक) की मूल प्रकृति से अलगाने के लिए किया था।

क्रेन के बाद हार्वे. डी. गोल्डस्टीन ने 'अनुकरण' और 'विरेचन' सिद्धांतों पर पुनर्विचार किया। उन्होंने कहा कि अरस्तू जब कहते हैं कि कला प्रकृति का अनुकरण करती है तो उनका आशय यह होता है कि 'कला की रचना-पद्धति और प्रक्रिया में प्रकृति की पद्धति और प्रक्रिया का अनुकरण किया जाता है' (वस्तु का नहीं)।

गोल्डस्टीन के अनुसार अनुकरण-सिद्धांत में महत्त्वपूर्ण पद 'सोद्देश्य निर्माण' है। जिसका लक्ष्य 'रूप' को सिद्ध करना होता है। उन्होंने इस बात पर विशेष बल दिया कि अनुकरण सिद्धांत कला की स्वायत्तता का सिद्धांत है, जीवन पर पराश्रिता का नहीं। उसकी मूल प्रतिज्ञा यह नहीं है कि 'कला प्रकृति है' (या प्रकृति पर आश्रित है) बल्कि वह कला की स्वायत्त सत्ता की प्रतिष्ठा करता है। गोल्डस्टीन का विशेष बल इस बात पर था कि अनुकरण सिद्धांत इस अर्थ में विशिष्ट है कि वह कला सिद्धांत के रूप में कलाओं के संरचनागत वैशिष्ट्य की ओर संकेत करता है। अरस्तू ने इसी संरचनात्मक प्रक्रिया की व्याख्या-विश्लेषण किया है। त्रासदी की संरचना में कथानक पर बल देने का कारण भी यही है। यदि अरस्तू के इस कथन पर ध्यान दिया जाए कि कवि कथानकों के अनुकरण के नाते अनुकर्ता होता है और कथानक ही काव्य की आत्मा होते हैं तो यह स्वीकार करने में कठिनाई नहीं होनी चाहिए कि काव्य में संघटनात्मक तत्त्व कथानक ही होता है।

: 3 :

त्रासदी

जिस प्रकार भारतीय काव्यचिंतन का आरंभ नाटक को केंद्र बनाकर भरत के नाट्यशास्त्र से हुआ, उसी प्रकार पश्चिमी काव्यचिंतन की शुरुआत भी वहाँ की प्रमुख नाट्य-विधा 'त्रासदी' को केंद्र बनाकर हुई। उपलब्ध साहित्य के प्रकाश में अरस्तू ने त्रासदी के लक्षणों को इस रूप में सूत्रबद्ध किया : "त्रासदी गंभीर स्वतःपूर्ण, निश्चित आयाम से युक्त कार्य की अनुकृति का नाम है। यह समाख्यान रूप में न होकर कार्य-व्यापार रूप में होती है। इसका माध्यम नाटक के विभिन्न भागों में तदनुरूप प्रयुक्त सभी प्रकार के आभरणों से अलंकृत भाषा होती है। उसमें करुणा तथा त्रास के उद्रेक के द्वारा इन मनोविकारों का उचित विरेचन किया जाता है।"

अर्थात्

(1) त्रासदी कार्य की अनुकृति है।
(2) यह कार्य गंभीर होता है, स्वतःपूर्ण होता है और निश्चित आयाम से युक्त होता है।
(3) त्रासदी कार्य-व्यापार का वर्णन नहीं, प्रस्तुति होती है।
(4) इसका माध्यम भाषा होती है। यह भाषा नाटकोचित आभरणों से अलंकृत होती है।
(5) करुणा तथा त्रास के उद्रेक के द्वारा इन मनोविकारों का उचित विरेचन

त्रासदी का कार्य होता है।

अरस्तू ने त्रासदी के अंगों का विवेचन संरचनागत-विश्लेषणात्मक पद्धति से किया है। उन्होंने त्रासदी के छः अनिवार्य अंग स्वीकार किए :

(1) कथानक (plot) (2) चरित्र (character) (3) पदावली (diction) (4) विचार (thought) (5) दृश्य विधान (spectacle) (6) गीत (song)।

इनमें से कथानक, चरित्र और विचार अनुकरण के विषय हैं, दृश्य विधान अनुकरण की पद्धति है और पदावली और गीत अनुकरण के माध्यम हैं।

इन छः तत्त्वों में सबसे अधिक महत्त्व अरस्तू ने कथावस्तु को दिया। वे कथावस्तु को प्रबंध काव्यमात्र का और विशेष रूप से त्रासदी का सबसे महत्त्वपूर्ण अंग, त्रासदी की आत्मा मानते थे। ज्यादा महत्त्वपूर्ण बात यह है कि उन्होंने कथावस्तु में कार्य, जीवन और घटनातत्त्व पर विशेष बल दिया। उनके अनुसार जीवन चूंकि कार्य-व्यापार का नाम है, अतः जीवन की अनुकृति, कार्य की अनुकृति होने के नाते, त्रासदी की कथावस्तु में कार्य-व्यापार की प्रमुखता होनी चाहिए।

सुख या दुःख के रूप में काव्यगत प्रभाव भी कार्य-व्यापार पर ही निर्भर रहता है। इसलिए त्रासदी भी कार्य या घटना पर केंद्रित रहती है।

कार्य-व्यापार के कर्ता के रूप में चरित्रों का समावेश स्वतः ही त्रासदी में हो जाता है। अरस्तू के अनुसार बिना कार्य-व्यापार के त्रासदी नहीं हो सकती (बिना चरित्र-चित्रण के हो सकती है)।

कथानक तथा घटनाओं के संयोजन से जैसा कारुणिक प्रभाव उत्पन्न हो सकता है, वैसा किसी अन्य तत्त्व—चारित्र्यव्यंजक भाषण, विचार अथवा पदावली से नहीं, चाहे वे कितने ही परिष्कृत क्यों न हों।

त्रासदी का सबसे प्रबल रागात्मक तत्त्व-स्थिति विपर्यय अथवा अभिज्ञान भी कथानक का ही अंग होता है।

भाषा के परिष्कार तथा चरित्र-चित्रण आदि में तो साधक कलाकार पहले सिद्धि प्राप्त कर लेते हैं पर कथानक का सफल निर्माण करने में उन्हें समय लगता है।

कथानक के प्रति अरस्तू का यह आग्रह जीवन के प्रति उनके वस्तु केंद्रित दृष्टिकोण को प्रमाणित करता है। इससे यह भी स्पष्ट है कि अरस्तू ने जिस साहित्य को आधार बनाकर विवेचन किया, उसमें घटना और कार्य-व्यापार अर्थात् जीवन के बहिरंग की प्रधानता थी। यह आकस्मिक नहीं है कि भरत के काव्यशास्त्र में भी नाटक की वस्तुगत संरचना और उसकी रंगमंचीय प्रस्तुति को जितना विस्तार दिया गया, उसकी तुलना में 'नेता' और 'रस' विवेचन अनुपात में बहुत कम है। यह बात अलग है कि बाद में अनेक नाटक अपनी अविस्मरणीय चरित्र-सृष्टियों के लिए प्रसिद्ध हुए। शेक्सपियर, गेटे, मोलियर, इब्सन, शॉ के नाटकों के अनेक पात्र इसका प्रमाण हैं।

कथानक को अरस्तू सर्वोपरि महत्त्व देते थे, इसका प्रमाण यह है कि उन्होंने जितने विस्तार से कथानक के विविध पक्षों पर विचार किया है, उतना किसी और तत्त्व पर नहीं। उन्होंने कथानक पर आधार, विस्तार, संरचना, भेद, वस्तुविन्यास, सभी दृष्टियों से विचार किया।

त्रासदी के **कथानक** के अरस्तू ने तीन मुख्य स्रोत स्वीकार किए—दंतकथाएँ, कल्पना और इतिहास। भारतीय काव्यशास्त्र की शब्दावली में चाहें तो इन्हें उत्पाद्य (काल्पनिक), अनुत्पाद्य (ऐतिहासिक) और मिश्र (दंतकथामूलक) भी कहा जा सकता है। दंतकथामूलक साहित्य को वे सर्वोत्तम मानते थे। क्योंकि उसमें विद्यमान के साथ अविद्यमान के समन्वय का अवकाश होता है—सत्य के साथ कल्पना का। सत्यांश अपनी विश्वसनीयता के कारण महत्त्वपूर्ण होता है और कल्पना अपनी संभाव्यता के कारण। शेष दो आधारों को वे अग्राह्य नहीं मानते थे किंतु उतना समृद्ध नहीं, जितना दंतकथामूलक साहित्य को।

अरस्तू ने त्रासदी के कथानक में निश्चित आयाम जरूरी माना और उसकी व्यावहारिक कसौटी तय की। उनका कहना था कि सुगठित होने पर भी समुचित आयाम के अभाव में कथानक प्रभावी नहीं होता। त्रासदी के सौंदर्य और प्रभावी होने के लिए उसके अंगों में वे केवल व्याख्या और अनुक्रम को पर्याप्त नहीं मानते थे। पर उनके अनुसार यह आयाम न अंकों की संख्या पर निर्भर होता है न प्रसंगों के विस्तार पर। उसकी शर्त इतनी भर है कि आकार ऐसा हो जिसे **दृष्टि** एक साथ समग्रता में ग्रहण कर सके। त्रासदी के प्रसंग में दृष्टि का अर्थ है स्मृति। अतः आयाम यानी विस्तार इतना जो 'आसानी से स्मृति में धारण किया जा सके'—न इतना सूक्ष्म कि उसका स्वरूप अस्पष्ट रह जाए और न इतना विस्तृत कि समग्रता में स्मृति में अट न सके।

यह कसौटी किसी हद तक प्रेक्षक की क्षमता पर निर्भर, अतः व्यक्ति-सापेक्ष है। इसलिए अरस्तू ने उसका वस्तुगत आधार तय किया। उन्होंने समुचित कथा-विस्तार का लक्षण यह माना कि संभावना या आवश्यकता के अनुसार जीवनगत परिस्थिति का चक्र उसमें एक ही बार घूम सके। अर्थात् दुर्भाग्य की सौभाग्य में अथवा सौभाग्य की दुर्भाग्य में परिणति एक ही बार चित्रित की जानी चाहिए।

कथावस्तु की **संरचना** में अरस्तू ने कार्यव्यापार के एक्य अर्थात् **अन्विति** पर बल दिया। **अन्विति** यानी कथानक के विभिन्न प्रसंगों की अनिवार्यता प्रश्नातीत हो। वे एक संपूर्ण इकाई के ऐसे अविभाज्य अंग हों जिनके न होने से संघटना बाधित हो। नाटक के कथानक की सफलता ऐसे प्रसंगों से ही निश्चित होती है जिनका मुख्य कथानक से अंगांगि संबंध हो।

संरचना की दूसरी विशेषता अरस्तू के अनुसार कथानक की पूर्णता होती है। अर्थात् आदि, मध्य और अवसान की समुचित क्रम-योजना से युक्त कार्य-व्यापार।

उनका आशय कथानक के विभिन्न प्रसंगों के बीच उचित कार्य-कारण संबंध से था।

उन्होंने आगे चलकर प्रसंगों के औचित्य की भी चर्चा की। वे उन्हीं प्रसंगों के समावेश को उचित मानते थे जिनका समावेश संभाव्यता और आवश्यकता के तहत किया गया हो। उन्होंने ग्राहकता की दृष्टि से प्रसंगों की विश्वसनीयता पर भी बल दिया और तथ्यात्मकता के अतिक्रमण पर भी। घटित तथ्यों को अरस्तू काव्य का नहीं, इतिहास का विषय मानते थे। जो घटित हो चुका हो उसके प्रसंग में संभाव्यता का प्रश्न नहीं उठता और जिसकी कल्पना की जाए वह ग्राह्य हो सके, इसके लिए उसका संभाव्य अर्थात् विश्वसनीय होना अनिवार्य है।

कथानक के विकास में सहजता और कुतूहल दोनों को अरस्तू ने अनिवार्य माना। सहजता से उनका अभिप्राय विभिन्न घटनाओं के सहज कार्य-कारण संबंध के अनुसार विकसित होने से था और कुतूहल पैदा करने के लिए आवश्यक होता है कि घटनाएँ प्रेक्षक के सामने 'अचानक उपस्थित' हों। पर यह आकस्मिकता संयोग पर निर्भर नहीं होनी चाहिए। होना यह चाहिए कि घटनाओं में कार्य-कारण संबंध की पूर्वापरता ही आकस्मिक रूप से संयोजित होनी चाहिए। ऐसा करने पर त्रासदीय विस्मय का भाव अधिक प्रबल होता है क्योंकि ''प्रयोजन का आभास मिलने पर संयोगजन्य घटनाएँ भी अधिक रोचक हो जाती हैं।''

अरस्तू के अनुसार नाटक के विभिन्न अंग, स्थिति विपर्यय, संवृति, विवृति और अभिज्ञान आदि भी कथानक में सहज रूप में ही घटित होने चाहिए।

अरस्तू ने त्रासदी में प्रबंध-विधान की स्थिति रीढ़ की तरह मानी है। इसके लिए वे यह जरूरी समझते थे कि घटनाओं का विन्यास करने से पहले रचनाकार के मन में कथानक की रूपरेखा स्पष्ट होनी चाहिए। यह रूपरेखा देशकाल के बंधनों से मुक्त यानी सर्वग्राह्य होनी चाहिए। विशिष्ट चरित्रों और उनसे संबद्ध घटनाओं का समावेश उसके बाद ही किया जाना चाहिए।

अरस्तू ने कथानक के दो प्रकार स्वीकार किए हैं—सरल और जटिल। उनकी प्रकृति का निर्णय कार्य-व्यापार के आधार पर होता है।

सरल कथानकों में कार्य-व्यापार इकहरा और अविच्छिन्न होता है। उसमें भाग्य-परिवर्तन, स्थिति-विपर्यय और अभिज्ञान के बिना ही हो जाता है।

जटिल कथानक के कार्य-व्यापार में ''भाग्य-परिवर्तन, स्थिति-विपर्यय या अभिज्ञान, अथवा दोनों के संयोग से घटित होता है।'' उसका घटना-विधान अनेक मोड़ों और जोड़ों से गुज़र कर चरम-परिणति तक पहुँचता है। उसके कथानक की प्रकृति इकहरी और गति सरल-सपाट नहीं होती। जटिल कथानक के वस्तु-विन्यास में अरस्तू 'स्थिति-विपर्यय' और 'अभिज्ञान' को विशेष महत्त्वपूर्ण मानते हैं।

स्थिति-विपर्यय का अर्थ है कथानक में ऐसा परिवर्तन जिससे कार्य-व्यापार सर्वथा विपरीत दिशा में मुड़ जाता है। परंतु यह परिवर्तन संभाव्यता और आवश्यकता के

अनुसार ही होता है। **अभिज्ञान** का आशय है कि किसी अज्ञात तथ्य के सहसा उद्घाटन से कार्य की गति में महत्त्वपूर्ण मोड़ आ जाता है।

अरस्तू के अनुसार, "जिनके सौभाग्य का वर्णन कवि का लक्ष्य होता है, इस अभिज्ञान के कारण उनके मन में प्रेम का उदय हो जाता है और जिनके दुर्भाग्य का वर्णन कवि का अपेक्षित होता है, उनके मन में घृणा उत्पन्न हो जाती है।" इस परिवर्तन का सर्वोत्तम रूप वह होता है जहाँ अभिज्ञान और स्थिति-विपर्यय एक साथ घटित होते हैं। यह भी जरूरी है कि अभिज्ञान कथानक और कार्य-व्यापार का अभिन्न अंग हो और वह व्यक्तियों के बीच संपन्न हो।

चरित्र

त्रासदी के तत्त्वों में अरस्तू ने महत्त्व-क्रम में कथानक के बाद दूसरा स्थान चरित्र-चित्रण को दिया। उन्होंने चरित्र-चित्रण के छः आधारभूत सिद्धांत स्वीकार किए।

पहली और सबसे महत्त्वपूर्ण बात उनके अनुसार चरित्र का भद्र होना है और चरित्र का **भद्र** होना उद्देश्य की भद्रता पर निर्भर करता है। चरित्र की व्यंजना कार्य-व्यापार या किसी भी वक्तव्य से हो सकती है। अरस्तू स्त्री को कुछ निम्न स्तर का और दास को तो बिल्कुल निकृष्ट जीव मानते थे। पर इस संभावना को स्वीकार करते थे कि भद्रता हर वर्ग के पात्र में हो सकती है।

औचित्य को अरस्तू ने चरित्र का दूसरा गुण माना। चरित्र में औचित्य का रिश्ता स्वभाव और आचरण से होता है। उन्होंने उदाहरण से स्पष्ट किया कि पुरुष में एक प्रकार का शौर्य होता है पर स्त्री पात्रों में शौर्य या नैतिक-विवेक से शून्य चतुराई के समावेश को उचित नहीं कहा जा सकता।

यथार्थता और **जीवन के प्रति सच्चाई** को अरस्तू चरित्र की तीसरी विशेषता मानते थे। इस विशेषता का संबंध स्वाभाविकता और संगति से होता है। अरस्तू का मानना था कि चरित्र का विकास इस प्रकार होना चाहिए कि उसके आरंभ में जो विशेषताएँ चित्रित की जाएँ उनका निर्वाह अंत तक हो। परिवर्तन यदि दिखाया जाए तो उसके पर्याप्त कारण होने चाहिए। चरित्र में अपेक्षित स्वाभाविकता और संगति तभी बनी रहेगी।

कथानक की ही तरह त्रासदी के चरित्रों का विकास भी आवश्यकता और संभाव्यता के अनुसार होना चाहिए। अर्थात् चरित्र विशेष का आचरण उसके चरित्र की विशिष्टता के अनुरूप होना चाहिए।

चरित्र-चित्रण के लिए अरस्तू चित्रकला के आदर्श का समर्थन करते थे। जैसे चित्रकार मूल का चित्र बनाते समय, सामान्य जीवन से अधिक सुंदर रूप में प्रस्तुत करता है, उसी प्रकार कवि को भी पात्रों के गुण-दोषों की स्वाभाविकता की रक्षा करते हुए भी, उन्हें जीवन की अपेक्षा अधिक परिष्कृत रूप में प्रस्तुत करना चाहिए।

अर्थात् साहित्य की रचना सौंदर्य के नियमों के अधीन की जानी चाहिए।

विचार

त्रासदी के तत्त्वों के महत्त्व-क्रम में अरस्तू ने तीसरा स्थान विचार को दिया। विचार—अर्थात् परिस्थिति के अनुसार संभव और संगत के प्रतिपादन की क्षमता। अपनी बात को स्पष्ट करते हुए उन्होंने कहा : ''विचार वहाँ होता है जहाँ किसी वस्तु का भाव या अभाव सिद्ध किया जाता है या किसी सामान्य सत्य की व्यंजक सूक्ति का आख्यान होता है।''

अरस्तू के अनुसार विचार में केवल बुद्धि तत्त्व की प्रधानता नहीं होती। उन्होंने उसका निरूपण कहीं अधिक व्यापक रूप में किया। उनका कहना था कि ''विचार के अंतर्गत वाणी से उत्पन्न होने वाला प्रत्येक प्रभाव आ जाता है। इसके उपविभाग हैं—प्रमाण और प्रतिवाद, करुणा, त्रास, क्रोध की उद्बुद्धि, अतिमूल्यन और अवमूल्यन।'' इस कथन से स्पष्ट है कि उनकी दृष्टि में विचार-तत्त्व समस्त नाटकीय व्यापार में व्याप्त होता है। वाचिक अभिव्यक्ति तो उसका साधन है, शेष सभी कुछ उसका साध्य।

पदावली

शब्दार्थमय अभिव्यक्ति को अरस्तू ने पदावली कहा और अलंकृत भाषा को त्रासदी का माध्यम माना। 'अलंकृत' की व्याख्या करते हुए उन्होंने स्पष्ट किया : ''अलंकृत भाषा से मेरा अभिप्राय ऐसी भाषा से है जिसमें लय, सामंजस्य और गीत का समावेश होता है।'' त्रासदी की भाषा के बारे में उन्होंने विस्तार से लिखा जिसका सार यह था कि त्रासदी की भाषा प्रसन्न, समृद्ध और उदात्त होनी चाहिए। उद्देश्य के अनुरूप उसे भी **भव्य** होना चाहिए। यह विशेषता भाषा में **गरिमा, अलंकृति** और **औचित्य** के समावेश से पैदा होती है और क्षुद्रता और वागाडम्बर जैसे दोषों के विरुद्ध सतर्कता से। उनके परवर्ती चिंतकों में लोंगिनुस ने भी उदात्त-विरोधी तत्त्वों के विरुद्ध सावधान करते हुए ऐसे दोषों की चर्चा की है।

गीत को अरस्तू त्रासदी में अभिन्न देते हुए भी उसे आभरण से अधिक महत्त्व नहीं देते थे। उनके अनुसार वृंदगान के रूप में गीत का प्रयोग त्रासदी के विन्यास में स्वतन्त्र रूप में किया जाता है।

त्रासदी के भेद

वस्तु-विन्यास और संरचना के आधार पर अरस्तू ने त्रासदी के दो भेद किए : (1) जटिल और (2) सरल। सरल त्रासदी का कथानक इकहरा होता है और जटिल कथानक का स्थिति-विपर्यय और अभिज्ञान पर निर्भर होता है। अरस्तू ने एक और

आधार पर त्रासदी के भेद किए। प्रेरक कारण के आधार पर उन्होंने त्रासदी के दो प्रकारों की चर्चा की, (1) जिसका प्रेरक कारण करुण आवेग होता है और उसमें भाव की प्रधानता होती है। (2) जिसका प्रेरक कारण नैतिक होता है। ये विभाजन इस अर्थ में लचीले हैं कि एक ही रचना में पहले और दूसरे वर्ग की संरचना और प्रेरणा से संबद्ध विशेषताओं का मेल हो सकता है।

दृश्य-विधान

अरस्तू मानते थे कि त्रासदी के प्रबल प्रभाव की अनुभूति बिना दृश्य-विधान अर्थात् रंगमंचीय प्रस्तुति के भी संभव है। अपनी इस मान्यता के पक्ष में उन्होंने जो तर्क दिया वह दिलचस्प है। उनके अनुसार क्योंकि दृश्य-विधान कवि से अधिक मंच-शिल्पी की कला पर निर्भर रहता है, इसलिए त्रासदी का आकर्षण/प्रभाव प्रस्तुति सापेक्ष नहीं होता।

विरेचन

अरस्तू ने विरेचन शब्द का प्रयोग केवल एक बार त्रासदी की परिभाषा देते हुए किया। यह प्रकरण अपूर्ण काव्यशास्त्र के छठे अनुच्छेद के आरंभ में आया है : ''त्रासदी किसी गंभीर स्वतःपूर्ण तथा निश्चित आयाम से युक्त कार्य की अनुकृति का नाम है–जिसमें करुणा तथा त्रास के उद्रेक द्वारा इन मनोविकारों **का उचित विरेचन किया जाता है**।''

इस शब्द का दूसरा उल्लेख उन्होंने संगीत के अध्ययन के उद्देश्य बताते हुए किया। यह चर्चा 'राजनीति', भाग 8 के अध्याय 7 में की गई है। वहाँ भी 'विरेचन' की व्याख्या या प्रक्रिया का विश्लेषण नहीं है। संगीत के अध्ययन के अरस्तू ने तीन उद्देश्य बताए : शिक्षा, **विरेचन** और बौद्धिक आनन्द और आगे जोड़ा : ''इस समय हम **विरेचन** शब्द का प्रयोग बिना व्याख्या के कर रहे हैं, किंतु इसके उपरांत काव्य का विवेचन करते समय हम इस विषय का और अधिक यथार्थ प्रतिपादन करेंगे।'' यदि उन्होंने काव्यशास्त्र में इस विषय का विवेचन किया होगा, तो वह अंश बाद में अनुपलब्ध हो गया।

'राजनीति' में इस प्रसंग का विस्तार जिस रूप में किया गया उससे स्पष्ट है कि अरस्तू इसका उपयोग काव्य या संगीत जैसी कलाओं के प्रकार्य और प्रभाव को समझाने के लिए करते थे। संगीत के प्रभाव का वर्णन करते हुए उन्होंने कहा : ''करुणा और त्रास अथवा आवेश कुछ व्यक्तियों में बहुत प्रबल होते हैं–किंतु हम देखते हैं कि धार्मिक रागों के **प्रभाव** से वे **शांत** हो जाते हैं मानों उनके आवेश का **शमन** और **विरेचन** हो गया हो। करुणा और त्रास से आविष्ट व्यक्ति इस विधि से एक प्रकार की **शुद्धि** का अनुभव करते हैं। उनकी आत्मा **विशद** और **प्रसन्न** हो

जाती है। इस प्रकार **विरेचक** राग मानव समाज को **निर्दोष आनंद** प्रदान करते हैं।''

अरस्तू से पहले प्लेटो या किसी अन्य विद्वान ने साहित्य के संदर्भ में इस शब्द का प्रयोग नहीं किया था। इसलिए इस अनुमान को बल मिला कि अरस्तू ने इस शब्द का ग्रहण किसी साहित्यशास्त्र से इतर स्रोत से किया। इस अनुमान का आधार यह तथ्य था कि अरस्तू वैद्य-पुत्र थे और चिकित्साशास्त्र में **रेचक** औषधियों के द्वारा उदरगत विकारों का निदान और अस्वास्थ्यकर पदार्थों का बहिष्कार कर शरीर को स्वस्थ करने की प्रक्रिया के लिए यह शब्द प्रचलित था। सन् 1857 में जर्मन विद्वान बार्नेज ने अपने एक निबंध में प्रस्तावित किया कि अरस्तू ने इस शब्द का ग्रहण प्लेटो के काव्य के प्रभाव संबंधी आक्षेपों का खंडन करने के लिए, चिकित्साशास्त्र से किया। वे काव्य के संदर्भ में इसका लाक्षणिक अर्थ में प्रयोग करते थे। बार्नेज के बाद यह मत व्यापक रूप से प्रचलित और स्वीकृत हो गया। उपर्युक्त उद्धरणों के अतिरिक्त अरस्तू की रचनाओं में इस प्रयोग या प्रक्रिया की विस्तृत व्याख्या नहीं मिलती। अतः परवर्ती व्याख्याकारों ने इसके विभिन्न अर्थ किए, जिनमें से तीन अधिक प्रचलित हुए : (1) धर्मपरक, (2) नीतिपरक और (3) सौंदर्यपरक।

कालक्रम के अनुसार इनमें पहली अर्थात् धर्मपरक व्याख्या सबसे प्राचीन है। इस व्याख्या का कारण ऐतिहासिक है और एक तथ्य से जुड़ा है। अरस्तू के काव्यशास्त्र का जो अनुवाद बाईवाटर ने किया था, उसकी भूमिका में गिलबर्ट मरे ने यह स्पष्ट किया कि लिवी के अनुसार रोम में ग्रीक त्रासदी का प्रवेश एक धार्मिक अंधविश्वास के तहत महामारी के निवारण के लिए हुआ था, कलागत परितोष के लिए नहीं।

अरस्तू ने स्वयं भी एक ऐसी प्रक्रिया का उल्लेख किया है जिसका धार्मिक संस्थाओं में काफी प्रचलन था। यूनान में 'हाल' की स्थिति से उत्पन्न आवेश के शमन के लिए उद्दाम संगीत का उपयोग किया जाता था। आंतरिक आवेश की शांति के लिए यह बाह्य उपायों के उपयोग की धार्मिक विधि थी। अरस्तू ने जब धार्मिक रागों के प्रभाव से करुणा और त्रासजन्य आवेश के शमन और शांति की बात की, तो संभव है उनके मन में इस विधि के 'रेचक' प्रभाव और 'धार्मिक अनुषंग' के त्रासदी से संबद्ध होने की बात भी रही हो। इसके प्रभाव के संदर्भ में उन्होंने 'शुद्धि' और आत्मा के **विशद** और **प्रसन्न** होने की बात तो कही ही है।

विरेचन की नीतिपरक व्याख्या का श्रेय जर्मन विद्वान बार्नेज को दिया जाता है। बार्नेज ने भी इस शब्द के चिकित्साशास्त्रीय स्रोत और धार्मिक अनुषंग पर बल दिया पर विरेचन का संबंध मनोविकारों से जोड़ा। उनका कहना था कि करुणा और भय दोनों मनोवेग प्रबल होने के साथ दुःखद भी होते हैं। ये मानव मन में वासना रूप में स्थित रहते हैं। मानव जीवन में इन मनोवेगों की अभिव्यक्ति के प्रसंग सहज सुलभ नहीं होते, अतः ये मनोवेग अनभिव्यक्त रहकर प्रायः दमित स्थिति में मानव मन में पड़े रहते हैं और मनोग्रंथि का कारण बन सकते हैं। त्रासदी अवास्तविक

घटनाओं और स्थितियों की प्रस्तुति के द्वारा इनके उद्‌बोधन और अभिव्यक्ति का अवसर प्रदान करती है। ये उपाय कृत्रिम और निर्दोष होते हैं, अतः इनकी अभिव्यक्ति से होने वाला दंशमुक्त अनुभव, प्रेक्षक में मानसिक सामंजस्य पैदा करता है और उसके मानसिक स्वास्थ्य का साधक होता है। इस तरह मनोवैज्ञानिक रूप से विरेचन का अर्थ होगा करुणा और भय नामक मनोवेगों की उत्तेजना के द्वारा अंततः अंतर्वृत्तियों का समंजन अर्थात् मन की शांति और परिष्कृति। अरस्तू की भाषा में शुद्धि का अनुभव और आत्मा की विशदता और प्रसन्नता।

डॉ. नगेंद्र ने इस व्याख्या को मनोविज्ञान सम्मत माना है। इस व्याख्या का आधार स्पष्ट रूप से फ्रायडीय है। परंतु अरस्तू के बाद के (रोमांटिक दौर के बाद) व्याख्याकारों ने इस व्याख्या से मतभेद प्रकट करते हुए, इसके खतरों के विरुद्ध सावधान किया है। इनमें रेने वेलेक और ऑस्टिन वॉरेन प्रमुख हैं। इनके अलावा डी.डब्ल्यू. ल्यूकस ने भी इस व्याख्या के विरुद्ध दो युक्तियाँ प्रस्तुत की हैं : (1) जिन फ्रायड के आधार पर यह व्याख्या की गई है, स्वयं उनकी रचनाओं में विरेचन को त्रासदी के आस्वाद से जोड़ने का कोई प्रयास नहीं मिलता। जबकि तथ्य यह है कि फ्रायड ने जिन जे.ब्रुअर नाम के विद्वान के साथ अपने रोगियों की चिकित्सा के लिए 'कैथार्टिक' पद्धति का विकास किया, वे और फ्रायड दोनों, अरस्तू के द्वारा प्रयुक्त 'विरेचन' से अवगत थे। क्योंकि फ्रायड का विवाह जेकब बार्नेज की भतीजी से हुआ था। यह सही है कि उपचार की 'कैथार्टिक' पद्धति से, वे 'सम्मोहन' के अधीन अपने रोगियों के रोग के कारण की जानकारी हासिल करने के बाद, रोग का कारण उन्हें बताकर उनका उपचार करते थे। कुछ समय इस उपचार-पद्धति का उपयोग करने के बाद फ्रायड ने इसके आधार पर 'मुक्त आसंग' पद्धति तो विकसित की पर त्रासदी से इसे कहीं नहीं जोड़ा। (2) इस बात का कोई प्रमाण ही नहीं मिलता कि अरस्तू के समय के ग्रीक समाज को अवचेतन मन और उसकी गतिविधि की कोई जानकारी थी या इस बात की कि मनुष्य अपने मनोभावों और अनुभवों का दमन करता है, गोकि उनकी दिलचस्पी स्वप्न में थी।

कलापरक व्याख्या करने वाले विद्वानों में, प्रमुख रूप से उनके प्रसिद्ध व्याख्याकार प्रो. बूचर का उल्लेख किया जाता है। बूचर के अनुसार : "त्रासदी का कार्य केवल करुणा या त्रास के लिए अभिव्यक्ति का माध्यम प्रस्तुत करना नहीं है, बल्कि इन्हें सुनिश्चित परितोष प्रदान करना है। इन्हें कला के माध्यम में ढालकर परिष्कृत तथा स्पष्ट करना है।" विरेचन का चिकित्साशास्त्रीय अर्थ करना अरस्तू के अभिप्राय को सीमित कर देना होगा। बूचर का मानना है कि इस पूरी प्रक्रिया का पूर्व पक्ष मानसिक संतुलन अवश्य है, पर इसकी परिणति कलात्मक परिष्कार और अंततः उससे उत्पन्न कलागत आस्वाद में होती है। त्रासदी के आस्वाद का चक्र उसके बिना पूरा नहीं हो सकता।

बूचर की इस व्याख्या पर विचार करते हुए डॉ. नगेंद्र ने कहा कि इसके अनुसार विरेचन की प्रक्रिया के दो चरण हैं—अभावात्मक और भावात्मक। अरस्तू की विरेचन-चर्चा में इसके अभावात्मक अर्थात् पूर्व पक्ष में करुणा और त्रास के उद्रेक और उनके शमन से निष्पन्न मानसिक संतुलन एवं तज्जन्य मनःशांति की व्यंजना तो मिलती है किंतु विरेचन में कलात्मक आनंद अर्थात् भावात्मक पक्ष का अंतर्भाव करना उचित नहीं होगा।

बीसवीं शताब्दी के उत्तरार्द्ध में शिकागो के नव अरस्तूवादी आलोचकों ने अरस्तू के सिद्धांतों की पुनर्व्याख्या का सिलसिला आरंभ किया। इस क्रम में उन्होंने स्वभावतः अनुकरण और विरेचन पर भी विचार किया। उनकी व्याख्या को सरंचनावादी अतः एक हद तक कलावादी व्याख्या कहा जा सकता है।

हार्वे डी. गोल्डस्टीन ने सन् 1966 में प्रकाशित अपने प्रसिद्ध लेख 'माइमेसिस एंड कैथार्सिस री-एग्जामिंड' में स्थापना की कि अरस्तू की विवेचन-पद्धति मुख्यतः संरचनात्मक है। विरेचन का संबंध प्रेक्षक पर पड़ने वाले प्रभाव से नहीं है, अतः विरेचन की व्याख्या काव्य के अंतर्गत संरचनात्मक प्रक्रिया के रूप में की जानी चाहिए। गोल्डस्टीन का कहना है : "इसका अर्थ मनोवैज्ञानिक नहीं, सौंदर्यपरक है। विरेचन कलात्मक प्रक्रिया है। करुणा और भय सामग्री है। यह सामग्री चयन और रूप-रचना के माध्यम से सृजन के दौरान विरेचन की प्रक्रिया से गुजरकर कलात्मक सामग्री में रूपांतरित हो जाती है।"

गोल्डस्टीन ने इस बात की ओर ध्यान दिलाया कि बूचर ने 'विरेचन' संबंधी वाक्यांश का अनुवाद करते हुए स्वयं पाद-टिप्पणी में लिखा है कि " 'करुणा एवं भय' वाक्यांश व्याकरण की दृष्टि से कर्मवाचक संबंध कारक है, अतः उसका अनुवाद होना चाहिए 'कारुणिक और भयावह का विरेचन'।" बूचर के इस कथन पर टिप्पणी करते हुए गोल्डस्टीन ने कहा कि "बूचर ने यह कहकर भी खुद इस तथ्य की उपेक्षा की, किंतु हम इसका उपयोग एक अत्यंत महत्त्वपूर्ण संकेत-सूत्र के रूप में करेंगे।" इसके अनुसार "करुणा और भय का विरेचन करुण और त्रासद सामग्री की कुछ ऐसी **व्यवस्था** है जिससे काव्य के लक्ष्य 'रूप' की सिद्धि होती है।" उन्होंने और स्पष्ट किया 'कैथार्सिस' के एक और अर्थ का संबंध पेड़ों की छँटाई 'प्रूनिंग' से है। कलाओं के संदर्भ में 'व्यवस्था', 'रूप-रचना', 'चयन' इसी अर्थ के कलात्मक रूप हैं।

गोल्डस्टीन ने आग्रहपूर्वक कहा कि विरेचन कलापरक अवधारणा है जिससे न किसी मनोवैज्ञानिक तथ्य की व्यंजना होती है और न ही शरीर वैज्ञानिक तथ्य की। यह मूलतः कला-सिद्धांत है।

डी. डब्ल्यू. लूकास भी इसी मत से सहमत दिखाई पड़ते हैं। उनके अनुसार, कैथार्सिस का अर्थ 'शुद्धिकरण' करने पर उससे एक प्रकार के उत्कर्ष की अर्थ-व्यंजना होती है। अतः पूर्ववर्ती व्याख्याकारों ने यह मानकर संतोष कर लिया कि त्रासदी

नैतिक उत्कर्ष की साधक होती है।

लूकास का कहना था कि वास्तविक जीवन की करुण और त्रासद स्थितियाँ नाट्य-स्थितियों में परिणत होने पर दुःख के दंश से मुक्त होकर ग्राह्य हो जाती हैं; अर्थात् विरेचन कारुणिक और त्रासद विषयवस्तु का होता है। और यह प्रक्रिया सृजन के दौरान घटित होती है।

भूलना नहीं चाहिए कि कैथार्सिस की मूल धातु 'कैथारिओ' (kathario) है, जिसका अर्थ है सफाई करना या अशुद्धियों को दूर करना (to cleanse or to remove impurities) अतः कैथार्सिस का व्युत्पत्तिपरक अर्थ हुआ शुद्धिकरण।

निष्कर्ष यह कि संरचनापरक व्याख्या के अनुसार विरेचन प्रेक्षक के मनोविकारों का नहीं, विषयवस्तु का होता है। जीवनगत घटनाएँ कलात्मक सामग्री में 'रूपांतरित' होने की प्रक्रिया में दुःख के दंश से मुक्त होकर ग्राह्य हो जाती हैं। यही विरेचन है।

इस प्रसंग में विचारणीय बात यह है कि अरस्तू ने जब संगीत के संदर्भ में विरेचक रागों के प्रभाव का वर्णन करते हुए मनोविकारों के उत्तेजन से उत्पन्न आवेशमयी मनःस्थिति और उसके शमन और विरेचन की चर्चा की तो त्रासदी के प्रभाव से उसका कोई संबंध नहीं था। ध्यान देने की बात यह भी है कि क्या ऐसा करते हुए अरस्तू कहीं-न-कहीं कविता पर लगाए गए प्लेटो के इस आक्षेप का उत्तर देने का प्रयास नहीं कर रहे थे कि कवि सहज उत्तेजनशील संवेगों को संचालित करता है और इसलिए समाज पर उसका प्रभाव घातक होता है?

विरेचन से अरस्तू का ठीक-ठीक अभिप्राय क्या था? इसकी प्रामाणिक जानकारी का कोई साधन आज हमारे पास नहीं है। पर प्रयोग के संदर्भ से यह अनुमान तो लगाया ही जा सकता है कि उनके काव्यचिंतन का एक केंद्रीय सरोकार यह था कि प्लेटो के द्वारा लगाए गए आक्षेपों के विरुद्ध काव्य का पक्ष-समर्थन कर सकें। उसके पक्ष में दलीलें प्रस्तुत कर सकें। भले ही अरस्तू मनोवैज्ञानिक प्रक्रियाओं की जटिलताओं से बेखबर रहे हों, पर इस बात की जानकारी उन्हें अवश्य रही होगी कि प्लेटो जिन विविध कारणों से कवि के लिए देश से निकाले जाने का प्रस्ताव कर रहे थे, उनमें से एक कारण काव्य से पड़ने वाला प्रभाव था। अतः संभावना यही है कि विरेचन का संबंध भी प्रेक्षक पर पड़ने वाले प्रभाव से होगा।

लोंगिनुस (प्रथम या तृतीय शताब्दी)

: 1 :

पाश्चात्य साहित्यशास्त्र के इतिहास में प्लेटो और अरस्तू के बाद तीसरा महत्त्वपूर्ण नाम 'लोंगिनुस' (लोंजाइनस) का है। लोंगिनुस कब और कहाँ हुए, यह निश्चित नहीं है। कभी-कभी यह भी संदेह व्यक्त किया जाता है कि इस नाम का कोई व्यक्ति हुआ भी है या नहीं। लोंगिनुस का एक ही ग्रंथ है 'पेरिइप्सुस' अर्थात् 'उदात्त के विषय में' जो अरस्तू के काव्यशास्त्र के समान ही पाश्चात्य साहित्यशास्त्र का मूलाधार माना जाता है।

लोंगिनुस जन्म से यूनानी थे। 19वीं सदी के आरंभ तक सामान्य धारणा यही थी कि 'पेरिइप्सुस' का रचयिता वही 'लोंगिनुस' है जो ईसा की तीसरी शताब्दी (213-72 ई.) में पालमीरा की रानी जेनोबिया का इतिहास प्रसिद्ध मंत्री था और जिसने पालमीरा के विद्रोह के दमन के बाद अपनी रानी के लिए स्वयं वीरगति का वरण किया। लेकिन बाद में इसके विरुद्ध पहली आपत्ति यह उठी कि जेनोबिया का इतिहास प्रसिद्ध मंत्री केसिअस लोंगिनुस था जबकि 'पेरइप्सुस' का रचयिता दिओनीसिउस है और यह अंतर इतना नगण्य नहीं कि आँख मूँदकर दोनों को एक मान लिया जाए। परंपरागत मान्यता के खंडन के बाद लोंगिनुस की खोज शुरू हुई और यह पाया गया कि 'पेरिइप्सुस' का रचयिता लोंगिनुस कोई अज्ञात नाम का ग्रीक लेखक है जो ईसा की पहली सदी में रोम में निवास करता था। प्रोफेसर रीज़ रॉबर्ट्स के अतिरिक्त 'लिटरेरी क्रिटिसिज़्म इन ऐंटिक्विटी' (1932) के यशस्वी लेखक प्रोफेसर जे.डब्ल्यू. एच. एटकिंस भी इस मत के समर्थक हैं और अब पाश्चात्य साहित्यशास्त्र के इतिहास ग्रंथों में यही मत मान्य हो चला है।

'पेरिइप्सुस' ही लोंगिनुस का एकमात्र और सर्वोत्तम जीवन-चरित है। इसके अतिरिक्त न तो इस लेखक की कोई कृति प्राप्त है और न इसके अतिरिक्त उसके बारे में कोई जानकारी। शताब्दियों की उपेक्षा तथा विस्मृति के बाद 'पेरिइप्सुस' सन् 1554 में प्रकाशित हुआ जिसका श्रेय रोबेरतेलो नामक एक इतालवी विद्वान को है। इसका पहला अंग्रेजी रूपांतर जॉन हॉल ने 1652 ई. में किया और नाम रखा—'ऑफ

दि हाइट ऑफ ऐलोक्वेन्स' (Of the height of eloquence)। 'पेरिइप्सुस' मूलतः भाषण शास्त्र (रेटरिक) का ग्रंथ है। इसलिए हॉल का दिया नाम 'ऑफ दि हाइट ऑफ ऐलोक्वेन्स' (वाग्मिता का प्रकर्ष) मूल यूनानी शीर्षक के अधिक निकट है किंतु जैसा सेंट्सबरी ने कहा है, यह नाम न तो सुंदर (elegant) है और न सुलभ (handy)। कोई दूसरा शब्द भी उन विप्रतिपत्तियों से मुक्त नहीं है जो 'सब्लाइम' में पाई जाती हैं। ध्यान देने की बात इतनी ही है कि 'सब्लाइम' को उसके संकीर्ण अर्थ में ग्रहण न करके, उन विशेषताओं से समन्वित व्यापक अर्थ में ग्रहण करना उचित है, जिससे उल्लास उत्पन्न होता है। जो कठिनाई सब्लाइम में है वही कुछ दूर तक उदात्त में भी है, फिर भी 'सब्लाइम' की तुलना में 'उदात्त' मूल के अधिक समीप है। अंग्रेजी में 'सब्लाइम' और हिंदी में 'उदात्त', प्रचलन और प्रयोग से इतने अर्थवान हो गए हैं कि इन्हें बदलना कठिन भी है और अनावश्यक भी। ये अब उस अर्थ के बोधक भी हो गए हैं जो 'इप्सुस' से अभिप्रेत हैं।

'पेरिइप्सुस' अपने वर्तमान अपूर्ण और खंडित रूप में एक छोटी-सी कृति है जो छोटे-छोटे 44 अध्यायों या अनुच्छेदों में विभक्त है। आरंभ के आठ अध्यायों को ग्रंथ की भूमिका कहा जा सकता है।

इस भूमिका में लेखक पहले यह बतलाता है कि यद्यपि उससे पहले कैकिलिउस 'उदात्त' पर एक निबंध लिख चुका है फिर भी इस विषय पर पुनर्विचार करना आवश्यक है क्योंकि उसमें उदात्त के अनुरूप भावों को कोई स्थान नहीं दिया गया और इसीलिए वह अपूर्ण एवं असंतोषप्रद है। फिर अपना प्रयोजन स्पष्ट करते हुए लोंगिनुस ने कहा है कि मैं उस 'मूलभूत उत्कृष्टता' की ओर संकेत करना चाहता हूँ जिसके कारण महान कवि और लेखक अमर यश के अधिकारी हुए हैं। इसके पश्चात् उदात्त का भ्रम पैदा करने वाले प्रचलित वागाडंबर और भावाडंबर की कड़ी आलोचना और इसके मूल में निहित नवीनता का प्रतिषेध किया गया है। तदुपरांत नैसर्गिक प्रतिभा और कला संबंधी अभ्यास के संबंधों का विवेचन है। 'पेरिइप्सुस' वस्तुतः साहित्यशास्त्र का कोई गुरु गंभीर शास्त्रीय ग्रंथ नहीं बल्कि एक ऐसी जीवंत रचना है जिसकी दस-बारह पंक्तियाँ पढ़ते ही प्राचीन ग्रीक-रोमन साहित्यशास्त्र का पाठक जैसे एक नयी दुनिया में पहुँच जाता है।

समूचा ग्रंथ पोस्तुमिउस तेरेंतिआनुस नामक किसी युवा रोमन मित्र या शिष्य को संबोधित करते हुए एक पत्र के रूप में लिखा गया है। किंतु पत्र-शैली इसकी जीवंतता का पूरा विवरण नहीं है क्योंकि पत्र-शैली में तो होरेस ने अपनी 'आर्स पोएटिका' अर्थात् 'काव्य कला' भी लिखी है। कहना न होगा कि पत्र-पत्र में अंतर होता है और लोंगिनुस का पत्र अपने लेखक के व्यक्तित्व के अनुरूप आत्मीयता, अनौपचारिकता, जिंदादिली के साथ ही सुरुचि, सहृदयता, आग्रहहीनता, उदारता आदि मानवीय गुणों से परिपूर्ण है।

'पेरिइप्सुस' की एक अन्य विशेषता है विषय क्षेत्र की व्यापकता। वह अरस्तू के काव्यशास्त्र के समान प्रचलित अर्थ में केवल काव्यशास्त्र का ग्रंथ नहीं है। यहाँ विचार-परिधि में कविता के साथ गद्य का भी समावेश है और गद्य का भी विस्तार इतिहास, दर्शन, धर्मग्रंथ से लेकर भाषण तक है। उसका उदात्त संबंधी चिंतन गद्य और पद्य के विभाजन को ही नहीं, बल्कि त्रासदी, कामदी, महाकाव्य, गीत आदि विधाओं तथा साहित्य, दर्शन, इतिहास, भाषण आदि वाङ्मयीन वर्गीकरणों को भी बीचोंबीच काटता निकल जाता है। दृष्टि की यह समग्रता प्राचीन ग्रीक रोमन साहित्यशास्त्र में ही नहीं, बल्कि आज भी दुर्लभ है।

'पेरिइप्सुस' की इस व्यापकता को पूरी तरह समझने के लिए इसके तात्कालिक प्रयोजन को ध्यान में रखना आवश्यक है। कैकिलिउस के विवेचन की सबसे बड़ी कमी यही थी कि उसने उदात्त के निरूपण में भावों की सर्वथा उपेक्षा की थी। ऊपर से देखने पर नितांत साधारण प्रतीत होने वाली यह कमी तत्कालीन अलंकारशास्त्र की उस सीमा की ओर संकेत करती है जो केवल भाषा-कौशल तक ही आबद्ध थी। भाषा-कौशल की शिक्षा देने वाला अलंकारशास्त्र स्वभावतः घटिया, चमत्कारवादी काव्यों और आडंबरपूर्ण वक्तृताओं को प्रश्रय दे रहा था। इसीलिए लोंगिनुस ग्रंथ के आरंभ में कैकिलिउस के विषय में शिकायत करते हुए कहता है कि वह यह नहीं बताता कि हम अपनी स्वाभाविक क्षमता को उदात्त के एक निश्चित स्तर तक कैसे उठा सकते हैं। कहना न होगा कि उदात्त के स्तर तक मनुष्य की स्वाभाविक क्षमता का उन्नयन केवल भाषा की चातुरी के द्वारा संभव नहीं है।

लोंगिनुस यदि उदात्त के लिए महान धारणाओं और उद्दाम आवेगों पर बल दे रहा था तो इसीलिए कि उसकी मूल चिंता थी मनुष्य की आत्मा को ऊपर उठाना और लोंगिनुस स्पष्ट देख रहा था कि उस समय सामान्यतः लोगों की आत्मा का अधःपतन हो गया था। इस प्रकार लोंगिनुस एक ऐसा चिंतक था जो अपने युग के व्यापक सांस्कृतिक ह्रास से चिंतित था और 'पेरिइप्सुस' उसी सांस्कृतिक ह्रास से उबरने का बौद्धिक प्रयास है।

अनेक कृतियों की तरह 'पेरिइप्सुस' का भी 1500 वर्षों तक कहीं अता-पता न था। सोलहवीं शताब्दी के पूर्व इसकी कहीं चर्चा भी नहीं मिलती। काव्यशास्त्रीय इतिहास का निश्चय ही यह बहुत बड़ा सौभाग्य है कि 'पेरिइप्सुस' जैसी महत्त्वपूर्ण कृति, खंडित रूप में ही सही, प्रकाश में आई। विद्वानों ने एक स्वर से इस कृति और कृतिकार की प्रशंसा की है। सेंट्सबरी के शब्दों में "लोंगिनुस तीक्ष्ण साहित्यिक प्रतिभा से संपन्न लेखक हैं और 'पेरिइप्सुस' विस्मयकारी कृति। लोंगिनुस ऐसे व्यक्ति हैं जिनके उत्कर्ष का क्षेत्र अरस्तू से बड़ा है और जिनकी प्रतिभा दियोनीसिउस अथवा क्विंटिलियन की तुलना में निश्चय ही अधिक शक्तिशाली तथा साहित्यिक परिशंसन कहीं अधिक तीव्र है।" ऐलेन टेट ने उन्हें 'अपूर्ण होते हुए भी प्रथम साहित्यिक

आलोचक' माना है। विमसाट और क्लींथ ब्रुक्स के अनुसार 'पेरिइप्सुस' एक असाधारण लेख है।

डेविड डेचेज का मत है : "लोंगिनुस का महत्त्व इस बात में है कि साहित्य के संबंध में जो प्रश्न प्लेटो या अरस्तू ने उठाए थे, उनसे सर्वथा भिन्न प्रश्न लोंगिनुस ने उठाए।" लोंगिनुस के संबंध में इस तरह के विचारों की संख्या अनंत है। वस्तुतः 17वीं शताब्दी के बाद का शायद ही कोई आलोचक हो जो लोंगिनुस से अभिभूत न हुआ हो। चूंकि दुर्दैववश लोंगिनुस डेढ़ हजार वर्षों तक विस्मृत रहे, इसलिए उनका महत्त्व लोगों के सामने ठीक-ठीक प्रकट नहीं हुआ, अन्यथा उनके जैसी पैनी आलोचनात्मक अंतर्दृष्टि किसी दूसरे आलोचक में नहीं दीखती। और जिस युग में उन्होंने 'पेरिइप्सुस' की रचना की, उसे यदि ध्यान में रखें तो वे सचमुच अद्वितीय हैं।

: 2 :

लोंगिनुस का 'उदात्त'

लोंगिनुस का उदात्त क्लासिकी या शास्त्रवादी 'उदात्त शैली' (ग्रैंडस्टाइल) नहीं है। बोअलो ने स्पष्ट शब्दों में लिखा है : "उदात्त से लोंगिनुस का तात्पर्य वह नहीं है जिसे वक्तृत्व-विशारद 'उदात्त शैली' कहते हैं। उदात्त शैली के लिए तो उच्च या भव्य भाषा की आवश्यकता है जबकि उदात्त एक अकेले विचार, एक उक्ति या एक वाक्यांश में भी प्रकट हो सकता है।" दरअसल शास्त्रवादी जिसे उदात्त शैली कहते थे, वह लोंगिनुस की दृष्टि में 'वागाडंबर' था। उदात्त के संबंध में लोंगिनुस सामान्यतः इतना ही कहता है कि "वह वाणी का ऐसा वैशिष्ट्य और चरमोत्कर्ष है जिससे महान कवियों और इतिहासकारों को जीवन में प्रतिष्ठा और अमर यश मिला है।" स्पष्टतः यहाँ संकेत वाणी मात्र की श्रेष्ठता या महानता की ओर है जो संपूर्ण अमर कृतियों का आधार है। किंतु इस सामान्य लक्षण से 'उदात्त' को समझना मुश्किल है। लोंगिनुस इस सामान्य धारणा को कुछ और निश्चित रूप देने के लिए उसके प्रभाव की ओर संकेत करता हुआ कहता है कि उसका प्रभाव श्रोताओं पर अनुनयन के रूप में नहीं बल्कि अतिक्रमण के रूप में होता है। 'आत्मातिक्रमण' को और आगे बिंबधर्मी भाषा का सहारा लेकर उसने स्पष्ट किया कि "उचित क्षण में उदात्त की एक कौंध समस्त वस्तु को छिन्न-भिन्न करती हुई वक्ता की संपूर्ण शक्तियों को एक ही बार में उद्घाटित कर देती है।" यह काव्य-मात्र या वक्तृता-मात्र के सामान्य प्रभाव का अतिरंजित वर्णन नहीं है। प्रभाव के रूप में 'अनुनयन' के तिरस्कार से स्पष्ट है कि लोंगिनुस के उदात्त के अंतर्गत सामान्य चमत्कारवादी आलंकारिक वाणी के लिए कोई स्थान नहीं है। संक्षेप में लोंगिनुस यह कहना चाहता है कि 'उदात्त' काव्य या वक्तृता का

ऐसा विशिष्ट गुण है जिसे **पाठक और श्रोता पर उसके प्रभाव से पहचाना जाता है।** इस प्रभाव की विशेषता यह है कि वह चेतना में एक प्रकार का गुणात्मक परिवर्तन कर देता है। ऐसा प्रभाव उत्पन्न करने वाली वस्तु का बखान इसलिए मुश्किल है कि लोंगिनुस के शब्दों में "किसी रचना के सृजनात्मक कौशल, समुचित वस्तुयोजना तथा वस्तु-विन्यास, दो-एक युक्तियों में उद्भासित नहीं होते, बल्कि वे कृति की पूरी बनावट के बीच से क्रमशः उभरते हैं।" तात्पर्य यह कि उदात्त काव्य या वक्तृता में अनेक तत्त्वों को अलग-अलग उनकी भिन्नता में 'उदात्त' की संज्ञा नहीं दी जा सकती।

इस आरंभिक चेतावनी के बाद लोंगिनुस ने एक-एक कर क्रमशः उदात्त के तत्त्वों का विश्लेषण किया है। लोंगिनुस का यह विश्लेषण इतना द्वंद्वात्मक है कि उसके उदात्त की परिधि में अनेक परस्पर विरोधी और नितांत भिन्न तत्त्व सहज ही सन्निविष्ट हो जाते हैं। उसकी दृष्टि में यदि एक ओर उत्साह का चित्र उदात्त है, तो दूसरी ओर भय का चित्र भी। भावावेग में उदात्त को परिलक्षित करने वाला लोंगिनुस भावावेश शून्य शांत वाणी में निहित उदात्त को भी देखने की क्षमता रखता है।

काव्य-वस्तु के रूप में विराट प्रकृति को लोंगिनुस उदात्त समझता था। वस्तुतः लोंगिनुस की दृष्टि मानव-कल्पना में निहित विराटता की ओर थी और प्रकृति उस विराट कल्पना का आलंबन होती है। उसकी दृष्टि में विराट प्रकृति इसलिए उदात्त है कि अपनी विराटता के द्वारा वह मानव को अनेक प्रकार की क्षुद्रताओं से ऊपर उठाती है। इस प्रकार लोंगिनुस का उदात्त उस बुनियादी विराटता पर आधारित है जिसमें मनुष्य और प्रकृति दोनों ही युगपत् भाव से हिस्सा लेते हैं।

लोंगिनुस का उदात्त एक ऐसी व्यापक अवधारणा है जिसमें प्राकृतिक विराटता, अलौकिक विस्तार, मानवीय गरिमा, भावों की प्रबलता, उद्दाम आवेग, मानसिक ऊर्जा, विस्मयकारी असाधारणता आदि के साथ-साथ परिशांति और सरलता का भी समावेश है।

: 3 :

उदात्त के स्रोत

कैकिलिउस से लोंगिनुस को खास शिकायत यही थी कि उसने उन साधनों को अनावश्यक समझकर एकदम छोड़ दिया जिनसे हम अपनी क्षमताओं को एक निश्चित स्तर तक उठाने में सफल हो सकते हैं। चुनाचे उसने स्वयं उदात्त के स्रोतों के निर्देश का दायित्व उठाकर उदात्त के पाँच स्रोत गिनाए। वे पाँच स्रोत निम्नलिखित हैं :

(1) महान और पुष्ट विचारों के धारण की क्षमता।

(2) प्रबल भावावेग की प्रेरणा।

(3) अलंकारों की समुचित योजना।

(4) अभिजात पद-रचना।

(5) गरिमा और ऊँचाई का समग्र प्रभाव।

लोंगिनुस ने स्पष्ट कहा है कि उदात्त के पहले दो तत्त्व सहजात होते हैं, जबकि शेष तीन कला की उपज हैं। अर्थात् प्रथम दोनों प्रतिभा की देन हैं और शेष कला (व्युत्पत्ति-अभ्यास) की। उदात्त के इन पाँचों स्रोतों का मूल स्रोत लोंगिनुस की दृष्टि में एक ही है—महान आत्मा। क्योंकि ''औदात्य महान आत्मा की सच्ची प्रतिध्वनि है।'' और ''उदात्त वाणी सदात्मा व्यक्तियों को सहज ही प्राप्त होती है।'' जो विचार प्रतिभा-प्रेरित होता है, वह अविवक्षित रहने पर भी श्लाघ्य हो जाता है। इसी प्रकार मौन यदि महान आत्मा द्वारा प्रेरित हो तो कथन की अपेक्षा कहीं अधिक उदात्त होता है।

(1) **महान और पुष्ट विचारों के धारण की क्षमता :** महान और पुष्ट विचारों के धारण की क्षमता को लोंगिनुस सर्वोपरि महत्त्व देता था। नवें अध्याय में चर्चा प्रारंभ करते हुए इसी को उसने 'नैसर्गिक प्रतिभा' कहा है यानी 'महान और पुष्ट विचारों के धारण की क्षमता' प्रतिभावान कृतिकारों में ही होती है। क्योंकि इन प्रतिभावान वक्ताओं के मन न तो क्षुद्र होते हैं और न अधम, अन्यथा उनके लिए कोई अमर और अद्‌भुत रचना करना असंभव हो जाता। महान धारणाओं की यह क्षमता अनेक रूपों में प्रतिफलित होती दिखाई देती है : गंभीर विचारों के रूप में जो उदात्त वाणी के सहज कारण होते हैं, उस दिगंतव्यापी कल्पना के रूप में जो अपने विस्तार में विश्व का ओर-छोर नाप लेती है और जो एक ओर दिव्य शक्तियों का अतिरंजित वर्णन करती है, दिव्य स्वभाव का उसके पवित्र, शानदार और अद्वितीय रूप में चित्रण करती है, और दूसरी ओर 'मानवीय क्रिया-कलापों का'। दैवी और मानवी प्रसंगों पर समान अधिकार इस बात का प्रमाण है कि होमर को वीरत्व व्यंजक विषयवस्तु के औदात्य में अंतःप्रवेश करने का कितना अभ्यास है। अतः महान धारणाओं की क्षमता से तात्पर्य हुआ, तेजस्वी प्रसंगों की पकड़ और उनके मूल में निहित औदात्य का उद्‌घाटन। इलियद और ओदेसी की तुलना से भी स्पष्ट है कि लोंगिनुस तेज के अभाव में भव्यता (ग्रैंजर) की कल्पना तो करता है, औदात्य की नहीं।

(2) **प्रबल भावावेग की प्रेरणा :** उदात्त के दूसरे स्रोत—प्रबल भावावेग की प्रेरणा को महत्त्व में दूसरा स्थान देते हुए लोंगिनुस ने स्मरण दिलाया है कि कैकिलिउस ने इन पाँच वर्गों में से जिनको छोड़ दिया है, स्पष्टतः उनमें से एक है संवेग। लोंगिनुस ने पूरे विश्वास के साथ कहा है कि भव्यता के लिए उचित प्रसंग में सच्चे भाव से बढ़कर साधक और कुछ नहीं होता। वह शब्दों को एक मनोरम उन्माद से अनुप्राणित कर देता है और उन्हें दिव्य आवेश से भर देता है। इससे ठीक पहले वह कैकिलिउस की आलोचना इस आधार पर कर चुका था कि यदि वह औदात्य और संवेग को

अभिन्न मानता है तो यह उसकी भारी भूल है। इस प्रकार लोंगिनुस संवेग और औदात्य में नित्य संबंध नहीं मानता। इसके अतिरिक्त वह कुछ संवेगों को क्षुद्र एवं अनुदात्त मानता है, जैसे करुणा और भय तथा कुछ उदात्त अंशों को संवेगहीन मानता है; अर्थात् न तो सभी उदात्त प्रसंगों का संवेगपूर्ण होना अनिवार्य है और न प्रत्येक संवेगपूर्ण प्रसंग का उदात्त होना। प्रसिद्ध वक्ता दिमोस्थेनीस के संदर्भ में लोंगिनुस ने स्पष्ट किया कि दिमोस्थेनीस के औदात्य और ओजस्विता का स्रोत उसकी सघन और सशक्त संवेग-राशि में निहित रहता है। सिसरो से तुलना करते हुए दिमोस्थेनीस की शक्ति वह प्रायः परुष औदात्य में देखता है।

शैली के तत्त्वों का विवेचन करते हुए भी लोंगिनुस ने जिस प्रकार के संकेत दिए हैं, उनसे स्पष्ट है कि वह उन्हीं उक्तियों को प्रश्रय देता था जिनसे रचना में उत्तेजना और उद्दाम आवेग पैदा हो, शक्ति और प्रभाव-क्षमता आए तथा जो आवेग के विस्फोट का प्रभाव छोड़ें। एक स्थल पर उसने संवेग को 'आत्मा का प्रखर विक्षोभ' भी कहा है। गरज यह कि उदात्त के लिए संवेगों का होना जितना जरूरी है, उतना ही उनका **प्रबल** होना भी।

(3) अलंकारों की समुचित योजना : 'पेरिइप्सुस' के 44 अध्यायों में 14 अध्याय (लगभग एक तिहाई) अलंकार पर हैं। प्रश्न, विपर्यय, सार, पर्यायोक्ति, रूपक आदि अलंकारों के उदाहरण देकर लोंगिनुस ने यह दिखाना चाहा है कि उदात्त की निष्पत्ति में अलंकारों का क्या योगदान है। इस प्रसंग में अलंकार-सम्बन्धी उनके सामान्य मंतव्य अधिक उपादेय हैं। अलंकार स्वभावतः उदात्त के सहायक होते हैं और इस सहायता के बदले में वे स्वयं उससे अद्भुत बल प्राप्त करते हैं।

लोंगिनुस ने विवेचन के लिए केवल उन्हीं अलंकारों का चुनाव किया है जो किसी-न-किसी रूप में उदात्त प्रभाव की सृष्टि में सहायक होते हैं।

अलंकार के प्रयोग की पहली शर्त है **औचित्य** या प्रसंगानुकूलता; अर्थात् अलंकार के प्रयोग के पीछे परिस्थिति या संवेग का अनुरोध होना चाहिए।

अलंकारों के प्रयोग में अतिरंजना का लोभ अनौचित्य की एक अत्यंत स्वाभाविक दिशा है। इसलिए लोंगिनुस ने अलंकारों के चतुर प्रयोग का निषेध कर सहजता का समर्थन किया है : "अलंकार सर्वाधिक प्रभावशाली तब होता है जब इस बात पर ध्यान ही न जाए कि वह अलंकार है।"

अलंकारों के प्रयोग से जो संदेह या अविश्वसनीयता पैदा होती है उसे दूर करने का उपाय है कि उदात्त और संवेग की अभिव्यंजना को सबल बनाया जाए। रचना में औदात्य और संवेग से उत्पन्न सौंदर्य और भव्यता के 'दीप्त विन्यास' में कला-चातुरी किसी-न-किसी प्रकार छिप जाती है। लोंगिनुस ने उपमा दी है कि जैसे सूर्य के प्रखर आलोक में आसपास के मंद प्रकाश छिप जाते हैं, उसी प्रकार भव्यता के सर्वव्यापी प्रभाव में आलंकारिक युक्तियाँ धुँधला जाती हैं।

(4) **अभिजात पद-रचना :** पद-रचना के विशेषण 'अभिजात' से लोंगिनुस का तात्पर्य उदात्त से ही है। अलंकारों की ही तरह शब्दावली के चुनाव में भी लोंगिनुस ने जहाँ **मनोहारिता** का समर्थन किया है, वहाँ **उपयुक्तता का** भी। वह रचना में विचार और पद-रचना को परस्पर निर्भर मानता है। भव्य भाषा का प्रभाव तभी सम्मोहक होता है जब वह विचार के अनुकूल हो। जहाँ यह अनुपात बिगड़ा, वहाँ स्थिति "अबोध शिशु के मुख पर एक बड़े आकार वाला त्रासद मुखौटा लगा देने के समान हो जाती है।" जिसे वह अभिजात कहता है, वह वस्तुतः उदात्त है और उदात्त का आधार है **विषयानुकूलता,** सज्जा और अलंकरण नहीं। इसीलिए प्रसंगोचित होने पर "ग्राम्य उक्ति कभी-कभी सुरुचिपूर्ण भाषा की अपेक्षा कहीं अधिक प्रभावशाली होती है।" क्योंकि साधारण जीवन से गृहीत होने के कारण वह अधिक विश्वसनीय होती है। ग्राम्य से लोंगिनुस का तात्पर्य क्षुद्र से न होकर प्रसंगानुकूल वास्तविकता से था। आगे चलकर उसने स्पष्ट किया कि क्षुद्र शब्दों के प्रयोग से भव्य अनुच्छेद की भयंकर क्षति होती है। इसलिए उदात्त की कसौटी वहाँ ग्राम्यता न होकर **औचित्य** है।

(5) **गरिमा और ऊँचाई का समग्र प्रभाव :** 39वें अध्याय में अपना अभिप्राय स्पष्ट करते हुए लोंगिनुस ने कहा हैं कि मेरा आशय एक विशिष्ट क्रम में शब्दों की योजना से है। पेरिइप्सुस में उसने विशेषकर शब्द, लय और उसके प्रभाव पर विचार किया है। शब्दगत लय का संबंध लोंगिनुस ने मानव-प्रकृति में अंतर्निहित संवेगों से माना है। विशेष अनुक्रम या लय में नियमबद्ध शब्द, संस्कारों में निहित संगीत-प्रेम के सहारे हमारे आवेगों को आंदोलित कर उदात्त प्रभाव डालते हैं; अर्थात् रचना में समुचित क्रम से किए गए शब्द-विन्यास से जो विषयानुकूल लय उत्पन्न होती है, उसका प्रभाव मन पर अत्यंत उदात्त होता है और वह श्रोता को रचनाकार के अनुभव का सहभागी बनाती है। लोंगिनुस जिस प्रकार अलंकारों के अतिरंजित प्रयोगों को उदात्त के लिए घातक मानता है, उसी प्रकार अतिलयात्मक प्रसंगों को भी। एक ओर तो "उदात्त अनुच्छेद के लिए दुर्बल और छिन्न-भिन्न लय से अधिक घातक वस्तु दूसरी नहीं होती" और दूसरी ओर "सभी प्रतिलयात्मक अनुच्छेद तुरंत ही सज्जित मात्र और सस्ते लगने लगते हैं। इस प्रकार एकरस तुकबंदियों का प्रभाव सतही होता है और उससे कोई आवेग उद्‌बुद्ध नहीं होता।"

निष्कर्ष रूप में कहा जा सकता है कि उदात्त के स्रोतों का विवेचन करते हुए लोंगिनुस ने उदात्त को एक ऐसी गुणात्मक सत्ता के रूप में देखा है जो खंड रूप में कृति के विभिन्न तत्त्वों में और अखंड रूप में संपूर्ण कृति में व्याप्त रहती है। ये पाँच स्रोत निरपेक्ष रूप में खंड-खंड एकत्र होकर उदात्त की सृष्टि नहीं करते बल्कि परस्पराश्रित रूप में एक-दूसरे को सहारा देते हुए गरिमा और ऊँचाई के ऐसे प्रभाव की सृष्टि करते हैं जिसे लोंगिनुस ने उदात्त कहा है। **वे अंग रूप में भी उदात्त हैं और अंगी रूप में भी।**

कवि कर्म के रूप में **आनंद** की **प्रतिष्ठा** लोंगिनुस की ऐसी देन है जो एक ओर उसे होरेस जैसे अलंकारशास्त्री से और दूसरी ओर उसे अरस्तू जैसे काव्यशास्त्री से अलग करती है। लोंगिनुस का आनंद-सिद्धांत किसी पूर्व-परंपरा का बढ़ाव न होकर अपने-आप में बेजोड़ है। लोंगिनुस से पहले वक्तृत्व-शास्त्र में वक्तृता के समान ही कविता का लक्ष्य भी अनुनयन माना जाता था। वक्तृत्वशास्त्रियों का ध्यान मुख्यतः भाषा-शैली और अलंकार पर था।

लोंगिनुस साहित्य में **असाधारण** का समर्थक था। जो असाधारण है वह अपने श्रोता पर अनुनयन का नहीं, सम्मोहन का प्रभाव छोड़ता है। वह उसे विस्मय-विमुग्ध कर देता है। अतः वह मात्र अनुरंजक या अनुनयनकारी की तुलना में सदा अधिक प्रभावशाली तथा श्रेष्ठ होता है।

लोंगिनुस ने आनंद की चर्चा उदात्त काव्य के संदर्भ में की है। जो कृति पक्ष में उदात्त है, वही श्रोता पक्ष में आनंद है। ग्रीक के एक्सतासिस का अंग्रेजी अनुवाद 'ट्रांसपोर्ट' उस प्रक्रिया की ओर संकेत करता है जिसके द्वारा श्रोता या पाठक आनंद की भावस्थिति तक पहुँचता है। यह प्रक्रिया है **'आत्मातिक्रमण'** यानी आरोहण। किंतु यह क्रमशः घटित न होकर सहसा मानो आकस्मिक रूप में घटित होती है। कविनिष्ठ प्रतिभा से उत्पन्न कृतिनिष्ठ उदात्त सहसा बिजली की-सी कौंध से पाठक को चौंधियाकर उसकी संपूर्ण चेतना पर हावी हो जाता है। उसके दुर्निवार प्रभाव से बच सकना असंभव है। किंतु यह प्रभाव अवनयनकारी न होकर उन्नयनकारी होता है। वह आत्मा के उत्कर्ष का साधक होता है। वह पाठक को **विस्मयाभिभूत** कर लेता है। इसका सम्मोहन् जितना आकस्मिक और अप्रत्याशित होता है उतना ही स्थायी भी। काव्य के प्रभाव की इस रूप में परिकल्पना करके लोंगिनुस ने एक बार ही काव्यशास्त्र और वक्तृत्वशास्त्र की उस परंपरा से छुटकारा पा लिया जिसका प्रभुत्व अरस्तू के बाद पश्चिमी चिंतनधारा पर छाया हुआ था।

बिंब और कल्पना

काव्य में बिंब की चर्चा सामान्यतः आधुनिक आलोचना की अपनी विशिष्टता मानी जाती है। सहज रूप से यह मान लिया जाता है कि प्राचीन साहित्य चिंतक इस काव्य तत्त्व से अनभिज्ञ थे। किंतु अनेक अन्य विषयों के समान लोंगिनुस बिंब संबंधी चर्चा में भी पर्याप्त आधुनिक है।

लोंगिनुस ने बिंबों की चर्चा मुख्यतः 15वें अध्याय के प्रारंभ में की है। किंतु उसके ग्रीक शब्द 'फैंटेसिया' का अंग्रेजी अनुवाद विद्वानों ने विकल्प से 'इमेज' और 'इमेजिनेशन' दोनों रूपों में किया है। यहाँ तक कि रीज़ रॉबर्ट्स ने एक स्थल पर तो दोनों का प्रयोग पर्याय के रूप में किया है। अतः लोंगिनुस का आशय कहाँ बिंब से था और कहाँ कल्पना से, इसका निश्चय प्रसंग के आधार पर ही किया जा सकता

है। बिंब और कल्पना के लिए एक ही शब्द का प्रयोग करने का कारण यह रहा होगा कि जिस समय लोंगिनुस ने 'पेरिइप्सुस' की रचना की तब तक साहित्यशास्त्र में न तो स्वतंत्र रूप से बिंब की सैद्धांतिक अवधारणा का विकास हुआ था और न कल्पना सिद्धांत का। बिंब का अर्थ था 'मानस-चित्र' और उसके प्रयोग का आधार थी 'कल्पना-शक्ति'। अतः ग्रीक साहित्यशास्त्र में दोनों के लिए एक ही शब्द प्रचलित था—फैंटेसिया जिसे लोंगिनुस ने सहज भाव से ग्रहण कर लिया।

लोंगिनुस के अनुसार बिंब कवि या वक्ता की कल्पनाशक्ति द्वारा प्रेरित वर्णन की वह युक्ति है जिसके माध्यम से वह अर्थ-ग्रहण न कराके बिंब-ग्रहण कराता है। इसका मुख्य उद्देश्य है **भाव-व्यंजक प्रसंगों का सचित्र वर्णन**। कविता में इनका प्रभाव भावोत्तेजन के द्वारा सम्मोहन के रूप में पड़ता है और भाषण में सजीव वर्णन के द्वारा दृश्य उपस्थित करने में। लोंगिनुस के अपने शब्दों में : "जहाँ कविता का उद्देश्य सम्मोहित करना है, वहाँ गद्य का उद्देश्य वस्तुओं को सजीव वर्णन के द्वारा प्रत्यक्ष करना।" परंतु भावोत्तेजन के लिए प्रत्यक्षीकरण और प्रत्यक्षीकरण के द्वारा भावोत्तेजन दोनों का ही लक्ष्य रहता है। कहना न होगा कि बिंबों की कल्पना पूर्णतः दृश्य रूप में करके लोंगिनुस ने काव्य और वक्तृता में **मूर्त विभावन-व्यापार के** महत्त्व पर बल देते हुए वर्णन की वस्तुनिष्ठ पद्धति के प्रति अपना आग्रह व्यक्त किया है।

: 4 :

उदात्त के अवरोधक दोष

लोंगिनुस की एक बहुत बड़ी खूबी यह है कि वह गुणों का जितना उदारमना मुक्त प्रशंसक है, दोषों का उतना ही सतर्क आलोचक भी है। उसने जितने उत्साह से उन साधनों का निर्देश किया है, जिनके उपयोग से कोई रचना उदात्त हो सकती है, उतने ही आग्रह से उन दोषों के विरुद्ध सावधान भी किया है, जिनसे बचाव उदात्त सृष्टि के लिए अभीष्ट है।

लोंगिनुस ने मुख्य रूप से तीन दोषों की ओर ध्यान दिलाया—**वागाडंबर, बालेयता** और **भावाडंबर**। वागाडंबर के बारे में उसने कहा कि उससे इसलिए बचना कठिन है कि ऐसे लेखक जिनका लक्ष्य भव्यता है, शुष्कता और क्षीणता से बचने के प्रयास में किसी-न-किसी तरह इस दोष के शिकार हो जाते हैं। यह बात शायद इन सभी दोषों के बारे में सही है क्योंकि इनके मूल में एक ही प्रवृत्ति सक्रिय रहती है—उदात्त के लोभ से उदात्त का अतिक्रमण। भाषा के ऐसे प्रयोगों को सोफोक्लीस से शब्द उधार लेकर लोंगिनुस ने 'ढोंगी व्यक्ति के प्रयास' कहा है। इस प्रकार की **वाक्-स्फीति** सच्चाई से शून्य और खोखली होती है, अतः अभीष्ट के विपरीत प्रभाव ही उत्पन्न करती है। ऐसी भाषा की प्रेरक भावस्थिति वास्तविक न होकर कल्पित होती है।

शब्दाडंबर का सजातीय दोष है 'भावाडंबर'। जिस प्रकार शब्दाडंबर में शब्दों का प्रसंगच्युत निरर्थक और आडंबरपूर्ण प्रयोग एक कृत्रिम स्थिति पैदा करता है, उसी प्रकार जहाँ आवेग की अपेक्षा न हो, वहाँ असंगत और निरर्थक आवेग की अथवा जहाँ नियंत्रण की आवश्यकता हो वहाँ **भाव की अनियंत्रित अभिव्यक्ति अनौचित्य** का बोध जगाती है। दूसरे शब्दों में यह अतिभावुकता अथवा सस्ती भावुकता है।

एक अन्य दोष जिसकी चर्चा लोंगिनुस ने की है, 'बालेयता' है। इस दोष को वह ''सर्वथा अधम, क्षुद्र और सच पूछा जाए तो शैली का सबसे जघन्य दोष'' मानता है। बालेयता लोंगिनुस के अनुसार **पंडिताऊ दृष्टि** है, जिसके कारण ''अतिशय विस्तार की परिणति **निष्प्राण असफलता** में होती है।'' इस दोष का कारण भी यही है कि ''लेखक जब असाधारण, अतिरमणीय और इससे भी अधिक मनोरंजक होने की कोशिश करते हैं तो इस दोष के शिकार हो जाते हैं। गरज यह कि प्रदर्शन और कृत्रिमता का मोह इसके लिए उत्तरदायी होता है। उसने इन सभी दोषों को समवेत रूप में एक प्रकार का 'अनौचित्य' कहा है।

दूसरी ओर लोंगिनुस अत्यधिक **संक्षेप** में भी औदात्य का ह्रास देखता है और यह स्पष्ट करता है कि संक्षेपन की यह प्रवृत्ति 'समुचित सामासिकता' से भिन्न **खंडित और विशृंखल** रचना की प्रवृत्ति होती है। इसी प्रकार वह क्षुद्र शब्दों के प्रयोग का इसलिए विरोध करता दिखाई पड़ता है कि उनसे ''भव्य अनुच्छेद की भयंकर क्षति होती है।''...''इन सभी **दोषों** का कारण एक ही है और वह है **नवीनता का आग्रह** जिससे आज के लेखक त्रस्त हैं। सच तो यह है कि हमारे दोषों के स्रोत भी वे ही हैं जो गुणों के। औचित्य और मर्यादा के निर्वाह से जहाँ ये रचना को सफल बनाते हैं वहाँ अनौचित्य या अमर्यादा से विफल भी।''

: 5 :

प्रतिभा

कवि-प्रतिभा को उदात्त की सृष्टि में प्रमुखता देकर लोंगिनुस ने कवि को काव्य चिंतन के केंद्र में प्रतिष्ठित किया। इससे काव्य चिंतन की धारा पाठक और कृति से ध्यान हटाकर कवि की ओर उन्मुख हुई।

कवि और उसकी प्रतिभा में दिलचस्पी लोंगिनुस से पहले बिल्कुल न पाई जाती हो, ऐसा नहीं है। होरेस ने भी कवि-प्रतिभा में दिलचस्पी ली थी किंतु कवि-प्रतिभा को जो महत्त्व लोंगिनुस ने दिया, वह होरेस ने नहीं दिया। लोंगिनुस की विशेषता यह है कि उसने कविता के मूल उत्स को स्वयं मानव-आत्मा में अवस्थित माना। लोंगिनुस की एक महत्त्वपूर्ण उक्ति है कि **औदात्य महान आत्मा की प्रतिध्वनि है।** लोंगिनुस की यह उक्ति निर्भ्रांत रूप से कवि की आत्मा की प्रमुखता स्थापित करती

है। संकेत स्पष्ट है कि केवल कला-कौशल से श्रेष्ठ काव्य की रचना असंभव है।

लोंगिनुस ने उदात्त काव्य के जिन पाँच स्रोतों का वर्णन किया है उनसे यह संकेत मिलता है कि वह काव्य के ये पाँच पक्ष या तत्त्व मानता था : विचार, भाव, अलंकार, पद-रचना और समग्र प्रभाव या संरचना। इन पाँचों तत्त्वों के मूल में वस्तुतः दो ही तत्त्व हैं : **प्रकृति** और **कला**। व्यावहारिक दृष्टि से विचार और भाव प्रकृति के अंतर्गत आते हैं तथा अलंकार, पद-रचना एवं समग्र संरचना कला के अंतर्गत। किंतु विचार-क्रम में यह उद्घाटित होता है कि अलंकार, पद-रचना एवं समग्र संरचना आदि कला के तत्त्व भी मूलतः विचार और भाव से नियमित होते हैं। इसीलिए लोंगिनुस ने प्रत्येक तत्त्व के स्वतंत्र महत्त्व को स्वीकार करते हुए भी **नैसर्गिक प्रतिभा** को सर्वोपरि महत्त्व दिया है। लोंगिनुस कला की सर्वथा उपेक्षा नहीं करता किंतु उसे गौण से अधिक महत्त्व भी नहीं देता। उसके अनुसार कला किसी कृति को अधिक-से-अधिक निर्दोष बना सकती है, वह किसी कृति को उत्कर्ष प्रदान नहीं कर सकती। उत्कर्ष का स्रोत तो निश्चित रूप से प्रतिभा ही है।

लोंगिनुस ने प्रकृति और प्रतिभा को कुछ इस प्रकार परस्पर विनिमेय और वैकल्पिक रूप में इस्तेमाल किया है और कभी-कभी उसके साथ जन्मजात विशेषण भी लगा दिया है कि प्रतिभा के साथ कुछ भी करणीय संभव नहीं दिखता। लेकिन यदि लोंगिनुस प्रतिभा को जन्मजात मानकर निश्चिंत हो जाने वाला होता तो अपने समकालीन कवियों को बार-बार पूर्ववर्ती महान कवियों से प्रेरणा लेने की शिक्षा नहीं देता।

लोंगिनुस के मत से ऐसा आभास मिलता है कि एक महान लेखक के संपर्क से दूसरे सामान्य लेखक की प्रतिभा में गुणात्मक परिवर्तन आ जाता है। यह परिवर्तन या रूपांतरण ऐसा होता है जैसे उसके अंतर्गत उस महान लेखक की प्रतिभा संक्रमित हो गई हो। कहना न होगा कि लोंगिनुस की यह मान्यता शास्त्रवादी अनुकरण सिद्धांत से कितनी भिन्न है। लोंगिनुस शास्त्रवादियों के समान पूर्ववर्ती महान लेखकों की शैली अथवा कलात्मक युक्तियों के सायास अनुकरण की बात नहीं करता, बल्कि उनके संपर्क से अपनी आत्मा के रूपांतरण की बात करता है। स्पष्टतः यह कथन ग्रीक-रोमन काव्यशास्त्र में सर्वथा नया स्वर है और शास्त्रवाद से भिन्न परवर्ती रोमांटिक धारणा के अधिक निकट है।

: 6 :

आलोचना : सिद्धांत और व्यवहार

प्राचीन ग्रीक साहित्यशास्त्र में लोंगिनुस का स्थान जिन अनेक कारणों से विशिष्ट है, उनमें एक बहुत महत्त्वपूर्ण कारण यह है कि उसका ग्रंथ 'पेरिइप्सुस' जहाँ एक

ओर साहित्यशास्त्र का ग्रंथ है, वहाँ दूसरी ओर व्यावहारिक आलोचना का भी। बल्कि यह कहना शायद ज्यादा सही होगा कि उसके अधिकांश मूल्यवान सिद्धांत-सूत्र उसकी व्यावहारिक आलोचनाओं में ही बिखरे पड़े हैं। आलोचना को व्यावहारिक, ऐतिहासिक, तुलनात्मक, निर्णयात्मक आदि पद्धतियों में बाँटकर देखना आधुनिक प्रवृत्ति है, इसलिए यह संयोग विलक्षण ही कहा जाएगा कि ईसा की पहली शताब्दी में होने वाला लोंगिनुस जिसके आगे-पीछे काव्यशास्त्र, अलंकारशास्त्र और भाषाशास्त्र के ग्रंथों की भरमार थी, अपनी व्यावहारिक आलोचना में इन सभी पद्धतियों को एक साथ समेटे हुए है।

इलियद और ओदेसी की तुलना करते हुए उसने इलियद के पक्ष में जो तर्क प्रस्तुत किए हैं, वे प्रायः कलात्मक तर्क हैं। जैसे ''इलियद की रचना करते हुए उसने उसे नाटकीय क्रिया-व्यापार से जीवंत बनाया है, जबकि ओदेसी में समाख्यान की प्रधानता है।''

ओदेसी में होमर की तुलना 'डूबते सूर्य' से करना ''जिसमें भव्यता तो रह जाती है किंतु तेज नहीं होता'' तथा यह कहना कि ''यहाँ से होमर की महानता के उतरते ज्वार का साक्षात्कार करते हैं''—ऐसे निष्कर्ष उसकी ऐतिहासिक आलोचना-पद्धति का संकेत देते हैं।

लोंगिनुस की व्यावहारिक आलोचना में गुण और परिमाण दोनों दृष्टियों से सबसे समर्थ अंश वे हैं, जहाँ उसने तुलनात्मक पद्धति से गुण-दोषों के उदाहरण प्रस्तुत किए हैं। उदाहरण के लिए वक्ता दिमोस्थेनीस और सिसरो की तुलना। लोंगिनुस के समय तक दिमोस्थेनीस की वक्तृताओं की भव्यता, आलोचना का अत्यंत सामान्य विषय हो गई थी। लोंगिनुस ने सिसरो और दिमोस्थेनीस की वक्तृताओं से पड़ने वाले प्रभाव की भिन्नता को रेखांकित कर इस मत में संशोधन किया। दोनों की तुलना वह 'सर्वग्रासी ज्वाला' से करता है किंतु ''दिमोस्थेनीस की शक्ति प्रायः पुरुष औदात्य में है और सिसरो की विस्तार में।''

लोंगिनुस की तुलनात्मक आलोचना में सबसे अधिक महत्त्वपूर्ण प्रसंग वह है जहाँ वह **निर्दोष** और **उदात्त** के बीच अंतर करते हुए उन कवियों और रचनाओं के पक्ष में अपना मत देता है जो सदोष होने के बावजूद उदात्त हैं। इसीलिए वह प्राचीन ग्रीक कवि होमर और नाटककार सोफोक्लीस की किंचित सदोष पर उदात्त रचनाओं को अलेक्जेंड्रिया के अपोलोनिउस और एरातोस्थेनीस जैसे कवियों की निर्दोष अलंकृत रचनाओं पर तरजीह देता दिखाई पड़ता है।

कुल मिलाकर कहा जा सकता है कि लोंगिनुस ने जिस रूप में व्यावहारिक आलोचक की भूमिका का निर्वाह किया, उससे यह बात सर्वथा स्पष्ट है कि उसने शास्त्रीय नियमों के आतंक से अप्रभावित रहकर तटस्थ और पूर्वाग्रह-मुक्त मन से अपने दायित्व का वहन किया। साथ ही उसके निर्णय सर्वथा न्यायपूर्ण हैं।

: 7 :

लोंगिनुस : रोमांटिक और क्लासिक प्रवृत्तियाँ

लोंगिनुस ने परवर्ती रोमांटिक कवियों, लेखकों और आलोचकों को इस हद तक प्रेरित और प्रभावित किया है कि स्काट-जेम्स जैसे कुछ विद्वान उसे 'प्रथम-रोमांटिक आलोचक' मानते हैं। प्रोफेसर एम.एच. अब्राम्स ने अपने प्रसिद्ध ग्रंथ 'द मिरर एंड द लैंप' में लोंगिनुस के अनुयायियों और लोंगिनुसवादियों की लंबी परंपरा का विस्तृत विवरण दिया है। जान डेनिस पहला आलोचक है जिसके आलोचना-सिद्धांत पर 'पेरिइप्सुस' का गहरा प्रभाव दिखाई पड़ता है। आगे चलकर वर्ड्स्वर्थ ने डेनिस के माध्यम से लोंगिनुस से प्रेरणा ग्रहण की।

एडिसन लोंगिनुस के विराट प्रेम से प्रभावित था। हैजलिट की प्रिय कसौटियाँ 'उद्दाम वेग' (गस्टो) और 'आनंदातिरेक' (एंथ्रालमेंट) सीधे लोंगिनुस के प्रबल भावावेग एवं 'एक्सतासिस' से गृहीत थीं। शक्ति को वह कविता की श्रेष्ठता का आधार मानता था। आनंदातिरेक या आह्लाद उसकी दृष्टि में कविता का चरम लक्ष्य था।

कॉलरिज भी जब भावावेग को कविता की आत्मा घोषित करता है या फिर कहता है कि प्रतिभाशाली कवि की रचना की आत्मा कल्पना है तो एक तरह से उसकी 'आत्मा' में लोंगिनुस की ही 'आत्मा' प्रतिध्वनित होती है। वस्तुतः अन्य रोमांटिक कवि भी कविता के संदर्भ में बार-बार आत्मा की जो इतनी दुहाई देते नजर आते हैं, वह लोंगिनुस की ही देन है।

शैली के साथ रोमांटिक काव्यचिंतन में लोंगिनुस का एक और तत्त्व प्रचलन में आया जिसे 'इंटेंसिटी' अथवा 'तीव्रता' कह सकते हैं। कीट्स रोमांटिक कवियों में संभवतः सबसे प्रमुख है जिसने लोंगिनुस के प्रायः सभी काव्य-सिद्धांतों को थोड़े-से शाब्दिक परिवर्तन के साथ सूत्रबद्ध कर दिया। लेकिन लोंगिनुस उस अर्थ में रोमांटिक न था जिस अर्थ में इस शब्द का प्रयोग वर्ड्स्वर्थ, कॉलरिज, शेली, कीट्स आदि के लिए किया जाता है। जहाँ वह काव्य-सृजन के लिए कवि के व्यक्तित्व पर बल देता है, प्रतिभा को कविता का मूल उत्स मानता है, कविता में भावावेग का महत्त्व मानता है, तीव्रता को सबसे बड़ा काव्य-मूल्य समझता है, आत्मातिक्रमण अथवा आनंद को कविता का चरम लक्ष्य कहता है और कविता में प्राकृतिक एवं मानवीय गुणों की विराटता की घोषणा करता है, वहाँ वह रोमांटिक प्रवृत्ति का पोषक है। इसके विपरीत जब वह उदात्त की 'कला' पर बल देता है, वक्तृता और काव्य दोनों में यथार्थ का आग्रह करता है तथा प्रतिभा और अभ्यास के समुचित संतुलन में ही काव्य का चरमोत्कर्ष मानता है तो उसमें एक क्लासिकी अथवा शास्त्रवादी आलोचक की मर्यादा दिखाई पड़ती है। एटकिंस ने तो लोंगिनुस के अतिशय परंपरा-प्रेम को उसके शास्त्रवादी होने का लक्षण माना है।

इस प्रकार लोंगिनुस में रोमांटिक और क्लासिकी दोनों प्रवृत्तियों के तत्त्व पाए जाते हैं। दोनों ही प्रवृत्तियों ने समय-समय पर लोंगिनुस से प्रेरणा ग्रहण करने की कोशिश की किंतु यह निर्विवाद है कि लोंगिनुस रोमांटिक कवियों और लेखकों के अधिक निकट रहा। उसकी विशिष्टता इस बात में है कि उसे रोमांटिक या क्लासिकी किसी भी प्रवृत्ति के दायरे में बाँधना मुश्किल है।

: 8 :

लोंगिनुस और नयी समीक्षा

एलेन टेट ने 'लोंगिनुस एंड दि न्यू क्रिटिसिज़्म' (1948) शीर्षक निबंध लिखकर यह प्रमाणित करने का प्रयास किया है कि नयी आलोचना के लिए भी लोंगिनुस कम प्रामाणिक नहीं हैं। एलेन टेट का कहना है कि आगे चलकर रैंसम, क्लींथ ब्रुक्स, रीड, लीविस, रिचर्ड्स, ब्लैकमर और विंटर्स जैसे आलोचकों के साहित्यिक वाद-विवादों में लोंगिनुस द्वारा निरूपित 'भाषा का औदात्य' और 'आत्मातिक्रमण' नामक दो प्रमुख अवधारणाएँ अपने अंतस्संबंधों के साथ किसी-न-किसी रूप में मँडराती रही हैं।

यह अवश्य है कि 'पेरिइप्सुस' के जिस पक्ष पर नये-आलोचकों का ध्यान गया, वह रोमांटिक कवि-आलोचकों द्वारा प्रशंसित पक्ष से भिन्न है।

नयी आलोचना 'आवयविक काव्य-सिद्धांत' में निहित अर्थापत्तियों को आगे बढ़ाती हुई काव्य में संरचनात्मक एकता (स्ट्रक्चरल यूनिटी) पर बल देती है। इस दृष्टि से नये आलोचकों को 'पेरिइप्सुस' के 39वें और 40वें अध्यायों में 'सुंथेसिस' का विवेचन तथा 10वें अध्याय में सैफो के प्रगीत का संरचनात्मक विश्लेषण विशेष दिलचस्प लगता है। लोंगिनुस के अनुसार यह उदात्त का पाँचवाँ और अंतिम स्रोत है। एलेन टेट की दृष्टि में 'लोंगिनुस' की 'सुंथेसिस' नयी आलोचना की 'स्ट्रक्चर' संबंधी धारणा का मूल रूप है। इसके अतिरिक्त लोंगिनुस कृत सैफो की आलोचना में 'विरुद्धों के सामंजस्य' और 'तनाव' को परिलक्षित करने की क्षमता है। लोंगिनुस में नयी आलोचना की इस विशेषता को एलेन टेट ने तो रेखांकित किया ही है, उनसे पहले टी.आर. हेन ने भी लक्षित किया है।

उल्लेखनीय है कि लोंगिनुस की इन विशेषताओं की ओर रोमांटिक कवियों और आलोचकों का ध्यान नहीं गया था। नयी आलोचना के प्रवर्तकों एवं समर्थकों ने अपने चिंतन-क्रम में लोंगिनुस में इन तत्त्वों का अन्वेषण किया। इससे लोंगिनुस में निहित अनेक रचनात्मक संभावनाओं का आश्वासन प्राप्त होता है।

'पेरिइप्सुस' के सभी पक्षों का विवेचन करने के बाद उसका रचनाकार लोंगिनुस एक युगांतरकारी और अप्रतिम आलोचक के रूप में सामने आता है। एक ह्रासोन्मुख युग में उत्पन्न होकर भी उसने समकालीन सांस्कृतिक पतन के वातवारण से ऊपर

उठने का प्रयास किया। यह लोंगिनुस के उदात्त व्यक्तित्व और मानसिक ऊर्जा का स्पष्ट प्रमाण है।

लोंगिनुस का ऐतिहासिक कार्य यह है कि उसने अपने युग के सांस्कृतिक संकट को अनाविल दृष्टि से पहचाना और समाधान-स्वरूप अपनी रुचि और मति के अनुरूप साहित्य और वक्तृता के क्षेत्र में उदात्त के मानदंड की स्थापना की। अपने मानदंड के उपयुक्त समकालीन साहित्य में कोई उदाहरण न पाकर उसने अतीत के महान साहित्यकारों एवं वक्ताओं के कृतित्व की पुनर्व्याख्या की और इस प्रकार एक विस्मृत एवं खंडित परंपरा को पुनर्जीवित किया। उसने समकालीन साहित्य एवं वक्तृता में व्याप्त क्षुद्रता, बालेयता, वागाडंबर तथा भावाडंबर आदि की ही कड़ी आलोचना नहीं की बल्कि इस बहाने उन प्रवृत्तियों को प्रोत्साहित करने वाले रीतिवादी साहित्यशास्त्र का भी प्रबल खंडन किया। नवीनता के पीछे पागल लोगों के भ्रम का उद्घाटन करके उसने सही रास्ता दिखाया और असाधारण की खोज में कोरे चमत्कारों की सृष्टि करने वाली रचनात्मक प्रतिभा के सम्मुख साधारण में निहित उदात्त का उदाहरण प्रस्तुत किया। ये सभी समस्याएँ तात्कालिक और आवश्यक थीं, जिनकी ओर उस समय किसी आलोचक का ध्यान न था। लोंगिनुस अकेला आलोचक है जिसने उस समय अपने ऐतिहासिक दायित्व का निर्वाह किया और इस दायित्व ने उसे इतिहास में अद्वितीय विशिष्टता प्रदान की।

लोंगिनुस की मौलिकता यह है कि उसने साहित्यशास्त्र में रचनाकार के व्यक्तित्व के महत्त्व पर बल देकर काव्य और वक्तृता में आंतरिक मूल्यों की स्थापना की। इस प्रकार साहित्य-सृजन में विचारों और भावों को समुचित स्थान प्राप्त हुआ। आनंद अथवा आत्मातिक्रमण को साहित्य का सर्वोच्च लक्ष्य घोषित करके उसने साहित्य को अनुनयन एवं अनुरंजन के निम्न स्तर से ऊपर उठाने का प्रयास किया। विषयवस्तु और भाषा-शैली की द्वंद्वात्मक एकता और समंजन पर बल देकर उसने साहित्यशास्त्र में पहली बार स्पष्टता के साथ आवयविक काव्य-सिद्धांत का निरूपण किया। इसके अतिरिक्त, काव्य में बिंब-योजना के विशिष्ट कार्य पर बल देना तथा गद्य एवं कविता में लय का महत्त्व-निरूपण करना, लोंगिनुस के मौलिक प्रयासों में गिने जा सकते हैं।

'पेरिइप्सुस' की विवेचन-सीमा के अंतर्गत वक्तृता से लेकर प्रगीत, महाकाव्य, नाटक, इतिहास आदि संपूर्ण वाङ्मय को समेटकर लोंगिनुस ने साहित्य की ऐसी व्यापक अवधारणा प्रस्तुत की जो दृष्टि की व्यापकता में आज भी अप्रतिम है। यह नहीं कि लोंगिनुस वक्तृता और काव्य अथवा काव्य और इतिहास का अंतर नहीं समझता था। प्रसंग उपस्थित होने पर अंतर का निर्देश करने में उससे कहीं भी चूक नहीं हुई। वस्तुतः उदात्त के विवेचन-क्रम में वक्तृता, इतिहास, दर्शन, काव्य, नाटक आदि सभी विषयों तक दृष्टि दौड़ाकर उसने इनके अंतस्संबंधों की ओर संकेत किया, जिससे साहित्यशास्त्र में दृष्टि-विस्तार की संभावना प्रस्तुत हुई।

साहित्यशास्त्र में लोंगिनुस एक साथ ही ऐतिहासिक, तुलनात्मक, निर्णयात्मक एवं विश्लेषणात्मक आलोचना-पद्धतियों का प्रतिष्ठाता है। किंतु सबसे महत्त्वपूर्ण है लोंगिनुस की विश्लेषणात्मक आलोचना, जिसे आधुनिक व्यावहारिक आलोचना का पूर्वरूप कहा जा सकता है। इस दृष्टि से सैफो के प्रगीत और होमर के 'इलियद' के कुछ अवतरणों का सूक्ष्म विश्लेषण आज के व्यावहारिक समीक्षकों के लिए भी स्पर्धा का विषय है।

लोंगिनुस की चिंतन-पद्धति और भाषा-शैली उसके सिद्धांतों से कम महत्त्वपूर्ण नहीं है। लोंगिनुस ने प्लेटो के समान ही द्वंद्वात्मक पद्धति अपनाई, जिसके कारण उसे प्रत्येक वस्तु में निहित अंतर्विरोधों की सच्ची पहचान हो सकी। सैफो के प्रगीत में विरुद्धों का सामंजस्य देखने वाले स्वयं लोंगिनुस की कृति 'पेरिइप्सुस' में भी विरुद्धों का अद्‌भुत सामंजस्य दिखाई पड़ता है। लोंगिनुस की भाषा भाव-प्रवण और बिंब-बहुल है, जिसके कारण 'पेरिइप्सुस' एक आलोचना-ग्रंथ होते हुए भी रचनात्मक कृति का अनुभव देती है। अरस्तू और होरेस की शुष्क शास्त्रीयता के बाद लोंगिनुस ताजा हवा के झोंके के समान प्रतीत होते हैं।

'पेरिइप्सुस' की सबसे असाधारण विशेषता, जैसा कि विमसाट ने कहा है, मानदंडों की विविधता है; उसमें कविता के मूल्यांकन के लिए अनेक पद्धतियाँ और दृष्टियाँ अपनायी गयी हैं। वैसे तो प्रमुख पद्धतियाँ तीन हैं : श्रोता का आनंद, रचनाकार की प्रतिभा और अलंकार के कौशल; किंतु इनके साथ लगे हाथों वह यह मानदंड भी उपस्थित करता गया कि महान काव्य वह है जो सभी को और सर्वदा आनंदित करे।

कुल मिलाकर लोंगिनुस अपने उदात्त नैतिक बोध, सूक्ष्म अंतर्दृष्टि, परिष्कृत रुचि और मौलिक चिंतन के कारण साहित्यशास्त्र के इतिहास में प्रथम श्रेणी के आलोचकों में स्थान रखता है।

जॉन ड्राइडन (1631-1700)

जॉन ड्राइडन मूलतः कवि और नाटककार थे। जिस समय सैद्धांतिक आलोचना पर उनकी एकमात्र कृति **ऑफ ड्रमेटिक पोइजी** (नाट्य-काव्य) का प्रकाशन (1668) हुआ वह पुनर्जागरण और पुनःस्थापन युग का संधि काल था। रचनात्मक दृष्टि से समृद्ध एलिजाबेथ युग समाप्त हो चुका था। लगभग ग्यारह वर्ष के लोकतांत्रिक प्रयोग के बाद 1600 में राजशाही की एक बार फिर स्थापना हुई थी। पर जिन लोकतांत्रिक मूल्यों की शुरुआत हो चुकी थी उनके विकास का क्रम राजशाही में भी जारी रहा। चार्ल्स द्वितीय के पुनः स्थापन के साथ एक नये समाज और नयी साहित्यिक चेतना की शुरुआत हुई। ड्राइडन का विशेष महत्त्व इस नयी चेतना के वाहक रचनाकार के रूप में स्वीकार किया जाता है।

इसके अलावा ड्राइडन को आधुनिक अंग्रेजी गद्य और आलोचना दोनों का जनक भी माना जाता है। उनसे पहले अंग्रेजी में न आधुनिक गद्य-लेखन की कोई व्यवस्थित परंपरा मिलती है न विश्लेषणात्मक आलोचना की, गोकि नाटक की अत्यंत गौरवपूर्ण परंपरा विद्यमान थी। रचनाकारों में अंग्रेजी रंगमंच के सर्जक शेक्सपियर हो चुके थे और ड्राइडन को रंग-नियमों के विवेचन की फ्रांसीसी परंपरा की भी जानकारी थी। पुनःस्थापन से पहले शुद्धतावादियों के दबाव में 1642-1660 के बीच जो नाट्यगृह बंद कर दिए गए थे, वे खुल गए थे। परिणामस्वरूप उत्सवों और समारोहों की जैसे बाढ़ आ गई। ड्राइडन की कृति 'नाट्य-काव्य' की रचना और प्रकाशन को इसी साहित्यिक-सांस्कृतिक परिदृश्य का स्वाभाविक परिणाम समझा जाना चाहिए।

ड्राइडन की आलोचना-दृष्टि का निर्माण यद्यपि पुनःस्थापन युग के दौरान हुआ, लेकिन पुनर्जागरण युग अपनी रचनात्मक ऊर्जा और उपलब्धियों के कारण बराबर उनकी स्मृति का हिस्सा बना रहा। ड्राइडन ने इस 'पूर्ववर्ती युग' का बार-बार उल्लेख किया है। इन युगों के अंतर का मुख्य कारण इनके प्रेरणा-स्रोतों का अंतर है। पुनर्जागरण काल, इटली के माध्यम से आने वाले यूनानी-रोमी प्रभाव का प्रतिफलन है, जबकि पुनःस्थापन काल पर फ्रांसीसी प्रभाव स्पष्ट दिखाई पड़ता है। एक युग से दूसरे युग में यह संक्रमण, भाव से वैचारिकता की ओर तथा आवेग और उत्साह से तार्किकता,

व्यवस्था और संतुलन की दिशा में बढ़ाव के रूप में स्वरूप ग्रहण करता है।

ड्राइडन की पहचान पहले दौर से दूसरे दौर में संक्रमण की अंतिम महान विभूति के रूप में कायम हुई। उन्होंने पुनर्जागरण और नवआभिजात्यवाद को जोड़ने वाली कड़ी की भूमिका वहन की। उनमें **सहजता** के साथ **अनुशासन** का जो मेल दिखाई पड़ा उससे उन्होंने शास्त्रवाद की दिशा में होने वाले विकास की अगुआई तो की पर वे बहुत दूर तक उसके साथ नहीं गए। आरंभ में उनमें परंपरागत शास्त्रवाद की ओर झुकाव अवश्य दिखाई पड़ता है, किंतु वे क्रमशः स्वतंत्रता के मूल्यों की ओर लौटते गए। विदेशी कला-प्रतिमानों की दासता के विरुद्ध राष्ट्रीय भावना का स्वर बल पकड़ता गया। उनका जन्म 1631 में हुआ था। इसलिए उन्हें लंबे समय तक गणराज्य के वातावरण का साक्षी रहकर उसे आत्मसात् करने का अवसर मिला था। उनकी विशेषता थी, समय के होकर उसे अतिक्रांत करने की क्षमता रखना। वे तुकांत से अतुकांत रचना की ओर लौटे। नाटक में अन्वितियों का कड़ाई से पालन करने के लिए फ्रांसीसी नाटककारों की सराहना की पर बाद में उनके पालन में उदारता की हिमायत करने लगे।

सैद्धांतिक आलोचना की अपनी एकमात्र रचना नाट्य-काव्य में उन्होंने मुख्य रूप से नाट्य-विधा पर विचार किया। वे तरह-तरह के प्रभावों से घिरे थे। परंपरा के नाम पर वे प्राचीन (यूनानी-रोमी) नाटक की उपलब्धियों से तो अवगत थे ही, पिछले यानी शेक्सपियर युग की प्रशस्त नाट्य-परंपरा भी उनके सामने थी। एक ओर प्राचीनों से प्रभावित सत्रहवीं सदी का नवशास्त्रीय नाट्य-साहित्य उनके सामने था और दूसरी ओर पुनःस्थापन काल का समसामयिक नाटक, जो आधुनिक चेतना-संपन्न था। वे इन सभी परंपराओं और प्रवृत्तियों के उत्तमांश से नाट्य-रचना के मूल-सिद्धांतों का अधिक पूर्ण और व्यापक ढाँचा निर्मित करना चाहते थे।

ड्राइडन के सामने एक धर्मसंकट और था। वे ऐसे समय में हुए जब फ्रांसीसी नाटकों और रंगमंच की तुलना में अंग्रेजी रंगमंच अनगढ़ और श्री हीन माना जा रहा था। फ्रांस में अंग्रेजी नाटककारों को असंस्कृत और बर्बर समझा जाता था। इस आलोचना से शेक्सपियर भी बच नहीं पाए थे। अंग्रेजी के आलोचक बड़े संकोच और भयग्रस्त होकर दबे स्वर में शेक्सपियर की प्रशंसा करने का साहस जुटा रहे थे—लगभग अपराध-बोध के स्वर में। ऐसे माहौल में ड्राइडन ने पहली बार शेक्सपियर और उस समय के कुछ अन्य नाटककारों की उन्मुक्त भाव से प्रशंसा की। उनके लिए यह केवल साहित्यिक अभिरुचि का नहीं, अंग्रेज लेखकों और राष्ट्रीय स्वाभिमान की रक्षा का भी सवाल था। भूलना नहीं चाहिए कि वे स्वयं भी अंग्रेज थे, इसलिए उनके लिए यह आहत आत्मसम्मान का प्रश्न भी रहा होगा।

ड्राइडन ने अपने निबंध का विधान जिस रूप में किया है उससे अंग्रेजी नाट्य-साहित्य की केंद्रीयता स्पष्ट है। निबंध की रचना संवाद-शैली में हुई है। जिसमें

एक पात्र (नियेण्डर) की भूमिका में ड्राइडन की मौजूदगी साभिप्राय है, क्योंकि 'नियेण्डर' का शब्दार्थ है 'नया आदमी'। ड्राइडन के सरोकारों में **परंपरा बनाम आधुनिकता** की प्रमुखता स्पष्ट है।

आलोचना-सिद्धांत

ड्राइडन ने मुख्य रूप से नाट्य के संदर्भ में विचार किया। परंतु उनकी मान्यताएँ साहित्य की अन्य रचनात्मक विधाओं पर भी समान रूप से लागू होती हैं। उदाहरण के लिए उन्होंने नाटक की जो परिभाषा दी, वह साहित्य के अन्य सर्जनात्मक रूपों पर भी घटित होती है। नाटक को उन्होंने **मानव-प्रकृति का यथातथ्य और जीवंत प्रतिबिंब** माना। यह परिभाषा यथार्थ के आधार को तो स्वीकार करती है, पर उस प्रतिबिंब में जीवंतता की शर्त लगाकर वे उसे जड़ता-मुक्त कर एक तरह की समानांतर सृष्टि का दर्जा देते हैं। अर्थात् साहित्य यथार्थ का ब्यौरा अथवा विवरणात्मक प्रतिबिंब नहीं रचता, बल्कि जीवंत प्रति-संसार का सृजन करता है जो मूल मानव-प्रकृति के जीते-जागते प्रतिबिंब होने का आभास देता है। ऐसी जीवंत रचना के लिए प्रतिभा या कल्पना अपेक्षित होगी।

इस परिभाषा में दूसरी महत्त्वपूर्ण बात है, मानव-प्रकृति को रचना का मूल आधार या नियामक मानना। मानव-प्रकृति सतत परिवर्तनशील विकासमान सत्ता है। ऐतिहासिक क्रम में उसका स्वरूप संश्लिष्ट और जटिल होता गया है। रचनाकार यदि इस सतत परिवर्तनशील सत्ता को जीवंत रूप में प्रतिबिंबित करता है, तो जाहिर है उसे पुराने के साथ नये को जोड़ते चलना होगा। वह शास्त्रानुसारी स्थिर या बीते हुए को नहीं, वर्तमान गतिशील मानव-जीवन और प्रकृति को अपनी रचना का आधार बनाएगा। ड्राइडन की इस स्थापना की संगति अंग्रेजी के नाट्य-साहित्य से बैठती है जिसमें शास्त्र के बजाय मानव-प्रकृति को अनुकरण का आधार बनाया गया था।

साहित्य को परिभाषित करने के साथ ही ड्राइडन ने उसके प्रयोजन पर भी विचार किया। वे आनंद और शिक्षा दोनों को साहित्य का उद्देश्य मानते हैं। पर महत्त्व-क्रम में वे प्रमुखता आनंद को देते हैं : **"कविता का मुख्य उद्देश्य है आनंद,** भले ही वह उसका एकमात्र उद्देश्य न हो।" शिक्षा को उन्होंने कविता का उद्देश्य स्वीकार तो किया, लेकिन दूसरे स्थान पर। पर वे यह भी स्वीकार करते थे कि सभी कलाएँ किसी-न-किसी तरह का लाभ पहुँचाने के लिए होती हैं। पर वे ऐसा आनंद के माध्यम से ही करती हैं। इस साधन के बिना शिक्षा शुष्क और नीरस-दर्शन का रूप ग्रहण कर लेती है।

दूसरी ओर आनंद का संबंध पाठक या दर्शक वर्ग की अभिरुचि से होता है। पर यह अभिरुचि किसी रचना की अच्छाई-बुराई को निर्धारित नहीं कर सकती। पाठकों की प्रतिक्रिया सही हो, इसके लिए **पाठकों की रुचि में सुधार और परिष्कार लाना**

भी लेखक का एक दायित्व होता है। लेखक के लिए यह जरूरी है कि वह केवल सामान्य पद्धतियों के आधार पर पाठकों का मनोरंजन न करे बल्कि उनके मूल्य-निर्णय में भी सुधार लाने का प्रयास करे। अर्थात् केवल पाठकीय अभिरुचि के अनुरूप रचनाएँ करने के बजाय, रचनाओं के माध्यम से पाठकीय अभिरुचि का परिष्कार करना उसका प्रमुख लक्ष्य होना चाहिए। रंगमंच में इस दृष्टि से सुधार की आवश्यकता पर ड्राइडन बल देते थे।

निष्कर्ष रूप में कहा जा सकता है कि वे न नीरस शिक्षा को और न लोक-हित के प्रति उदासीन आनंद अथवा मनोरंजन को कविता का प्रयोजन मानते थे। वे कविता में इन दोनों की ऐसी अन्योन्याश्रित स्थिति का समर्थन करते थे जहाँ **आनंद के माध्यम से शिक्षा को कविता का साध्य बनाया गया हो।**

काव्य-सृजन : अनुकरण, प्रतिभा और कल्पना

अनेक पूर्ववर्ती आचार्यों की ही तरह ड्राइडन भी कलाओं को प्रकृति का अनुकरण मानते हैं। पर वे अनुकरण का प्लेटो द्वारा किया गया अर्थ 'नकल की नकल' स्वीकार नहीं करते। उन्होंने अरस्तू द्वारा प्रदत्त अर्थ **पुनर्रचना** या **पुनःसृजन** को ही मान्यता दी है। यह अनुकरण का वही अर्थ है जिसे अरस्तू के व्याख्याताओं ने 'यथार्थ का कल्पनात्मक पुनःसृजन' कहा है।

अनुकरण की इस अवधारणा के अनुसार कलाकार प्रकृति का यथावत् प्रत्यंकन नहीं करता बल्कि वह प्रकृति से उतनी ही सामग्री लेता है जिसके आधार पर कवि-प्रतिभा या कल्पना की सहायता से कलाकृति के रूप में एक संपूर्ण सादृश्य निर्मित किया जा सके। ड्राइडन के अनुसार ऐसी कला-सृष्टि में आधार-सामग्री का मूल्य नगण्य होता है। इतना ही नहीं उनके अनुसार प्राकृतिक उपादानों की तुलना में कला के प्रभाव से निर्मित कृतियाँ बेहतर होती हैं क्योंकि उनकी निर्मिति में **कवि-कौशल की भूमिका निर्णायक होती है।**

जिस तरह किसी बंदूक बनाने वाले या घड़ी-साज के काम में इस्पात या चाँदी उसकी अपनी नहीं होती। जो तत्त्व इन्हें मूल्यवत्ता प्रदान करता है वह भी इन धातुओं में निहित नहीं होता बल्कि पूरी तरह इन्हें बनाने वाले कारीगर की कारीगरी या कौशल में निहित रहता है। ठीक इसी प्रकार जो नाटककार या कवि प्रकृति/जीवन से आधार सामग्री लेकर भी कामदी की रचना करके लोगों को हँसा नहीं पाता और गंभीर नाटक से उनके मन में आकुलता नहीं उत्पन्न कर पाता, उसे अच्छा कवि नहीं माना जाना चाहिए। क्योंकि वह आधार-सामग्री को जीवंत बनाने में असफल रहता है।

निर्जीव को जीवंत बनाने की यह कला **कवि-कल्पना** या **प्रतिभा** के द्वारा ही सिद्ध होती है। वही अनुकरण को सृजन में रूपांतरित करती है। अनुकरण केवल उसका किया जा सकता है जिसे देखा हो, जबकि कल्पना के आधार पर अदृष्ट पूर्व

वस्तुओं का विधान और चित्रण भी संभव होता है। कल्पना ही वह शक्ति है जो निर्जीव को जीवंत और अदृश्य को दृश्य बनाने की सामर्थ्य प्रदान करती है।

प्रतिभा और कल्पना के संदर्भ में ड्राइडन ने तीन शब्दों का प्रयोग किया है–**विट** (wit), **इमेजिनेशन** (imagination) और **फैंसी** (fancy)। आधुनिक आलोचना में इन्हें क्रमशः **विदग्धता, कल्पना** और **ललित-कल्पना** कहा जाता है। पर ड्राइडन के समय में इनके बीच अंतर स्पष्ट नहीं था। थोड़े बहुत अंतर के साथ ये तीनों प्रतिभा और कल्पना के सूचक थे।

तीनों में से ड्राइडन ने विट का प्रयोग सबसे अधिक किया है। 'इमेजिनेशन' और 'फैंसी' के सम्मिलित प्रयोग से भी ज्यादा। यह मूलतः कवि-प्रतिभा का सूचक था। अर्थ-स्तर पर इसके तीन घटक हैं–विदग्धता, अलंकरण और कवि-कल्पना। आज विदग्धता वाले अर्थ ने शेष दो को लगभग विस्थापित कर दिया है। ड्राइडन के समय में कवि-कल्पना वाला अर्थ प्रधान था और वास्तविक प्रतिभा का सूचक था। ड्राइडन ने इसे 'कल्पना की शक्ति' कहा है और 'विचार का परिणाम या कल्पना की देन' स्वीकार किया है।

ड्राइडन ने बार-बार कवि की ऐसी प्रतिभा पर बल दिया है जिसमें 'विवेक कल्पना को नियंत्रण में रखता है।' उन्होंने कवियों के उद्धरणों के आधार पर यह सिद्ध किया कि सच्ची प्रतिभा **विवेक** और **कल्पना के उचित संतुलन** पर निर्भर है।

अन्य नव्यशास्त्रीय आलोचकों की ही तरह ड्राइडन ने भी 'फैंसी' और 'इमेजिनेशन' शब्दों का प्रयोग पर्याय-रूप में किया है। इसमें 'फैंसी' का प्रयोग अधिक प्रचलित था पर ड्राइडन में 'इमेजिनेशन' का प्रयोग असामान्य रूप से अधिक मिलता है। एक संदर्भ में तो उन्होंने 'फैंसी' को 'इमेजिनेशन' का एक भेद कहकर इमेजिनेशन की व्यापकता का संकेत दिया है।

इस प्रसंग में ड्राइडन ने **कवि-कल्पना** (poetic imagination) पदबंध का प्रयोग करते हुए, उसके तीन घटक या चरण माने हैं। इनमें पहला है **उद्भावना** (invention) जिसका कार्य है संबद्ध विचार की खोज। दूसरा है **कल्पना** (fancy) अर्थात् उस विचार का रूपांतरण, या संवेदनात्मक प्रत्यक्षीकरण और तीसरा है **अभिव्यक्ति** (elocution) अर्थात् रूपांतरित विचार को सटीक-सार्थक, ध्वन्यात्मक शब्दावली से विभूषित करना।

ड्राइडन ने इस सृजन-प्रक्रिया का विवेचन करते हुए स्रष्टा के **विवेक** पर बहुत बल दिया है। रचना में किन्हीं विजातीय या अनुपयोगी तत्त्वों के सावधानी से बहिष्कार पर उन्होंने औचित्य के निर्वाह का जो आग्रह किया है, वह विवेक से ही सधता है। उन्होंने काव्य और चित्रकला दोनों का ही समानांतर विवेचन किया है। उनके अनुसार सृजन और अनुकरण में जो अंतर है, वह कल्पना के कारण ही पैदा होता है। कल्पना ही अनुकरण को सृजन में रूपांतरित करती है।

नाट्य रचनाओं में, रचनाकार की यह शक्ति अलग-अलग रूपों और अनुपात

में काम करती है। त्रासदी में कल्पना की भूमिका अधिक निर्णायक होती है जबकि कामदी में पर्यवेक्षण की। ड्राइडन ने कल्पना की विवेकसम्मत भूमिका पर जिस रूप में बल दिया है, उस पर हॉब्स के चिंतन का प्रभाव है। हॉब्स का कहना था कि बुद्धि (विवेक) और कल्पना दोनों सगी बहनें हैं और उनकी जननी है स्मृति।

कल्पना के संदर्भ में ड्राइडन ने बुद्धि-तत्त्व पर जोर इस कारण दिया क्योंकि निर्मिति में बुद्धि की मुख्य भूमिका रहती है। ड्राइडन ने यह भी कहा कि विवेक को अपने आंतरिक स्रोतों के अतिरिक्त ज्ञान के अन्य स्रोतों की भी जरूरत पड़ती है । उनके अनुसार ज्ञान-विज्ञान का कोई ऐसा क्षेत्र नहीं है जिसका संबंध साहित्य से न हो। वे रचनाकार के लिए इस रूप में अंतर्विषयक जानकारी उसके विवेक के परिष्कार के लिए वांछनीय मानते थे।

विवेक को पर्याप्त महत्त्व देने के बावजूद ड्राइडन ने कवि-प्रतिभा को ईश्वर प्रदत्त ही माना है। उनके अनुसार, रचना-कर्म के लिए सर्वथा वांछनीय होने के बावजूद इसे कैसे प्राप्त किया जाए, इसके बारे में न तो कोई नियम है, न ही निर्धारित किए जा सकते हैं। उनके अनुसार–

''**उचित प्रतिभा प्रकृति का वरदान है**। यह ग्रहों के प्रभाव पर निर्भर है, ऐसा ज्योतिषविद् कहते हैं। शरीर के अंग-विन्यास पर निर्भर है, ऐसा प्रकृति विज्ञानी कहते हैं। यह ईश्वरीय वरदान है, ऐसा धर्मतत्त्वज्ञ मानते हैं। इसमें परिष्कार कैसे किया जाए यह अनेक ग्रंथ बता सकते हैं, किंतु इसे प्राप्त कैसे करें, यह बताने वाला कोई भी ग्रंथ नहीं है।''

ड्राइडन के विचार-क्रम में निरंकुश या अतिरेकी कल्पना के लिए भी कोई जगह नहीं है। उन्होंने कल्पना और सत्य के बीच अनिवार्य संबंध स्वीकार किया है। उनका मानना था कि कल्पना चाहे जितनी बढ़ी-चढ़ी हो, शब्द चाहे जितने प्रवाह से आएँ, यदि उनके पीछे सत्य का आधार नहीं है तो आत्मा को पूरा संतोष नहीं होता। उन्होंने कहा, कि मनुष्य चूँकि तर्कशील प्राणी है इसलिए उसकी कल्पना तर्क की सहवर्तिनी होती है। वह जब हावी होती है, तब भी तर्क नष्ट नहीं होता, या उसकी राह बदल जाती है या वह आवृत हो जाता है। दोनों एक प्रकार के द्वंद्वात्मक संबंध में बँधकर गतिशील होते हैं। ड्राइडन की मान्यता थी कि जिन्हें अपनी बात को तर्कसंगत ढंग से कहने की आदत नहीं होती वे अच्छे कवि नहीं हो सकते।

कुल मिलाकर अपने आलोचनात्मक कृतित्व के माध्यम से ड्राइडन की छवि एक आधुनिकतावादी की भूमिका का निर्वाह करने वाले आलोचक के रूप में निर्मित होती है। उनकी चेतना में पिछला युग (पुनर्जागरण) जो शेक्सपियर जैसे रचनाकार का युग था, बराबर कौंधता है। ड्राइडन के अनुसार, उसकी ऊँचाई को वे स्वयं या उनके युग का कोई दूसरा लेखक नहीं छू सकता। पर साथ ही वे यह संकेत भी करते चलते हैं कि इस युग में संस्कार की कमी थी और उसकी ऊर्जा के बावजूद

'वर्तमान युग की परिष्कृत कला' की तुलना में वह नहीं ठहरता। ड्राइडन में परंपरा का विकास करने के साथ उसमें कुछ नया जोड़ने की चेतना बराबर सक्रिय दिखाई पड़ती है।

नवीनता के आग्रह के कारण यह आवश्यक था कि वे आभिजात्यवादी नियमों के सुनिश्चित ढाँचे में दरार पैदा करें। पर पुनःस्थापन युग में उन नियमों के प्रति जो आदर था, उसने ऐसे किसी प्रयास को कठिन बना दिया था। अरस्तू और होरेस की नियमबद्धता का विरोध ईश-निन्दा से कम नहीं समझा जाता था। परंतु आधुनिकता का आह्वान करने के पहले यह विरोध आवश्यक भी था और ऐतिहासिक दायित्व के निर्वाह के लिए भी जरूरी था। शेक्सपियर और अन्य रचनाकारों का मूल्यांकन अरस्तू-होरेस के प्रभाव से मुक्त हुए बिना संभव नहीं था। ड्राइडन की विशेषता यह थी कि उन्होंने शास्त्र के आधार को बनाए रखकर, नवीन मूल्यों के प्रति भी ग्रहणशीलता का परिचय देते हुए इस कठिन चुनौतीपूर्ण ऐतिहासिक दौर में एक बड़े आलोचक की भूमिका को सफलतापूर्वक अंजाम दिया।

विश्लेषणात्मक आलोचक के रूप में ड्राइडन की सफलता को समझने के लिए उनके समय के बौद्धिक परिदृश्य पर ध्यान देना जरूरी है। उनकी टकराहट दो प्रवृत्तियों से हुई। समसामयिक फ्रांस में उस समय नव्यशास्त्रीय सिद्धांतों को मान्यता मिल रही थी। जिसका प्रभाव इंग्लैंड पर भी पड़ रहा था—गोकि शेक्सपियर और एलिजाबेथ युग के अन्य नाटककारों ने इनकी उपेक्षा कर दी थी। दिलचस्प स्थिति यह थी कि जहाँ तत्कालीन फ्रांस में प्राचीन यूनान की तरह, आभिजात्यवादी सिद्धांतों का निर्वाह करते हुए श्रेष्ठ नाटकों की रचना की गई थी, वहाँ इंग्लैंड में शेक्सपियर जैसे बड़े नाटककार श्रेष्ठ नाटकों की रचना इन सिद्धांतों की अवहेलना करके कर रहे थे। इसके विपरीत जो नाटक आभिजात्यवादी नियमों का पालन करके लिखे गए थे, वे निम्न स्तर के थे।

सौभाग्य से, ड्राइडन ने आभिजात्यवादी प्रतिमानों को, प्रसिद्ध फ्रांसीसी नाटककार कार्नेई के माध्यम से आत्मसात् किया। कार्नेई को इनकी व्यावहारिक कठिनाइयों का बोध था और उन्होंने इनका उपयोग रचनात्मक रूप में किया था। ड्राइडन ने इनके इसी बुद्धिसंगत कट्टरतामुक्त स्वरूप को आत्मसात् किया। जब तक नव्यशास्त्रवाद का पूरा प्रभाव इंग्लैंड तक आया, ड्राइडन ने उसका प्रतिरोध करने का साहस अर्जित कर लिया था। कठोर शास्त्रवाद के आलोचनात्मक व्यवहार का अर्थ होता है रीतिवाद का प्रसार। क्योंकि आलोचना इस स्थिति में शास्त्रीय सिद्धांतों के उदाहरण जुटाने तक सीमित हो जाती है। उसमें कृतिनिष्ठ विश्लेषण के लिए अवकाश कम हो जाता है।

ड्राइडन की आलोचना के मार्ग में दूसरी बाधा प्रायोगिक विज्ञान की उस प्रवृत्ति के रूप में सामने आई जिसका विकास बेकन, देकार्त और हॉब्स के प्रभाव में हुआ

था। वे स्वयं रॉयल सोसायटी के संस्थापकों में से थे। उनके गद्य में एक ओर वैज्ञानिक उपमाओं की भरमार है और दूसरी ओर परोक्ष रूप में हॉब्स की तरह-तरह की अनुगूँजें। वे हॉब्स के प्रशंसक तो थे ही, उसके सिद्धांतों का अपने नाटकों में उन्होंने प्रयोग भी किया है। इस दौर में कविता में बिंब-विधान की जो दरिद्रता दिखाई पड़ती है, और साथ ही 'मैटाफिजिकल' कविता का जिस रूप में आकस्मिक रूप से अवसान होता है, उसका बहुत कुछ श्रेय इन वैज्ञानिकों को जाता है।

प्रसिद्ध भाववादी दार्शनिक देकार्त ने साहित्य और इतिहास के अध्ययन की व्यर्थता का प्रतिपादन करते हुए, उसे वर्तमान की जानकारी के मार्ग में बाधक माना था। अतीत के साथ संवाद कायम करने का प्रयास, उनके अनुसार वर्तमान के बारे में अनजान बनाता है। यह नव्य-दर्शन भी नव्यशास्त्रवाद की तरह इतिहास-विरोधी था। अलग-अलग कारणों से दोनों ही इतिहास का तिरस्कार करते थे।

आरंभ में ड्राइडन पर भी, अतीत के तिरस्कार की इस प्रवृत्ति का कुछ प्रभाव दिखाई पड़ा। पर नवीन विचारों की यह कठोरता, उनके विचारों से मेल नहीं खाती थी। उन पर प्रसिद्ध फ्रांसीसी निबंधकार मॉनतेन (1533-1592) का प्रभाव था। ड्राइडन ने इतिहास को अपने 'जीवन का आनंददायक मनोरंजन' कहते हुए स्वीकार किया कि **ऐतिहासिक चेतना बड़ी चीज है** और इस चेतना के बिना काव्य-रचना निरर्थक है। विज्ञान और नव्यशास्त्रवाद के प्रभाव से महत्त्वपूर्ण स्थापनाएँ करने के मार्ग में रुकावट तो पैदा नहीं हो सकी, परंतु इस प्रभाव के कारण उन्हें अपनी मान्यताओं को प्रकट करने में विलंब भी हुआ और उनमें अव्यवस्था भी पैदा हो गई।

ड्राइडन ने यूनानी-रोमी आभिजात्यवादी काव्य-सिद्धांतों पर प्रत्यक्ष प्रहार न करके, समसामयिक फ्रांसीसी प्रतिमानों को अपने विरोध का लक्ष्य बनाया। यूनानी-रोमी सिद्धांतों का संबंध सुदूर अतीत से था। उनके प्रति आदर-भाव बनाए रखने में कोई खतरा था न उनके प्रति स्पर्धा का प्रश्न उठता था। इसके विपरीत समसामयिक फ्रांसीसी साहित्य का पूरे यूरोप में सांस्कृतिक वर्चस्व था। इंग्लैंड के सांस्कृतिक जीवन में इस प्रभाव को बड़े आग्रह से स्वीकार किया जा रहा था। इससे इंग्लैंड की सांस्कृतिक अस्मिता के लिए खतरा पैदा हो गया था। फ्रांस को अपने विरोध का लक्ष्य बनाकर ड्राइडन ने एक ओर **इंग्लैंड की सांस्कृतिक अस्मिता की रक्षा की और दूसरी ओर आभिजात्यवादी कला-प्रतिमानों का विकास किया।**

ड्राइडन ने अरस्तू और होरेस के चिंतन को आधार रूप में ग्रहण करके, उनका विरोध किया। उन्होंने कलाओं को 'अनुकरण' तो माना, किंतु शास्त्रीय नियम का नहीं प्रकृति का। 'प्रकृति का अनुकरण' मानते हुए भी उन्होंने इस सूत्र को ऐतिहासिक आयाम दिया। प्रकृति चूँकि शाश्वत या चिरंतन नहीं, सतत परिवर्तनशील है। समय के साथ उसमें विविधता और संश्लिष्टता बढ़ती गई है। यही मानव-प्रकृति के विषय में भी सत्य है। अतः जिस साहित्य में जितनी विविधता होगी वह उतना ही मानव-प्रकृति

के अनुरूप होगा, और उसी अनुपात में उसमें आनंद प्रदान करने की क्षमता भी होगी। सरलता से विविधता की दिशा में यह यात्रा कथानक, पात्र सभी के विषय में घटित होती है। यूनान में त्रासदी की विकास-यात्रा, इस तथ्य का प्रमाण है।

विविधता की दृष्टि से यूनानी और फ्रेंच नाटकों की अपेक्षा अंग्रेजी नाटक कहीं अधिक समृद्ध थे। उनमें मुख्य कथानक के साथ उप-कथानकों का समावेश करके कथानकों का विभाजन अनेक अंकों और दृश्यों में किया जाता था। पात्रों की संख्या भी उनमें अधिक रहती थी। विविधता के बिना रचना एकरस और निर्जीव हो जाती है। ड्राइडन ने विविधता की इस कमी के आधार पर प्राचीन नाटकों की आलोचना करते हुए निर्णय दिया, "उनके कथानक संकीर्ण हैं और पात्रों की संख्या बहुत सीमित है।" उन्होंने प्रश्न उठाया कि "जब उनमें विविधता की इतनी कमी दिखाई देती है, तो क्या उनकी श्रेष्ठता, इतने ऊँचे स्तर की हो सकती है, या फिर उन्होंने जो कुछ भी किया, उसे करना काफी आसान नहीं था?"

ड्राइडन ने फ्रांसीसी नाटकों की तुलना में अंग्रेजी नाटकों में कहीं अधिक **विविधता, संश्लिष्टता** और **गहराई देखी** और यह भी कहा कि दोनों के बीच इस अंतर की वजह अभिरुचि का अंतर है। फ्रांसीसी नाटककार नियमों के पालन में प्राचीन लेखकों का एकदम दासवत् अनुकरण करते हैं, जबकि हम लोग (अंग्रेजी नाटककार) उनके पालन में काफी छूट लेते हैं और उन्हें काफी दूरी पर रखते हैं ताकि वे नज़र भर आते रहें। नियमपालन में इस अंतर की वजह वे श्रोताओं में रुचि-भेद को मानते थे।

अंग्रेजी नाटक, ड्राइडन के अनुसार ऐतिहासिक विकास की दृष्टि से आगे की चीज है, क्योंकि उनमें विविधता, संश्लिष्टता और गहराई ज्यादा है। इस तरह ड्राइडन ने यूनानी-रोमी और फ्रांसीसी, शास्त्रवादी और नव्यशास्त्रवादी काव्य-प्रतिमानों का विरोध करके सांस्कृतिक क्षेत्र में अपनी राष्ट्रीय अस्मिता को रेखांकित करते हुए ऐतिहासिक दायित्व का निर्वाह किया।

प्रत्यक्ष रूप से ड्राइडन ने फ्रांसीसी नव्य-शास्त्रवाद का विरोध तो किया, पर उनके विरोध का वास्तविक लक्ष्य यूनानी-रोमी काव्य-प्रतिमान ही थे। उन्होंने इस विरोध का संबंध कालक्रम में परिवर्तित होती साहित्यिक अभिरुचि से जोड़कर उसे तर्कसम्मत ऐतिहासिक आधार दिया। उन्होंने नाट्य रूढ़ियों का हवाला देते हुए कहा कि जो नाट्य-वर्जनाएँ यूनान और फ्रांस के संदर्भ में मान्य हैं, जरूरी नहीं कि वे अंग्रेजी दर्शकों के संबंध में भी मान्य हों। उनका कहना था कि अरस्तू ने अपने त्रासदी विषयक आदर्श सोफोक्लीस और यूरीपिदेस के आधार पर ग्रहण किए थे। यदि उसने हमारे नाटककारों को देखा होता, तो हो सकता है कि वह अपनी राय बदल देता।

अरस्तू से ड्राइडन का मतभेद इस बात पर भी था कि अरस्तू महाकाव्य और

त्रासदी में, त्रासदी को ज्यादा महत्त्वपूर्ण मानते थे, और ड्राइडन महाकाव्य को। ऐसा मानने के पीछे उन्होंने अपने तर्क दिए हैं।

जितना यह सही है कि ड्राइडन में यह बोध उत्तरोत्तर बढ़ता गया कि काव्य और इतिहास में गहरा संबंध है, उतना यह भी सही है कि वे इस संबंध की व्यवस्थित रूप से ऐसी जाँच-पड़ताल नहीं कर सके, जैसी अपेक्षित थी।

कुल मिलाकर अंग्रेजी आलोचना के इतिहास में ड्राइडन की छवि एक ऐसे आलोचक की है जिसने **परंपरा का आधार लेकर** उसे **नवीन काव्य-चेतना से सम्पृक्त किया**। उन्होंने आलोचना को परंपरागत नियमों और निजी अभिरुचि के बीच की जमीन पर स्थिर किया। इस तरह उन्होंने **शास्त्रबद्ध अंग्रेजी आलोचना** को **परिवर्तनशील साहित्यिक रुचि के साथ जोड़कर उसे व्यापक और आधुनिक बनाया**। शास्त्र उनके लिए केवल प्रस्थान बिंदु का काम करता है, जिससे आरंभ करके जब वे अपनी यात्रा पूरी करते हैं तो एक नया सिद्धांत स्वरूप ग्रहण कर चुका होता है। वे युग-चेतना और ऐतिहासिक चेतना के आधार पर आभिजात्यवादी काव्य-सिद्धांतों में संशोधन-परिवर्तन की वकालत करते रहे। इतना ही नहीं होमर और वर्जिल जैसे पुराने ओविड और चॉसर जैसे बीच के, और शेक्सपियर तथा बेन जॉनसन जैसे अपेक्षाकृत परवर्ती रचनाकारों के बीच तुलना करके उन्होंने **तुलनात्मक आलोचना का मार्ग प्रशस्त किया**। साथ ही कुछ कृतियों की समीक्षा करके **व्यावहारिक समीक्षा की शुरुआत की**। अंग्रेजी आलोचना के लिए यह एक नयी बात थी जिसका आलोचना-मात्र की दृष्टि से स्थायी महत्त्व सिद्ध हुआ। इसीलिए डॉ. जॉनसन ने उन्हें **आधुनिक अंग्रेजी आलोचना का जनक** कहा है।

विलियम वर्ड्स्वर्थ (1770-1850)

: 1 :

अंग्रेजी साहित्य में शास्त्रीय नियमबद्धता के विरुद्ध सुगबुगाहट 18वीं सदी के मध्य से ही होने लगी थी किंतु काव्य के क्षेत्र में शास्त्रीयता के विरुद्ध स्वच्छंदतावाद के रूप में स्पष्ट विरोध सबसे पहले सन् 1798 में 'लिरिकल बैलेड्स' के प्रकाशन के साथ सामने आया। युवा रोमांटिक कवियों–विलियम वर्ड्स्वर्थ तथा सैमुअल टेलर कॉलरिज के इस संयुक्त संग्रह की कविताओं का मिजाज़ बिल्कुल नया था। हालाँकि दोनों कवियों की कविताओं की विषयवस्तु, शैली तथा विचारधारा में स्पष्ट अंतर था, किंतु दोनों ने ही जड़, गंभीर, रीतिबद्ध, शास्त्रीयता के घेरे से निकलकर एक नये क्षेत्र का संधान किया जिसमें लौकिक आदर्श और शास्त्र की नियमावली नहीं कवि के अपने विचार, अपनी अनुभूतियाँ सर्वोपरि होती हैं।

लिरिकल बैलेड्स में अधिक संख्या वर्ड्स्वर्थ की कविताओं की थी और उन्होंने ही इसकी एक छोटी-सी विज्ञप्ति (Advertisement) लिखी थी। संग्रह के दूसरे संस्करण (1800) में उन्होंने इसके स्थान पर एक लंबा आमुख लिखा जिसमें कविता विषयक सिद्धांतों पर प्रकाश डाला गया था। सन् 1802 में छपे तीसरे संस्करण में उन्होंने इस आमुख को परिवर्द्धित-संशोधित किया। यह बात अलग है कि मूलतः एक कवि के दृष्टिकोण के सारे पहलुओं से उसके समकालीन भी सहमत नहीं थे। किंतु इस आमुख से उस समय की उस मानसिक बनावट का परिचय मिलता है जिससे स्वच्छंदतावादी साहित्यिक प्रवृत्ति का जन्म हुआ। इसके अलावा इसमें कविता के स्वरूप, काव्यभाषा, कवि-कर्म, छंद की उपयोगिता आदि पर जो विचार सामने रखे गए थे, वे प्रचलित धारा से इतने अलग और क्रांतिकारी थे कि उन पर लंबे समय तक चर्चा होती रही और आज भी काव्य-सिद्धांतों के संदर्भ में उनकी चर्चा जरूरी समझी जाती है। ध्यान देने की बात है कि वर्ड्स्वर्थ मूलतः कवि थे और 'लिरिकल बैलेड्स' के इस आमुख के अतिरिक्त उनकी सिद्धांत चर्चा मुख्यतः मित्रों के साथ विचार-विमर्श, टिप्पणियों और पत्राचार तक ही सीमित रही।

विलियम वर्ड्स्वर्थ का जन्म सन् 1770 में इंग्लैंड के कंबरलैंड इलाके के सुरम्य

परिवेश में हुआ था। कैंब्रिज के सेंट जॉन्स कॉलेज के स्नातक वर्ड्स्वर्थ प्रकृति के अनन्य प्रेमी थे और लगभग पूरा जीवन उन्होंने शहरी भीड़भाड़ से दूर प्रकृति की गोद में ही बिताया था। इंग्लैंड के विभिन्न क्षेत्रों तथा अनेक यूरोपीय देशों की उन्होंने बार-बार यात्राएँ कीं और अपने समकालीन लेखनकर्मियों से उनका बराबर निकट संपर्क रहा। कॉलरिज के संपर्क में वे सन् 1795 में आए। अन्य रोमांटिक कवियों की भाँति उनके विचारों पर भी फ्रांसीसी राज्य क्रांति का गहरा प्रभाव पड़ा, यहाँ तक कि फ्रांस की बदलती समाज-व्यवस्था में हिस्सेदारी के लिए अपने कई अन्य उत्साही देशवासियों की तरह वे भी वहाँ जाकर काफी समय तक रहे। इस दौर में उन्हें कुछ ऐसे कटु अनुभव भी हुए जिन्होंने उनके विचारों और प्रकृति को गहराई से प्रभावित किया। मध्ययुगीन संस्कृति और साहित्य का रक्षक और पोषक वर्ग इंग्लैंड की औद्योगिक क्रांति और फ्रांसीसी राज्य-क्रांति–दोनों का विरोधी था। इस विरोध में चर्च के पादरी तथा समाज का तथाकथित भद्र और कुलीन वर्ग–दोनों शामिल थे।

वर्ड्स्वर्थ ने इन दोनों घटनाओं का मुक्त कंठ से स्वागत करते हुए घोषणा की कि इस युग में जन्म लेना सौभाग्य है और युवा होना साक्षात् आनंद है। ऐसा कहते हुए वे केवल एक राजनीतिक घटना का नहीं बल्कि एक युग के अंत के साथ एक नये युग के आरंभ का स्वागत कर रहे थे। एक ऐसा युग जिसे सामंती मूल्यों के विरुद्ध विराट विद्रोह के रूप में देखा गया। जिसमें सामंतवादी व्यवस्था चरमरा कर गिर गई थी और जनता की भागीदारी की शुरुआत हो चली थी। यह युग विज्ञान का युग था, जिसका प्रभाव वर्ड्स्वर्थ की मान्यताओं पर स्पष्ट दिखाई पड़ता है। उन्होंने कविता के संसार में विज्ञान के आविष्कारों का मुक्त कंठ से स्वागत किया।

वर्ड्स्वर्थ का पहला संग्रह 'ऐन इवनिंग वॉक एंड डिस्क्रिप्टिव स्केचैज' सन् 1793 में छप चुका था किंतु विशेष प्रसिद्धि कॉलरिज के साथ सहयोगी प्रयास 'लिरिकल बैलेड्स' (1798) को ही मिली। उनकी काव्य-रचना तथा प्रकाशन का सिलसिला नियमित रूप से अंत तक चलता रहा। उनके आत्मकथात्मक काव्य 'द प्रिल्यूड' का प्रकाशन उनकी मृत्यु के बाद हुआ।

कवि के रूप में वर्ड्स्वर्थ को व्यापक स्वीकृति मिली। सन् 1843 में उन्हें इंग्लैंड के 'पोयट लॉरिएट' के पद से सम्मानित किया गया। सन् 1850 में अस्सी वर्ष की आयु में उनकी मृत्यु हुई।

: 2 :

कविता क्या है?

वर्ड्स्वर्थ साहित्यशास्त्री नहीं थे और अपनी कवि दृष्टि और सिद्धांतों को स्पष्ट करने के लिए 'लिरिकल बैलेड्स' का आमुख भी उन्होंने मित्रों के आग्रह पर लिखा था। कविता के उद्देश्य, विषय, स्वरूप और भाषा को लेकर उन्होंने जो कुछ लिखा है, उसमें विशिष्ट से उतरकर सामान्य के निकट आने की उनकी प्रवृत्ति स्पष्ट झलकती है। यह और बात है कि वर्ड्स्वर्थ की कविता में सामान्य ही विशिष्ट होकर उभरता है। अपनी कविता को उन्होंने एक **प्रयोग** माना है। आमुख के बिल्कुल आरंभ में ही उन्होंने कहा है कि यह प्रयोग यह देखने के लिए किया गया था कि प्रबल अनुभूति की अवस्था में मनुष्य की असली भाषा को छंदबद्ध करके क्या पाठक को काव्यानंद प्रदान किया जा सकता है :

"इसका प्रकाशन प्रयोग के रूप में हुआ था। यह प्रयोग मैंने इस उम्मीद से किया था कि इससे यह तय करने में किसी हद तक मदद मिल सके कि प्रबल अनुभूति की अवस्था में मनुष्य की **वास्तविक** भाषा को छंदबद्ध करके क्या पाठक को आनंद प्रदान किया जा सकता है? उस प्रकार का, उस प्रकृति का आनंद जो कवि प्रदान करना चाहता है।"

इन पंक्तियों में वर्ड्स्वर्थ के काव्य-सिद्धांत की कुछ मुख्य मान्यताएँ सूत्र रूप में आ गई हैं।

- कविता प्रयोग है।
- कविता का जन्म प्रबल अनुभूति से होता है।
- इसमें मनुष्यों की वास्तविक भाषा अर्थात् बोलचाल की भाषा का प्रयोग काम्य है।
- कविता छंदबद्ध होती है।
- यह आनंद प्रदान करती है।

इन मान्यताओं को प्रकट करने वाली कविताओं को प्रयोग के तौर पर 'लिरिकल बैलेड्स' में प्रस्तुत करके यह देखा गया था कि उन्हें पाठक कैसे ग्रहण करते हैं।

कविता की परिभाषा और स्वरूप

कविता की परिभाषा के बारे में वर्ड्स्वर्थ का बहुप्रचलित सूत्र है कि वह **"प्रबल मनोवेगों का सहज उच्छलन है।"** लगे हाथों उन्होंने यह भी स्पष्ट किया है कि मूल्यवान कविताएँ वही समझी जाती हैं जिनके पीछे कवि की गहन और **दीर्घ विचारशीलता** का आधार होता है। ऐसा कवि जो स्वभावतः असामान्य रूप से संवेदनशील हो।

कविता के स्वरूप को स्पष्ट करने के लिए वर्ड्स्वर्थ ने रचना-प्रक्रिया पर विस्तार से विचार करते हुए कवि की परिभाषा का सवाल उठाया। उन्होंने प्रश्न किया कि

कवि किसे कहते हैं? या कवि क्या होता है? (व्हाट इज ए पोएट?) और उत्तर दिया कि वह एक ऐसा मनुष्य होता है जो अन्य मनुष्यों से कुछ कहता है (ही इज ए मैन स्पीकिंग टू मेन)। उन्होंने आगे जोड़ा कि गोकि यह सच है कि वह मनुष्य होता है, पर वह ऐसा मनुष्य होता है जिसके पास अधिक **जीवंत अनुभवशीलता, अधिक ऊर्जा** और **संवेदनशीलता** होती है। जिसे सामान्य मानव-समुदाय की अपेक्षा मानव प्रकृति की अधिक जानकारी होती है और उसकी **आत्मा अधिक विशद** होती है। वह **राग** और **बोध,** दोनों में सामान्य से विशिष्ट और **सृजन की क्षमता** से संपन्न होता है।

वर्ड्स्वर्थ कविता को 'प्रबल मनोवेगों का सहज उच्छलन' भर नहीं मानते। उन्होंने इस सूत्र के बाद विस्तार किया कि वह **शान्त मनःस्थिति में भावनाओं के अनुस्मरण** से जन्म लेती है। अर्थात् मनोवेग या भावावेग की तात्कालिक अभिव्यक्ति कविता नहीं है। मनोवेग और अभिव्यक्ति के बीच शांत मनःस्थिति में अनुस्मरण की प्रक्रिया में, उन भावनाओं को पुनः सँजोकर अभिव्यक्त करने पर काव्य-सृजन की प्रक्रिया पूरी होती है। उनके इस विवेचन में महत्त्वपूर्ण यह है कि स्वच्छन्दतावादी चेतना के अनुरूप उन्होंने कविता में **भावना की प्रधानता** पर बल दिया है।

इस प्रकार की भावनाप्रधान कविता का लक्ष्य पाठकों को मनोरंजन के अर्थ में आनंद प्रदान करना नहीं होता। वर्ड्स्वर्थ के अनुसार कविता **''अथ से इति तक संपूर्ण ज्ञान है।''** ज्ञान की व्याख्या उन्होंने दो रूपों में की है। एक तो दार्शनिक रूप में, जहाँ वे कविता का लक्ष्य **सत्य** मानते हैं और वह भी वैयक्तिक और स्थानीय नहीं वरन् व्यापक और व्यावहारिक स्तर पर। यह बात अलग है कि उन्होंने इसके लिए बाह्य साक्ष्य को अनिवार्य न मानकर स्थापना की कि यह अपना साक्ष्य स्वयं ही होता है। उनका कहना था कविता में वर्णित कार्य एवं स्थिति भावना के महत्त्व को प्रदान नहीं करतीं, बल्कि भावना कार्य और स्थिति के महत्त्व का कारण होती है।

ज्ञान की दूसरे स्तर पर स्वीकृति, उन्होंने आधुनिक कविता के क्षेत्र में वैज्ञानिक आविष्कारों को विषय के रूप में स्वीकार करके की। वर्ड्स्वर्थ ने इंग्लैंड की औद्योगिक क्रांति और फ्रांस की जन-क्रांति दोनों का मुक्त कंठ से स्वागत किया। उन्होंने एक ओर इन्हें सामंती मूल्यों के विरुद्ध विराट विद्रोह के रूप में देखा और दूसरी ओर नये युग की शुरुआत के रूप में। उन्होंने नये वैज्ञानिक युग का स्वागत करते हुए भरोसा दिलाया कि जब वैज्ञानिक आविष्कार समाज के दैनंदिन जीवन में परिचितों के रूप में प्रवेश कर लेंगे तो कवि उनके साथ वैसा ही व्यवहार करेगा जैसा हाड़-मांस के जीवित प्राणियों के साथ करता है। जैसा वह अपने परिवार के सहवासियों के साथ करता है।

निष्कर्ष रूप में कहा जा सकता है कि वर्ड्स्वर्थ के अनुसार कविता में अनुभूति की प्रधानता होती है। पर इस अनुभूति के मूल में व्यापक सत्य की खोज का प्रयास

होता है। इस अर्थ में उसमें गरिमा और दार्शनिकता का आधार रहता है। इसके लिए कवि का चिंतनशील होना अनिवार्य है। तभी वह पाठकों को उच्च कोटि का आनंद प्रदान करने के उद्देश्य में सफल होता है।

काव्य-विषय और काव्य-भाषा

काव्य की परिभाषा के अलावा वर्ड्स्वर्थ की काव्य-भाषा विषयक मान्यता परवर्ती रचनाकारों में विशेष चर्चित रही। उनके भाषा संबंधी दृष्टिकोण का संबंध उनकी काव्य-विषय संबंधी दृष्टि से है और इन दोनों का गहरा संबंध उनकी काव्य के लक्ष्य और उद्देश्य विषयक धारणा से है।

कवि के लक्ष्यीभूत पाठक के बारे में उनका कहना था कि "कवि केवल कवियों के लिए नहीं, बल्कि **आम लोगों के** लिए लिखते हैं" (poets do not write for poets alone but for men)। इसलिए "लोगों के **सामान्य** मनोवेग, विचार और अनुभूतियाँ ही कवि के विचार, अनुभूतियाँ और आवेग होते हैं।" (The poets thoughts, feelings & passions are the **general** passions and thoughts and feelings).

'सामान्य' के प्रति इस आग्रह की वजह वह ग्रामीण परिवेश है जिसमें उनका जन्म हुआ और जिस वातावरण में उन्होंने अपने दीर्घ जीवन का अधिकांश समय गुज़ारा। ग्रामीण जीवन की प्रकृत जीवन-शैली और सहज सशक्त भाषा-व्यवहार ने उनपर गहरी छाप छोड़ी थी। उन्होंने जब कविता को 'मानव और प्रकृति का प्रतिरूप' कहा तो उनका संकेत चारों ओर के ग्रामीण परिवेश में सुख-दुख को सहज रूप में सहते मनुष्य की ओर था, नागरिक जीवन की जटिलताओं के बीच स्थित अभिजात वर्ग की ओर नहीं। वर्ड्स्वर्थ को इसका प्रत्यक्ष अनुभव था कि ग्रामीण जीवन में मनुष्य की मौलिक भावनाओं के विकास के लिए बेहतर अवसर मिलता है क्योंकि उनका जीवन अपेक्षाकृत सहज और उन्मुक्त होता है। इसी कारण वे सीधी सहज और सशक्त भाषा का उपयोग करते हैं। शहर की जटिलताओं से दूर ग्रामांचलों में मनुष्य की भावनाएँ प्रकृति के सुंदर और स्थायी रूपों से पोषित और सहज संप्रेषित होती हैं। धन-वैभव, सामाजिक ऊँच-नीच के भेद और सामाजिक प्रतिष्ठा के दंभ से युक्त ग्रामीण परिवेश को वर्ड्स्वर्थ ने फ्रांसीसी जन-क्रांति के आदर्शों—स्वतंत्रता, समानता और बंधुत्व के सजीव उदाहरण के रूप में देखा था।

वर्ड्स्वर्थ के भाषा-सिद्धांत का प्रेरक उनका यही परिवेश था। उन्होंने एक ओर अपनी कविताओं को प्रयोग कहा था और दूसरी ओर यह भी कहा था कि कवि आम आदमियों के लिए लिखता है। 'प्रयोग' से अपने तात्पर्य को स्पष्ट करने के लिए उन्होंने अपने **रचना कर्म** के **जनाधार** का हवाला दिया। लिरिकल बैलेड्स की विज्ञप्ति (1798) में उन्होंने लिखा कि "इन कविताओं की रचना मुख्य रूप से यह पता लगाने के लिए की गई थी कि समाज के **मध्य** और **निम्नवर्गीय तबके की बोलचाल**

की भाषा काव्यात्मक आनंद के लिए कहाँ तक अनुकूल हो सकती है।'' दो वर्ष बाद इसी संग्रह की भूमिका में उन्होंने इसमें संशोधन करते हुए लिखा कि ''लोगों की ठेठ **भाषा का अनुकरण करना** और जहाँ तक संभव हो सके, उसे अपनाना'' उनका लक्ष्य था। जिस वर्ग को उन्होंने भूमिका में 'निम्न' और 'ग्रामीण' कहा था, बाद के संस्करणों में वे उसके लिए **'साधारण'** (humble) शब्द का प्रयोग करने लगे। कुल मिलाकर, उनका बल अभिजातवर्गीय भाषा के विरोध पर था।

इस चुनाव के पीछे वर्ड्स्वर्थ के अपने तर्क थे। पहला कारण तो यही था कि चूँकि कवि का बोधव्य आम आदमी होता है, इसलिए रचना उसी की भाषा में की जानी चाहिए। इस भाषा को अधिक काव्योचित ठहराने के पीछे उनका कहना था कि इन सामान्य व्यक्तियों का निरंतर संपर्क उन चीजों से बना रहता है जहाँ से भाषा अपने सर्वोत्तम रूप में जन्म लेती है। उनके आपसी संपर्क का यह दायरा समाज के समान हैसियत वाले लोगों तक सीमित होता है। सामाजिक अहम्मन्यता का दबाव इन पर कम होता है। इसलिए वे अपनी अनुभूतियों और विचारों को सहज अनलंकृत भाषा में अभिव्यक्त करते हैं। इस प्रकार निरंतर अनुभवों और नियमित भावनाओं से उपजी यह भाषा उस भाषा की अपेक्षा अधिक **स्थायी** और अधिक **दार्शनिक** होती है जिसका उपयोग अकसर कवि इस भाषा के बदले करते हैं।

वस्तुतः भाषा विषयक अपनी इन मान्यताओं के माध्यम से वर्ड्स्वर्थ अठारहवीं शताब्दी की उस नव-क्लासिकवादी काव्यात्मक भाषा का विरोध कर रहे थे जो अतिशय अलंकृत और कृत्रिम होने के कारण सामान्य भाषा से दूर हो गई थी। वर्ड्स्वर्थ की यह तात्कालिक प्रतिक्रिया स्पेन्सर, मिल्टन और पोप जैसे, अंग्रेजी काव्य-शैली के निर्माता कवियों के बारे में नहीं थी। यह उनके अपने समय के ऐसे कवियों के विरुद्ध थी, जिनका आज कोई नामलेवा नहीं है और जिन्होंने अपनी कविता में काव्य-शैलियों का घालमेल किया था।

वर्ड्स्वर्थ ने अपनी शैली को ऐसे तमाम आधुनिक कवियों की शैली के भड़कीलेपन (gaudiness) और निरर्थक पदावली से बचाकर रखा। उन्होंने यह दावा भी किया कि उनकी कविताओं में अमूर्त विचारों के मानवीकरण की प्रवृत्ति शायद ही मिले। वे मानते थे कि ऐसे मानवीकरण काव्य-भाषा की बनावट का प्रकृत और नियमित हिस्सा नहीं होते। इसलिए ''मैंने उन्हें शैली की यांत्रिक युक्ति मानकर उनका पूरी तरह बहिष्कार करने का प्रयास किया है।'' उन्हें इस बात का गर्व था कि उन्होंने उस शैली का बहुत कम प्रयोग किया है जिसे 'काव्यात्मक पदावली' (poetic diction) कहा जाता है।

'नयी समीक्षा' के दौर में जब रोमांटिक कवियों की स्थापनाओं पर पुनर्विचार किया जाने लगा, तो टी.एस. इलियट ने इनके ऐतिहासिक महत्त्व को रेखांकित किया। उन्होंने स्पष्ट किया कि आज भले ही यह सिद्धांत निर्विवाद प्रतीत होते हैं, परंतु

जब पहली बार वर्ड्स्वर्थ ने इनका प्रतिपादन किया तो साहित्यिक समाज में हंगामा खड़ा हो गया। स्वयं वर्ड्स्वर्थ ने भी इन्हें कुछ इस अंदाज में रखा जैसे वे बहुत बड़ी क्रांतिकारी बात कह रहे हों। इलियट के अनुसार इनके मूल में निहित सामाजिक विचारधारा क्रांतिकारी थी जिसकी प्रेरणा फ्रांसीसी राज्यक्रांति के प्रसिद्ध सिद्धांत-सूत्र–स्वतंत्रता, समानता, बंधुत्व से ग्रहण की गई थी। वस्तुतः यह सामंती अभिजात मूल्यों के विरुद्ध जनसाधारण के महत्त्व की प्रतिष्ठा करने का आग्रह था।

भूलना नहीं चाहिए कि फ्रांसीसी राज्यक्रांति के जनक रूसो ने कविता को उसके मूल स्रोत–प्रकृति, अर्थात् समाज के आदिम रूपों (primitive) और वन्य प्रकृति के बीच रहने वाले ग्रामीण जन-जीवन से जोड़ने की सिफारिश की थी (back to the nature, back to the common man)। आचार्य रामचंद्र शुक्ल ने भी सभ्यता का आवरण हटाकर नैसर्गिक जीवन और भाषा की ओर प्रत्यावर्तन को कविता का लक्ष्य कहा था।

वर्ड्स्वर्थ की इस मान्यता की आलोचना करते हुए कॉलरिज ने कहा कि उनकी इस मान्यता को काव्य के कुछ एक वर्गों पर लागू किया जा सकता है। इसे कविता मात्र के सामान्य नियम के रूप में स्वीकार करने का अर्थ होगा कविता के विषय तथा क्षेत्र को सीमित करना।

सीमित क्षेत्र में भी कॉलरिज के अनुसार यह कविता केवल कुछ विशेष कारणों से ही आनंद दे सकती है। यह विशेष कारण, प्राकृतिक परिवेश की सहज-स्वाभाविकता का आकर्षण और कवि का कौशल और सहज अभिव्यक्ति हो सकता है। इसके अलावा कविता में चित्रित सामान्य मध्य तथा निम्नवर्गीय जीवन की तुलना में पाठक को अपनी उच्चता का बोध उसे मनोवैज्ञानिक कारणों से आनंद की अनुभूति कराता है।

कॉलरिज को इस संदर्भ में एक और आपत्ति यह भी थी कि ग्रामीण जन-जीवन तथा अनुभव का क्षेत्र बहुत संकुचित होता है। उनकी शब्दावली अपने आसपास के जीवन तथा परिवेश तक ही सीमित होती है। विचार तथा अवधारणाओं के व्यंजक शब्द उनकी शब्दावली में नहीं होते। कविता में उनकी जरूरत बराबर पड़ती है। विचार और चिंतन भाषा को समृद्ध बनाते हैं। ग्रामीण जीवन में इनकी गुंजाइश नहीं होने के कारण भाषा में दरिद्रता आ जाती है। कविता का विषय और भाषा दोनों क्षेत्रीय सीमा में बँधकर अपने प्रभाव की व्यापकता खो देते हैं और कविता की सार्वभौमिकता की जो उसकी अनिवार्य विशेषता मानी जाती है, क्षति होती है। क्षेत्रीयता या आंचलिकता किसी कविता की पहचान तो कायम करती है पर उसके प्रभाव क्षेत्र के विस्तार में बाधक होती है।

कॉलरिज का कहना था कि वर्ड्स्वर्थ का सिद्धांत उनके अपने अंचल वेस्टमोरलैंड तथा कंबरलैंड की भाषा से प्रेरित था। जाहिर है, इसे कविता मात्र के लिए मानक

नहीं बनाया जा सकता। उस क्षेत्र विशेष की जीवन-शैली और स्थितियों के कारण, वहाँ के निवासियों की भाषा में सहज रूप से संस्कार और गरिमा का निवेश हो गया था। यह जरूरी नहीं कि दूसरे ग्रामीण क्षेत्रों और भिन्न स्थितियों में भाषा उसी तरह संस्कृत रूप ग्रहण कर ले। अतः इसे काव्य-भाषा के सामान्य सिद्धांत के रूप में स्वीकार नहीं किया जा सकता।

काव्य-भाषा के संबंध में वर्ड्स्वर्थ की दूसरी क्रांतिकारी और विवादास्पद स्थापना यह थी कि **गद्य** और **छंदोबद्ध रचनाओं की भाषा में न कोई अनिवार्य अंतर है, न हो सकता है**। उन्होंने बात को स्पष्ट करते हुए कहा कि सर्वोत्तम कविताओं के अंशों की भाषा मिलान करने पर ठीक सुलिखित गद्य की भाषा जैसी होगी।

वर्ड्स्वर्थ ने चित्रकला के हवाले से सवाल उठाया कि जब कविता और चित्रकला में साम्य ढूँढ़ कर उन्हें बहनें माना जा सकता है तो गद्य और पद्य के बीच तो और भी कम अंतर है। दोनों का स्रोत, माध्यम तथा आधार सामग्री एक ही होती है और परिमाण में भी अंतर नहीं होता।

वर्ड्स्वर्थ ने अनुसार कविता की भाषा, बोलचाल की भाषा और गद्य की भाषा, समान होते हुए भी, कविता की भाषा इस बात में विशिष्ट होती है कि उसमें **कल्पना का कुछ रंग होता है**। जिसके कारण **सामान्य** वस्तुएँ भी **असामान्य** रूप में दिखाई पड़ने लगती हैं। इस प्रकार वे वस्तुएँ रोचक और भावोत्तेजक हो जाती हैं। आम बोलचाल की भाषा में से कवि सुरुचि और संवेदनापूर्वक जिन हिस्सों का चुनाव करके उन्हें कविता के माध्यम से प्रस्तुत करता है, उसी प्रक्रिया में वह सामान्य जीवन में प्रयुक्त भाषा के भदेसपन और क्षुद्रता से अलग और विशिष्ट रूप ग्रहण कर लेती है।

कविता का वैशिष्ट्य उसमें छंद के प्रयोग के द्वारा भी बढ़ जाता है। पर इस बारे में वर्ड्स्वर्थ की स्पष्ट राय थी कि मात्र छंद कविता के लिए पर्याप्त नहीं होता। कविता में मुख्य है उसकी विषयवस्तु। कविता से प्राप्त होने वाले आनंद का बहुत थोड़ा-सा अंश छंद पर निर्भर रहता है। अपनी बात को उन्होंने डॉ. जॉनसन की कविता का उदाहरण देकर प्रमाणित किया कि क्षुद्र तथा निरर्थक विषयवस्तु केवल छंद और तुक के प्रयोग से कविता कहलाने योग्य नहीं हो जाती।

'लिरिकल बैलेड्स' की एक पाद-टिप्पणी में उन्होंने यह भी कहा कि केवल छंद के प्रयोग से भी गद्य और पद्य का अंतर स्पष्ट नहीं होता क्योंकि कई बार गद्य की पंक्तियों में भी छंद की लय कुछ इतने सहज स्वाभाविक रूप से चली आती है कि चाहकर भी उसे टालना संभव नहीं हो पाता।

यह पूरा प्रसंग कविता में छंद की उपयोगिता और अनिवार्यता के प्रश्न से जुड़ा है। वर्ड्स्वर्थ ने स्पष्ट किया कि छंद के कुछ बँधे-सधे नियम होते हैं। कविता में व्यक्त भाव कुछ भी हो, यदि उन्हें छंदोबद्ध रूप में अभिव्यक्त किया जाएगा तो

छंद अपने नियम से चलेगा और कविता को अनुशासित करेगा। रचनाकार और पाठक दोनों उस छंद के नियमों का कविता में पालन करेंगे। कविता में जहाँ अत्यधिक उत्तेजना से पैदा होने वाले आनंद या वेदना से मनःस्थिति के विश्रृंखलित होने की संभावना पैदा होती है वहाँ छंद की नियमित गति उसमें संतुलन लाती है। वर्ड्स्वर्थ ने दृष्टांत देकर स्पष्ट किया कि जहाँ कुछ उपन्यासों के दर्दनाक अंशों को पाठक दुबारा नहीं पढ़ना चाहते, वहाँ शेक्सपियर के नाटकों की करुण से करुण स्थिति भी हमें एक प्रकार का आनंद देती है, कष्ट नहीं। इसका कारण है **छंद की लय से प्राप्त सुखद विस्मय का बोध।**

कभी-कभी उचित छंद के चुनाव से अभिव्यक्ति की दूसरी कमियाँ छिप जाती हैं और पाठक उस छंद के आसंग से काव्यगत आनंद या उदासी का अनुभव कर लेता है। इस प्रकार कवि-कर्म सार्थक हो जाता है। छंद के माध्यम से पाठक असादृश्य के बीच सादृश्य देख पाता है और परिचित (स्थिति) के साक्षात्कार का आनंद काव्यानंद को बढ़ा देता है।

वर्ड्स्वर्थ की इन मान्यताओं पर लगातार चर्चा होती रही। यह सही है कि उन्होंने बदलती परिस्थितियों को पहचानकर समयानुकूल प्रश्न उठाकर उनका सामना किया। उनकी मुख्य आपत्ति तत्कालीन बनावटी और अलंकार-बोझिल भाषा को लेकर थी। उस भाषा के 'भड़कीलेपन और निरर्थक पदावली' (gaudiness and inane phraseology) के विरोध में वे बराबर आम आदमी की सहज बोलचाल की भाषा का पक्ष लेते रहे।

उनकी इन मान्यताओं का विरोध उनके अपने मित्र और 'लिरिकल बैलेड्स' में उनके सहयोगी कॉलरिज ने अपने 'बायग्राफिया लिटरेरिया' में किया। कॉलरिज ने उनकी निम्नांकित दोनों स्थापनाओं की आलोचना की।

(1) आम आदमी के व्यवहार की **वास्तविक** भाषा से शब्द-चयन।

(2) गद्य और पद्य की भाषा में अभेद।

पहली के बारे में कॉलरिज ने कहा कि वस्तुतः **वास्तविक भाषा की कल्पना ही असंगत है।** प्रत्येक व्यक्ति की भाषा में तीन तत्त्व होते हैं : (क) वैयक्तिक तत्त्व, (ख) वर्गगत तत्त्व और (ग) सार्वजनीन तत्त्व। इसके साथ ही हर भाषा में अभिव्यक्ति के मौलिक गुण होते हैं, अतः जन-साधारण की **वास्तविक** भाषा जैसी कोई चीज ही नहीं होती। इस संदर्भ में 'वास्तविक' शब्द का प्रयोग भ्रामक है। उसके बजाय 'सामान्य' (common) शब्द का प्रयोग किया जाना चाहिए था।

इसके अलावा वर्ड्स्वर्थ ने स्वयं वास्तविक भाषा कहने के बाद एक निर्देश और जोड़ दिया : "**तीव्र अनुभूति की अवस्था** में मनुष्यों की वास्तविक भाषा।" कविता की परिभाषा भी उन्होंने उसे "**प्रबल मनोवेगों** का सहज उच्छलन" कहकर की थी। कहना न होगा कि मनुष्य 'तीव्र अनुभूति' और 'प्रबल मनोवेगों' की अभिव्यक्ति करते

हुए, सामान्य व्यवहार की भाषा का प्रयोग नहीं करता। इसके अलावा, गोकि वर्ड्स्वर्थ ने लगातार निम्नवर्गीय ग्रामीणों की दैनिक बोलचाल की भाषा को काव्य-भाषा के रूप में स्वीकार करने पर बल दिया और स्वयं भी इसका प्रयोग करने का दावा किया पर वे लगे हाथों स्थान-स्थान पर इस भाषा के सामान्य रूप के बजाय विशेष रूपों के प्रयोग की बात भी करते हैं। विशेष रूपों के प्रयोग के बाद वह भाषा सामान्य कैसे रह जाएगी, स्पष्ट नहीं होता।

सामान्य जीवन की घटनाओं और स्थितियों को कविता की उपयुक्त विषयवस्तु मानने के साथ वर्ड्स्वर्थ ने यह भी कहा कि इसमें कवि को कल्पना से ऐसे रंग भरने चाहिए जिससे मानस के सामने वस्तुएँ अनोखे रूप में प्रस्तुत हों। स्वयं वर्ड्स्वर्थ की कविता की विशेषता भी सामान्य को असामान्य रूप में प्रस्तुत करना मानी जाती है।

जहाँ तक 'छंदबद्ध रचना' की भाषा को तत्त्वतः गद्य की भाषा के समान मानने का प्रश्न है, कॉलरिज का कहना था कि यह बात तो स्वयंसिद्ध है कि दोनों में एक ही शब्द-समूह या शब्द-कोश से सामग्री ली जाती है। पर वर्ड्स्वर्थ का वास्तविक आशय तो यह था कि शब्दों के संयोजन की विधि दोनों में समान होती है। इसे कॉलरिज सर्वथा भ्रामक मानते थे। उनका कहना था कि एक तो **साहित्यिक गद्य** की भाषा ही बोलचाल की भाषा से भिन्न, उसका **परिनिष्ठित रूप** होती है, दूसरे छंद-रचना और गद्य-रचना में शब्दों का क्रम और संयोजन अलग होता है, अतः दोनों की भाषा को एक ही नहीं माना जा सकता है।

वर्ड्स्वर्थ ने कवि टॉमस ग्रे के एक सॉनेट का उदाहरण देकर अपनी स्थापना को पुष्ट करने का प्रयास किया। उनका कहना था कि उसमें वे पंक्तियाँ अधिक सुंदर तथा प्रभावी हैं जो गद्य जैसी भाषा में लिखी गई हैं। कॉलरिज ने उनकी इस बात का खंडन करते हुए कहा कि सॉनेट की अन्य पंक्तियों की कमी उनकी विशिष्ट पद्यात्मक शैली या घिसी-पिटी बिंब योजना के कारण नहीं, बल्कि इसलिए है कि कवि उनका ढंग से उपयोग नहीं कर पाया।

कॉलरिज ने छंद-बद्ध कविता की भाषा की भिन्नता का कारण स्पष्ट करते हुए कहा कि **छंद का आविर्भाव आवेगदीप्त क्षणों में होता है**। परिणामतः भाषा आवेगमयी हो जाती है। प्रत्येक आवेग का अपना स्पंदन, अतः अभिव्यक्ति का विशेष प्रकार होता है। आवेग की अपनी लय जब शब्द-रूप धारण करती है तो भाषा में आवेग की अभिव्यक्ति स्वयं छंद-लय से संयुक्त होकर छंदमयी हो जाती है। आखिर स्वयं वर्ड्स्वर्थ भी तो कविता का संबंध आवेग से मानते थे।

आवेग का यह अनुभव चित्त की सामान्य स्थिति से भिन्न तो होता ही है। छंद-लय के समावेश से भाषा में विचित्रता, सजीवता और असामान्यता अपने आप उत्पन्न हो जाती है। भाषा पर छंद का अलक्षित प्रभाव उसमें उत्तेजना और वक्रता पैदा करता है। छंद स्वयं अवधान (exphasis) को तीव्र करता है।

वर्ड्स्वर्थ के जवाब में कॉलरिज ने घोषणा की कि "छंदोबद्ध रचना इसलिए करता हूँ क्योंकि गद्य से भिन्न भाषा का प्रयोग करने वाला हूँ। अतः गद्य और पद्य की भाषा में तात्विक अंतर है और होना चाहिए।"

स्वयं वर्ड्स्वर्थ का लेखन उनके सिद्धांतों के संदर्भ में अंतर्विरोध का उदाहरण बनकर सामने आया। 'लिरिकल बैलेड्स' की जो भूमिका उनकी स्थापनाओं का प्रमुख दस्तावेज और साक्ष्य है, उसी की गद्य-शैली और संग्रह की कविताओं की भाषा, उनकी मान्यताओं के मार्ग में बाधक बनकर सामने आई। गद्य और पद्य की भाषा के बीच अंतर का निषेध करने वाले वर्ड्स्वर्थ की अपनी भाषा के बीच यह अंतर अलक्षित नहीं रहता।

इन असंगतियों के बावजूद, यह बात निर्विवाद है कि वर्ड्स्वर्थ के मूल सरोकार या बुनियादी मुद्दे विचार-विमर्श में बराबर उठाए जाते रहे। रूढ़ और निर्जीव रचना-प्रवृत्तियों के विरुद्ध समय-समय पर रचनाकारों ने यह लड़ाई लड़ी। वह पश्चिम का स्वच्छंदतावादी काव्यांदोलन हो या हिंदी का छायावाद। 'पल्लव' की भूमिका का इस दृष्टि से ऐतिहासिक महत्त्व है।

यही नहीं, छायावादोत्तर कवियों ने भी अपनी कविताओं को 'प्रयोग' कहते हुए खुद नयी राहों के अन्वेषी होने का हौसला दिखाया। उन्हें भी घिसे हुए उपमानों से बासी हो जाने के कारण परहेज था, क्योंकि उनकी नज़र में अधिक घिसे जाने की वजह से उनका मुलम्मा छूट चुका था।

कॉलरिज (1772-1834)

: 1 :

सैमुअल टेलर कॉलरिज का जन्म सन् 1772 में डेवनशायर (इंग्लैंड) में हुआ था। इनके पिता विद्वान पादरी थे। इन्हें भी तीनों बड़े भाइयों की तरह पादरी ही बनाने का निश्चय किया गया था। इसी दृष्टि से इनकी शिक्षा-दीक्षा भी आरंभ हुई किंतु इनका मन आरंभ से ही अस्थिर था। कैंब्रिज विश्वविद्यालय में दो वर्ष पढ़ने के बाद, पढ़ाई बीच में ही छोड़कर कॉलरिज सेना में भर्ती हो गए। पर जल्दी ही वहाँ से छुट्टी लेकर फिर कैंब्रिज लौटे और एक बार फिर डिग्री लिए बिना ही पढ़ाई छोड़ दी। जीवन-भर कॉलरिज इसी प्रकार भटकते रहे। वे कभी स्थिर होकर किसी एक वृत्ति को नहीं अपना सके। इस क्रम में उन्होंने कभी घूम-घूमकर राजनीति तथा धर्म पर भाषण दिए, कभी फिर से पादरी बनने की तैयारी की और कभी पत्रिकाएँ निकालीं, जो चली नहीं। सन् 1804 में दस महीने तक वे माल्टा के गवर्नर के सचिव भी रहे। तीस वर्ष की आयु के पहले ही उन्हें अफीम की लत लग गई जिसने इनके जीवन और लेखन को अनेक रूपों में प्रभावित किया।

कॉलरिज इंग्लैंड तथा विदेशों में भी कई स्थानों पर घूमे और रहे और अनेक व्यक्तियों के संपर्क में आए। इंग्लैंड में इनका अत्यंत घनिष्ठ संबंध पहले कवि रॉबर्ट साउदे तथा आगे चलकर विलियम वर्ड्स्वर्थ के साथ रहा। दोनों के ही साथ इन्होंने सहयोगी लेखन भी किया। 'लिरिकल बैलेड्स' (1798) में वर्ड्स्वर्थ के साथ मिलकर कॉलरिज ने साहित्य की बदलती प्रवृत्ति को आग्रहपूर्वक रेखांकित किया।

कॉलरिज ने सोलह वर्ष की आयु में ही लिखना शुरू कर दिया था। इनका पहला गद्य-संग्रह सन् 1795 में प्रकाशित हुआ और पहला कविता-संग्रह 'पोयम्स' सन् 1796 में। सन् 1816 तथा 1817 में दो और कविता-संग्रह निकले। इनकी गद्य रचनाओं में बायोग्राफिया लिटरेरिया (1817), द फ्रेंड (1817), एड्स टु रिफ्लेक्शन (1825), चर्च एंड स्टेट (1830) तथा कंफेशंज ऑफ एन इनक्वायरिंग स्पिरिट (1840-मरणोपरांत) मुख्य हैं। सन् 1834 में कॉलरिज की मृत्यु हो गई।

अंग्रेजी कविता में कॉलरिज का महत्त्वपूर्ण स्थान है। पर उन्होंने पद्य से अधिक

गद्य रचनाएँ कीं जिनमें उनकी महती बौद्धिक क्षमता का प्रमाण मिलता है। धर्म तथा दर्शन की गहन पृष्ठभूमि ने उनके लेखन को गंभीर विचारशीलता प्रदान की थी। जर्मन दर्शन तथा लेखन से प्रभावित होकर कॉलरिज ने अंग्रेजी की साहित्य-समालोचना को भी गंभीर अनुशासन के रूप में स्थापित करने में पहल की। शेक्सपियर की रचनाओं पर इनकी समालोचना में तीव्र अंतर्दृष्टि तथा विवेक का परिचय मिलता है। इनकी कई बातें विवादास्पद रहीं और इन्हें समय-समय पर कटु आलोचना का शिकार भी होना पड़ा। किंतु यह स्पष्ट है, कि जीवन की विशृंखलता तथा मानसिक अस्थिरता के बावजूद जिस व्यक्ति ने ऐसी प्रखर मेधा का परिचय दिया, वह अधिक सुस्थिर जीवन-क्रम होने पर निश्चय ही अंग्रेजी समालोचना के क्षेत्र में और अधिक महत्त्वपूर्ण प्रतिमान स्थापित करता।

कॉलरिज अंग्रेजी कविता की स्वच्छंदतावादी धारा के प्रमुख कवियों में से थे। बहुमुखी प्रतिभा के धनी कॉलरिज ने सैद्धांतिक समीक्षा, काव्यालोचन, दर्शन आदि के क्षेत्र में भी अपनी पहचान बनाई किंतु उनका मन इतना अस्थिर और जीवन इतना विशृंखलित रहा कि किसी भी क्षेत्र में उनकी प्रतिभा अपनी योग्यता के अनुरूप पूर्णता को हासिल नहीं कर सकी। स्वच्छंदतावाद का प्रथम उद्घोष करने वाले कविता-संग्रह 'लिरिकल बैलेड्स' (1798) में वे विलियम वर्ड्स्वर्थ के सहयोगी कवि थे गोकि संग्रह में उनकी कविताएँ संख्या में बहुत कम थीं। वैसे भी कॉलरिज ने अधिक कविताएँ नहीं लिखीं किंतु थोड़ी संख्या के बावजूद रहस्यात्मक विषयवस्तु, अतींद्रिय से वातावरण और छंद की सुबद्ध लय के कारण इनकी कविताओं का अंग्रेजी साहित्य में विशिष्ट स्थान है। इन्होंने व्यावहारिक तथा सैद्धांतिक–दोनों ही प्रकार की आलोचना की और उसमें अपनी प्रखर समीक्षक दृष्टि का परिचय दिया। वे कांट, शिलर, शेलिंग, श्लेगल, गेटे आदि जर्मन विचारकों से बहुत प्रभावित थे। इसलिए इनकी आलोचना-दृष्टि पर मौलिकता के अभाव का आरोप भी लगता रहा। इतना तय है कि इन्होंने दर्शन के क्षेत्र में कोई मौलिक उद्भावना नहीं की किंतु कांट और हेगेल के गहन अध्ययन, तथा अन्य विचारकों, मुख्यतः शेलिंग के प्रभाव के कारण इनके विचारों में गहरी दार्शनिकता तथा आध्यात्मिकता का समावेश हुआ। कॉलरिज का स्थान प्रत्ययवादी चिंतकों की श्रेणी में है और उनकी काव्य-रचना पर ही नहीं, सिद्धांत-विवेचन पर भी दार्शनिकता की गहरी छाप है। वस्तुतः कॉलरिज के चरित्र और व्यक्तित्व में कवि, समालोचक और दार्शनिक इस प्रकार घुले-मिले थे कि तीनों ही पक्षों का एक-दूसरे पर प्रभाव पड़ना स्वाभाविक था।

कॉलरिज सर फिलिप सिडनी और अलेक्जेंडर पोप से लेकर टी.एस. इलियट तक रचनाकारों की उस परंपरा में आते हैं जो साहित्य के समालोचक भी रहे हैं। इस दुहरे कर्म में उन्हें सुविधा यह रही कि स्वयं रचना-प्रक्रिया से जुड़े रहने के कारण उसके तमाम तनाव तथा संघर्षों से उनका निजी परिचय था। इससे उनमें रचना के

अंदर तक पैठकर उसे समझने की क्षमता भी आई। यह बात अलग है कि इसने उनकी समीक्षा—मुख्यतः व्यावहारिक समीक्षा को कुछ संकीर्ण बना दिया, क्योंकि औरों की कृतियों पर विचार करते समय कहीं-कहीं अपनी रचनादृष्टि हावी हो जाने पर वे समालोचक के लिए अपेक्षित तटस्थता बनाए रखने में विफल भी हुए। कॉलरिज की आलोचना को एक और तत्त्व कुछ दुर्बोध बना देता है। यह तत्त्व है, दार्शनिकता से उत्पन्न अमूर्तता। उनका कल्पना-सिद्धांत भी जर्मन प्रत्ययवाद से बहुत प्रभावित है। किंतु संकल्पनाओं की अमूर्तता के बावजूद इसमें कल्पना तथा इसके विभिन्न रूपों का जो विश्लेषण किया गया है, वह अपने ढंग का पहला विवेचन है जो दार्शनिकों तथा साहित्यशास्त्रियों को विचार करने के लिए महत्त्वपूर्ण सामग्री देता है।

: 2 :

कल्पना की अवधारणा : पृष्ठभूमि

समालोचना के क्षेत्र में कॉलरिज का एक अत्यंत महत्त्वपूर्ण अवदान उनके द्वारा कल्पनाशक्ति का विवेचन है। काव्य तथा दर्शन से कल्पना को बहुत पहले से जोड़ा जाता रहा है किंतु कॉलरिज ने इसका विस्तार से विवेचन-विश्लेषण किया। **कल्पना** का उन्होंने **मुख्य** तथा **गौण** दो वर्गों में विभाजन किया। इसके अलावा 'कल्पना' (इमेजिनेशन) तथा 'ललित कल्पना' (फैंसी) में अंतर दिखलाकर दोनों की अलग-अलग विशेषताओं पर भी उन्होंने प्रकाश डाला। दार्शनिक स्तर पर किया गया यह विश्लेषण काफी गहराई में जाकर सूक्ष्म पड़ताल करता है और इन शक्तियों के स्वरूप को स्पष्ट करने के साथ ही रचनाकर्म में इनकी भूमिका का भी आकलन करता है। किसी रचना में कौन-सी शक्ति किस सीमा तक सक्रिय है, इसकी पहचान रचना की गुणवत्ता के मूल्यांकन में काफी हद तक सहायक होती है।

कविता की प्रेरक शक्ति के रूप में 'कल्पना' की पहचान साहित्यशास्त्र के आरंभिक दौर में प्लेटो के समय से ही होने लगी थी। अरस्तू ने भी प्रकारांतर से इसका उल्लेख किया है। उनके अनुसार काव्य प्रकृति का अनुकरण होता है और प्रकृति के पुनःसृजन के लिए वह अनुभूति और कल्पना का सहारा लेता है। 17वीं सदी से साहित्यशास्त्र में कल्पना का बाकायदा विवेचन होने लगा। इसी क्रम में 'इमेजिनेशन' तथा 'फैंसी' की प्रकृति पर भी विचार किया जाने लगा। इस युग में कल्पनाशक्ति की उत्पत्ति तथा इसकी प्रकृति के बारे में हमें दो प्रमुख मत दिखाई देते हैं—अनुभववादी और नव्य प्लेटोवादी।

कल्पना की उत्पत्ति कैसे होती है? यह मनुष्य की जन्मजात विशेषता होती है या अनुभव से प्राप्त क्षमता? हॉब्स, ह्यूम, लॉक आदि अनुभववादी दार्शनिकों के

अनुसार यह हमारे जीवन के अनुभवों का परिणाम है। इसका प्रमाण यह है कि हम उन्हीं वस्तुओं की कल्पना कर सकते हैं जो किसी-न-किसी प्रकार हमारी ऐंद्रिय संवेदना के क्षेत्र में आई हों। टॉमस हॉब्स (1588-1679) ने विचारों के संदर्भ में स्पष्ट कहा था कि संवेदन सबका मूल होता है। इस मूल से ही अन्य सब कुछ व्युत्पन्न होता है। कोई वस्तु हमारी आँखों के आगे से हटा ली जाती है या उसे देखने के बाद हम आँखें मूँद लेते हैं तब भी उसकी एक 'इमेज' (बिंब) हमारे मन में रह जाती है। इस 'इमेज' से ही लैटिन शब्द 'इमेजिनेशन' (कल्पना) का निर्माण हुआ है। कल्पना मानव-मस्तिष्क की बिंब-विधायिनी शक्ति है। समस्त ज्ञानेंद्रियों, मुख्यतः नेत्रों के माध्यम से मस्तिष्क बाह्य जगत से जो अनुभव तथा प्रभाव ग्रहण करता है, वे बिंब रूप में उसके भीतर संचित रहते हैं। वे बिंब ही कल्पना की आधार-सामग्री होते हैं जिन्हें वह पुनर्योजन तथा समन्वय के द्वारा नये क्रम में प्रस्तुत करती रहती है। वह पहले से जुड़ी चीजों को विलगा सकती है और विलग वस्तुओं को जोड़ सकती है। सारांशतः कल्पना वह शक्ति है जो मस्तिष्क में संवेदनों से प्राप्त अनुभवों के बिंब बनाती है और उन बिंबों का यथातथ्य नहीं, बल्कि अवसर के अनुरूप अपने ढंग से नया और अनूठा संयोजन कर सकती है।

स्वच्छंदतावाद के आगमन के साथ रचनाकर्म में बाह्य तथ्यों की अपेक्षा चेतना पर अधिक बल दिया जाने लगा और चेतना की शक्ति होने के कारण कल्पना पर भी विशेष विचार होने लगा। स्वच्छंदतावादी धारा के प्रारंभिक कवियों में प्रमुख विलियम ब्लेक (1757-1827) ने कल्पना को मस्तिष्क की विशेष क्रियाशक्ति माना जिससे आध्यात्मिक और भावात्मक—दोनों ही शक्तियाँ निःसृत होती हैं। यह मनुष्य में दैवी चैतन्य का वह अंश है जो हमें स्थूल बाह्य जगत के अंदर स्थित सूक्ष्म संसार को पहचानने की क्षमता देता है। कविता विश्व के व्यापक तथ्यों को सार रूप में प्रस्तुत करती है और कल्पना के द्वारा ही मनुष्य कविता करने में समर्थ होता है।

इस पृष्ठभूमि में कॉलरिज ने कल्पना का विवेचन आरंभ किया। बायोग्राफिया लिटरेरिया में उन्होंने वर्ड्स्वर्थ का ऋण भी स्वीकार किया। किंतु कॉलरिज का विवेचन अब तक इस विषय में हुई सारी चर्चा से कहीं अधिक गहरा तथा दार्शनिक था। वे कल्पना को काव्य-सर्जना की शक्ति मानकर ही नहीं बैठ गए। मनोवैज्ञानिक अंतर्दृष्टि के सहारे उन्होंने कल्पना के माध्यम से सृजन की प्रक्रिया पर भी विचार किया।

: 3 :

कल्पना : प्रकृति तथा प्रकार्य

कल्पना को कॉलरिज ने **ईश्वरीय शक्ति** माना है, जिसका गुण है **सृजन**। साथ ही यह **समन्वय** का कार्य भी करती है। कॉलरिज के अनुसार कविता में समन्वय का बहुत महत्त्व है। जर्मन दर्शन के प्रभावस्वरूप वे रचना में **आवयविक अन्विति** (ऑर्गेनिक यूनिटी) को बहुत महत्त्व देते थे। श्रेष्ठ कविता में यह सामंजस्य कल्पना के माध्यम से घटित होता है। इसीलिए कविता बाह्य सृष्टि का प्रतिबिंब या अनुकरण मात्र न रहकर उससे कहीं ऊँची, कहीं श्रेष्ठ तथा भव्य सिद्ध होती है।

विचार तथा भाव के समन्वय (द यूनियन ऑफ हेड एंड हार्ट) को कॉलरिज श्रेष्ठ कविता के लिए अनिवार्य मानते हैं। यह समन्वय भी कल्पना के माध्यम से ही संपन्न होता है। वह पदार्थ और चेतना का, विचार तथा भाव का समन्वय भी करती है। इसीलिए कॉलरिज ने इसे 'समन्वयकारिणी शक्ति' (एस्मेप्लास्टिक पॉवर) कहा है। वर्ड्स्वर्थ ने भी कल्पना की सर्जनाशक्ति के साथ ही उसकी एकीकरण तथा समंजन करने की क्षमता का भी उल्लेख किया था। कॉलरिज ने इस एकीकरण या समन्वय को उच्चतर दार्शनिक स्तर पर देखा और **इस शक्ति को अध्यात्म से जोड़ा।** यह शक्ति विपरीत या विसंवादी गुणों में मेल कराके संतुलन लाती है। यह साम्य का वैषम्य से, सामान्य का मूर्त से, विचार का बिंब से, वैयक्तिकता का सार्विकता से, नवता का प्राचीन तथा परिचित वस्तुओं से समन्वय करती है। यह सामान्य भावस्थिति से अधिक **प्रबल** तथा अधिक **सुव्यवस्थित** होती है। इसमें **उत्साह** तथा गहन या उत्कट भावनाएँ होती हैं, पर साथ ही इसका विवेक सदा जाग्रत रहता है और **आत्मनियंत्रण** बना रहता है। यह नैसर्गिक तथा कृत्रिम का भी समन्वय करती है किंतु प्रकृत को सदा कला या बनावटीपन से ऊँचा स्थान देती है। इसी प्रकार यह विषयवस्तु (मैटर) को शैली (मैनर) से, और कविता के साथ हमारी एकात्मकता को कवि के प्रति हमारे प्रशंसा भाव से अधिक महत्त्व देती है।

सारांश रूप में देखा जाए तो कॉलरिज कल्पना को व्यक्ति के आत्म (सब्जेक्ट) तथा बाह्य प्रकृति और वस्तु (ऑब्जेक्ट) के बीच समन्वय स्थापित करने वाली शक्ति के रूप में देखते हैं। उनसे पहले तक की कविता तथा काव्य-सिद्धांतों में यह समन्वय इस रूप में देखने में नहीं आया था। पिछले युग की आभिजात्यवादी कविता अंतस् से अधिक बाह्य से जुड़ी थी और जहाँ दोनों का चित्रण हुआ भी था, वह दोनों को एकीकृत करते हुए नहीं। वहाँ कविता या तो बाह्य प्रकृति का अनुकरण या प्रतिबिंब थी, या प्रकृति, भव्य भावनाओं या उपदेशों के स्रोत के रूप में चित्रित की गई थी। इसके विपरीत कॉलरिज तथा वर्ड्स्वर्थ (विशेषकर वर्ड्स्वर्थ) की कविता में प्रकृति तथा मानव जीवन—बाह्य तथा आंतरिक संसार इस प्रकार घुले-मिले थे कि उन्हें अलग

करके देखना संभव नहीं था। इनका एक अखंड इकाई के रूप में प्रस्तुतीकरण कल्पना शक्ति के माध्यम से ही संभव हुआ। **वस्तु तथा आत्म** का यह **एकात्म** तभी संभव था जब दोनों को **अखंड इकाई** के रूप में देखा जाए। यह दृष्टि कल्पना से मिलती है। वर्ड्स्वर्थ तथा कॉलरिज के कल्पना संबंधी विचारों में कुछ बिंदुओं पर अंतर जरूर है पर दोनों ने ही कल्पना को सामान्यतः विपरीत या विरुद्ध माने जाने वाले इन तत्त्वों का समंजन तथा समन्वय करने वाली शक्ति के रूप में देखा है।

इस प्रसंग में यह प्रश्न सहज ही उठता है कि कल्पना संबंधी यह सिद्धांत आमतौर पर काव्य से संबद्ध है या मुख्यतः कॉलरिज (और वर्ड्स्वर्थ) की कविता से ही? आलोचकों का मत है कि इन दोनों कवियों की भी सारी कविताएँ इस सिद्धांत की कसौटी पर खरी नहीं उतरतीं। हाँ, यह सिद्धांत वर्ड्स्वर्थ तथा कॉलरिज की श्रेष्ठ कविताओं के रूप, संरचना तथा अलंकार-विधान संबंधी पक्षों की व्याख्या अवश्य करता है और बड़ी खूबी से करता है। इन कविताओं में अंतर्जगत के बाह्य जगत से ऊपरी सादृश्य का वर्णन बहुत कम है। इसके विपरीत अधिक बल दोनों को एक ही तत्त्व की समानांतर प्रक्रियाओं के रूप में चित्रित करने पर दिया गया है। इन कविताओं में दोनों के वैपरीत्य के तनाव का नहीं बल्कि दोनों के **वैविध्य में अंतर्निहित एकता तथा अन्विति** का बोध मिलता है। यही कवि कल्पना की समन्वयकारिणी शक्ति है।

: 4 :

मुख्य कल्पना तथा गौण कल्पना

कल्पना की प्रकृति तथा प्रकार्य के विवेचन के बाद कॉलरिज का महत्त्वपूर्ण अवदान है, कल्पना का वर्गीकरण। कॉलरिज कल्पना के दो भेद मानते हैं—'मुख्य कल्पना' (प्राइमरी इमेजिनेशन) तथा 'गौण कल्पना' (सेकेंडरी इमेजिनेशन)। मुख्य कल्पना, उनके मत में, ''समस्त मानवीय प्रत्यक्ष बोध की आद्य अभिकर्ता तथा जीवंत शक्ति है। यह सीमित मस्तिष्क में असीम अहमास्मि [मैं हूँ] के चिरंतन सर्जन कार्य का दोहराव है।''

गौण कल्पना मुख्य कल्पना की 'प्रतिध्वनि' है। यह सचेत इच्छा के साथ चलती है। यह भी अभिकर्तृत्व का ही एक प्रकार है और गुण की दृष्टि से यह मुख्य कल्पना के समान है। दोनों में अंतर केवल परिमाण तथा कार्यप्रणाली के स्तर पर होता है। गौण कल्पना पुनर्रचना की खातिर (सामग्री को) बिखराती, फैलाती और पिघलाती है। जहाँ यह संभव नहीं होता, वहाँ भी यह प्रत्ययीकरण तथा एकत्व-स्थापन की चेष्टा करती है। यह शक्ति तत्त्वतः जीवंत होती है।

इस प्रकार मुख्य तथा गौण कल्पना दो अलग-अलग शक्तियाँ नहीं वरन् एक ही शक्ति के दो रूप हैं जिनमें गुण का नहीं, मात्र परिमाण का अंतर है। मुख्य कल्पना मनुष्य मात्र में ईश्वरीय सर्जनाशक्ति के अंश के रूप में स्थित रहती है। इसी के माध्यम से मानव की चेतना सक्रिय होती है और वह बाह्य संसार की वस्तुओं से संपर्क करके उन्हें समझ पाती है। यह सायास या सचेत रूप से हासिल की हुई शक्ति नहीं है बल्कि मस्तिष्क की अनायास प्रक्रिया है। यह संसार के बाह्य रूपों के संपर्क में सक्रिय होती है किंतु उनसे अपने को अलग रखकर उनका निरीक्षण करती है। यही मानव में बाह्य जगत का बोध जगाने वाली शक्ति है। गौण कल्पना मुख्य कल्पना से ही उत्पन्न तथा पुष्ट उसका उदात्ततर रूप है। **कॉलरिज मुख्य कल्पना को 'समझ'** (अंडरस्टैंडिंग) से और **गौण कल्पना को 'तर्क' (रीज़न) से जोड़ते हैं** और इनमें एक उच्चताक्रम मानते हैं। मुख्य कल्पना और समझ की अपेक्षा वे गौण कल्पना तथा तर्क को ऊँचा स्थान देते हैं।

मुख्य कल्पना की अवस्थिति जनसामान्य के मस्तिष्क में भी होती है जबकि गौण कल्पना मुख्यतः दार्शनिक तथा कलाकार की विशेषता है। कलात्मक सर्जना इसी के माध्यम से संभव होती है क्योंकि कलासृष्टि बाह्य जगत का बोध या अनुकरण मात्र नहीं है। कलाकार वस्तुओं के बाह्य रूपों को भेदकर उनके अंतर के सत्य को पाने की चेष्टा करता है। यह अंतर्भेदी दृष्टि उसे गौण कल्पना से प्राप्त होती है। कलाकार को तत्त्व का; अर्थात् प्रकृति और मानव आत्मा के बीच के संबंध का ज्ञान होना चाहिए और इस ज्ञान पर अधिकार भी। "प्राकृतिक पदार्थों में बुद्धि के चेतना-पूर्व सभी संभव तत्त्व, चरण तथा प्रक्रियाएँ उसी प्रकार उपस्थित रहती हैं जैसे कि दर्पण में (बिंब)। प्रकृति के तमाम बिंबों में बुद्धि की जो किरणें विकीर्ण रहती हैं, उनका केंद्र मनुष्य का मस्तिष्क होता है।"...."प्रतिभाशाली व्यक्ति समस्त संसार में अपना प्रतिबिंब पाता है।" गौण कल्पना इस प्रतिभा की प्रेरक तथा सहायक होती है।

मुख्य कल्पना का संबंध मुख्यतः **भौतिक जगत्** से होता है, जबकि **गौण कल्पना** मनुष्य को **उच्चतर आध्यात्मिक जगत्** का साक्षात्कार कराने में भी सक्षम है। अंतर्जगत के तथ्यों को गौण कल्पना प्रतीकों के माध्यम से व्यक्त करती है।

मुख्य कल्पना की सर्जनात्मकता इस बात में निहित है कि वह जड़ वस्तुओं पर मानव चेतना का प्रकाश डालकर उन्हें अपने बोध तथा जीवन का अंग बनाती है। गौण कल्पना मुख्य कल्पना के माध्यम से प्राप्त सामग्री में से चुनाव करती है और चुनी हुई सामग्री को फिर से नया रूप-आकार देकर सौंदर्य की सृष्टि करती है। कॉलरिज ने कल्पना की जिस समन्वयकारिणी शक्ति (एस्मेप्लास्टिक पॉवर) का उल्लेख किया था, वह गौण कल्पना में अधिक मुखर होती है। प्राप्त सामग्री को यह बिखेरती है, चुनती है और पिघलाकर नये साँचे में ढालकर गढ़ती है। इसलिए यह समस्त **काव्य-प्रक्रिया का, समस्त सृजन का मूल है**। विपरीत तत्त्वों के समंजन

तथा समन्वय के साथ ही वह आत्म की शक्तियों—बोध, प्रज्ञा, इच्छा, भावना आदि में भी सामंजस्य बैठाती है।

गौण कल्पना मुख्य कल्पना की अपेक्षा अधिक सक्रिय, सचेत तथा सायास होती है। यह इच्छाचालित (वॉलंटरी) भी होती है। इन्हीं कारणों से इसका क्षेत्र मुख्य कल्पना की अपेक्षा अधिक सीमित होता है। मुख्य कल्पना सृजन है तो गौण कल्पना पुनःसृजन।

: 5 :

कल्पना तथा ललित कल्पना

कल्पना शक्ति के विवेचन के दौरान ही कॉलरिज ने ललित कल्पना (फैंसी) का उल्लेख किया है। 'फैंसी' या ललित कल्पना की प्रकृति पर विस्तार से विचार करते हुए 'इमेजिनेशन' या कल्पना से उसकी भिन्नता दिखलाना सौंदर्यशास्त्र के क्षेत्र में कॉलरिज का मौलिक योगदान है। उनके पहले इन दोनों शब्दों का प्रयोग अवश्य होता था किंतु उनके अर्थ तथा दोनों के बीच अंतर को इतनी स्पष्टता से नहीं देखा गया था। वस्तुतः इन दोनों शब्दों के स्रोत ही अलग हैं। 'इमेजिनेशन' का स्रोत लैटिन का शब्द 'इमेजिनेशिओ' (imaginatio) है और 'फैंसी' का स्रोत ग्रीक शब्द 'फैंटेसिआ' (phantasia) है। शायद इसीलिए प्रायः यह माना जाता रहा कि अलग-अलग भाषाओं के ये दो शब्द एक जैसी अवधारणा के लिए प्रयुक्त होते थे।

मध्ययुग तथा पुनर्जागरण के दौर में, दोनों की समानता स्वीकार करते हुए भी इनमें कहीं-कहीं थोड़ा अंतर भी देखा गया। कल्पना को अपेक्षाकृत गंभीर शक्ति स्वीकार किया गया और ललित कल्पना को उसका हल्का और चंचल रूप। 17वीं सदी में अनुभववादी विचारक टॉमस हॉब्स (1588-1679) ने भी कल्पना को स्मृति में संवेदनों का अवशेष मानते हुए ललित कल्पना को इससे थोड़ा-सा भिन्न माना। मगर 17वीं सदी में ड्राइडन (1631-1700) ने इन्हें मानव मन की एक ही शक्ति के दो अलग-अलग नाम कहकर इस शक्ति को बाह्य जगत के अनुभवों पर निर्भर माना। 18वीं सदी में दोनों शक्तियों की तुलना के क्रम में कल्पना को अधिक महत्त्वपूर्ण और गंभीर तथा ललित कल्पना को अपेक्षाकृत छिछला तथा गैर-जिम्मेदार मानने की प्रवृत्ति बढ़ने लगी। दूसरी ओर कुछ लोगों का यह भी मत था कि कल्पना अनुभव के माध्यम से केवल तथ्य संग्रह करती है। ललित कल्पना अधिक रचनात्मक मानसिक शक्ति होती है और कल्पना के माध्यम से प्राप्त बिंबों का अभिनव संयोजन करती है। किंतु कुल मिलाकर इस दौर के साहित्यशास्त्र में कल्पना को विशेष महत्त्वपूर्ण नहीं समझा जा रहा था। ललित कल्पना को भी उसी स्थिति में मान्यता के योग्य

समझा गया था जब वह 'विवेक' से नियंत्रित हो।

स्वच्छंदतावादी युग में विचारधारा में परिवर्तन आया। ब्लेक, वर्ड्स्वर्थ तथा कॉलरिज जैसे कवियों ने कल्पनाशक्ति पर विस्तार से विचार किया। विलियम वर्ड्स्वर्थ (1770-1850) ने माना कि कविता की सर्जक शक्ति ललित कल्पना नहीं, बल्कि कल्पना है। कविता केवल बिंबों का संयोजन या नव्यता या अलंकरण नहीं होती इतना काम तो ललित कल्पना भी कर लेती है। किंतु इससे आगे जाकर वह अपनी आधार-सामग्री को न बदलती और न ही उसे नया चरित्र देती है। कविता के लिए अधिक ऊँची सर्जनाशक्ति की आवश्यकता होती है। यह शक्ति कल्पना ही हो सकती है जिसमें बिंबों को परिवर्तित करने और उनके संयोग से नये बिंबों की रचना करने की क्षमता होती है।

कॉलरिज ने इससे कुछ सीमा तक सहमत होते हुए भी ललित कल्पना तथा कल्पना में किसी प्रकार का संबंध मानने से स्पष्ट इंकार किया है। उनके अनुसार दोनों में केवल परिमाण का ही नहीं, गुणात्मक दृष्टि से भी अंतर होता है। इस भिन्नता पर बल देते हुए कॉलरिज ने दोनों की प्रकृति तथा प्रकार्य को स्पष्ट किया। आत्मवादी दर्शन पर आधारित उनका यह विवेचन ऐतिहासिक दृष्टि से तो महत्त्वपूर्ण है ही, कविता को परखने की एक कसौटी भी प्रस्तावित करता है।

कॉलरिज का कहना है कि ललित कल्पना को भ्रमवश गौण कल्पना का समानांतर मान लिया जाता है क्योंकि दोनों ही कल्पना द्वारा प्रस्तुत तथ्यों को लेकर आगे चलती हैं किंतु वास्तव में दोनों में स्पष्ट अंतर है। गौण कल्पना उन तथ्यों की गहराई में जाकर सृजन करती है और ललित कल्पना तथ्यों का मात्र संयोजन करती है। वह संयोजन भी हमेशा क्रमबद्ध नहीं होता। कल्पना तथा ललित कल्पना का प्रमुख अंतर इस प्रकार सर्जनात्मक स्तर का अंतर है।

स्मृति के लिए पहले अनुभव आवश्यक होते हैं। ये अनुभव ही किसी आसंग से हमारे मस्तिष्क में दुबारा जाग उठते हैं। कॉलरिज ने ललित कल्पना को स्मृति का ही एक रूप माना है जो देश काल के क्रम से मुक्त होता है। किंतु स्मृति की ही भाँति इसे भी पहले से उपस्थित सामग्री का उपयोग करना होता है। उसमें यह कुछ जोड़ नहीं सकती। (गौण) कल्पना वस्तु का विधान करती है। कविता के विभिन्न अंगों को यह जिस प्रकार जोड़ती है, उससे जुड़े हुए हिस्से अपनी स्वतंत्र सत्ता खोकर एक संश्लिष्ट इकाई का अंग बन जाते हैं। इस संश्लेषण से कृति एक नया चरित ग्रहण करती है जो उसके अंगभूत हिस्सों के योग से कुछ अधिक होता है। इस प्रक्रिया की तुलना रासायनिक मिश्रण से की जा सकती है जिसमें विभिन्न तत्त्व अपनी निजी विशेषता से ऊपर उठकर एक समग्र की सृष्टि करते हैं जिसकी विशेषता विभिन्न तत्त्वों की विशेषता का योग भर नहीं होती। इसके विपरीत ललित कल्पना मशीनी मिश्रण की तरह है जिसमें वस्तुएँ एकत्र होकर भी अपना अलग अस्तित्व बनाए रखती

हैं। अपनी वैयक्तिक विशेषताओं को नहीं छोड़तीं।

कल्पना सृजन है और ललित कल्पना पुनःप्रस्तुति। यह पुनःप्रस्तुति भी यादृच्छिक हो सकती है। यह कविता को अलंकृत करके उसका सौंदर्य बढ़ा सकती है पर साथ ही इसके बिंब विशृंखलता या हास्यास्पदता की सीमा तक असंबद्ध भी हो सकते हैं। कल्पना का कार्य सदा सरस तथा गरिमामय होता है किंतु ललित कल्पना कई बार विरस, क्षुद्र और हास्यास्पद संयोजन भी कर देती है। तब यह कपोल कल्पना से अधिक कुछ नहीं रह जाती। कल्पना जब दूरस्थ बिंबों का संश्लेषण करती है तो कुछ नया या अनोखा उत्पन्न करने के लिए, किंतु इस अनोखेपन में भी सुसंगति तथा रम्यता होती है। इसके विपरीत ललित कल्पना द्वारा संयोजित बिंबों में कोई प्राकृतिक या नैतिक संबंध नहीं होता। इस असंबद्धता के कारण ही कॉलरिज ललित कल्पना को कल्पना से नीचा दर्जा देते हैं।

कॉलरिज के चिंतन की जड़ें जर्मन प्रत्ययवादी दर्शन में थीं जहाँ सुसंबद्धता या आवयविक अन्विति (ऑर्गेनिक यूनिटी) को बहुत महत्त्व दिया जाता था। ललित कल्पना को कॉलरिज ने जिस रूप में देखा, उस रूप में वह किसी क्रम, शृंखला या अन्विति के नियम से बँधी हुई नहीं है। इसके द्वारा संयोजित बिंबों में व्यवस्था और क्रम हो भी सकते हैं और नहीं भी। किसी भी प्रकार के प्राकृतिक या नैतिक संबंध से मुक्त होने के कारण ललित कल्पना द्वारा संयोजित बिंब असंबद्ध, विशृंखल या हास्यास्पद भी हो सकते हैं। अन्विति के इस अभाव के कारण ही कॉलरिज को ललित कल्पना साहित्य की दृष्टि से महत्त्वहीन लगती है।

इस प्रकार कॉलरिज ललित कल्पना, मुख्य कल्पना तथा गौण कल्पना में अंतर करते हैं। महत्त्व के अधिक्रम में सबसे नीचा स्थान ललित कल्पना का है। यह पूरी तरह उस सामग्री पर निर्भर है जो हमें बाह्य जगत से ऐंद्रिय-संवेदनों के माध्यम से प्राप्त होती है। इसमें व्यक्ति की आध्यात्मिक चेतना का भी कोई योग नहीं रहता। यह निरा कौशल है जो उपलब्ध बिंबों को यांत्रिक ढंग से संयोजित भर कर देता है।

इससे ऊँचा स्थान मुख्य कल्पना का है जो मानव-मात्र के मस्तिष्क में ईश्वरीय चेतना का अंश है। इस चेतना के आलोक में ही मनुष्य पदार्थ जगत को पहचानता है। जीवंत तथा विवेक-संपन्न होने के कारण यह ललित कल्पना से गुणात्मक रूप से भिन्न है।

गौण कल्पना तथा मुख्य कल्पना का अंतर गुणात्मक नहीं, परिमाणात्मक है। यह चेतना का ही उच्चतर तथा प्रज्ञासंपन्न रूप है जो दार्शनिकों तथा प्रतिभासंपन्न कलाकारों में देखा जाता है। यह चेतना संसार के बाह्य रूपों तक सीमित न रहकर वस्तुओं में अंतर्निहित सत्य का संधान करती है। विरोधी तत्त्वों का सामंजस्य तथा संश्लेषण करके काव्य को सुसंबद्धता या आवयविक अन्विति प्रदान करती है। इसीलिए

कॉलरिज इसे सबसे ऊँचा स्थान देते हैं।

कॉलरिज ने इस विषय में रुचि जगाने के लिए वर्ड्स्वर्थ का ऋण स्वीकार किया है किंतु विवेचन के क्रम में वे अंततः वर्ड्स्वर्थ के सामान्य तथा सतही विवेचन से बहुत आगे दिखाई पड़ते हैं। वर्ड्स्वर्थ ने कल्पना (और ललित कल्पना) का उल्लेख चलते-चलते कविकर्म के संदर्भ में ही किया था, किसी गंभीर सिद्धांत के रूप में नहीं। इसीलिए कल्पना के विविध रूपों तथा उनके महत्त्व की बात भी उन्होंने नहीं उठाई। कल्पना तथा ललित कल्पना में भी उन्होंने विशेष अंतर नहीं किया। इसके विपरीत कॉलरिज ने इसे एक साहित्यशास्त्रीय प्रश्न के रूप में उठाकर सृजन प्रक्रिया के संदर्भ में सूक्ष्म मनोवैज्ञानिक तथा दार्शनिक दृष्टि से इस पर विचार किया। कल्पना की प्रकृति का इतना गहरा विश्लेषण इससे पहले नहीं हुआ था। यह अवश्य है कि यहाँ दार्शनिकता ने जहाँ कल्पना की अवधारणा के महत्त्व को रेखांकित किया, वहीं इस चर्चा को जटिल भी बना दिया—जैसा कि अमूर्त अवधारणाओं के साथ प्रायः होता है।

मैथ्यू ऑर्नल्ड (1822-1888)

: 1 :

इंग्लैंड के प्रख्यात कवि, निबंधकार और समालोचक मैथ्यू ऑर्नल्ड का जन्म लैलेहम में सन् 1822 में हुआ और मृत्यु 1888 में लिवरपूल में। मैथ्यू रग्बी स्कूल के हैडमास्टर तथा विख्यात इतिहासविद् डॉ. एडविन ऑर्नल्ड के पुत्र थे। उनकी शिक्षा क्रमशः लैलेहम, एबी तथा ऑक्सफोर्ड में हुई।

सन् 1844 में स्नातक उपाधि प्राप्त करके ऑर्नल्ड ने कुछ समय रग्बी में पढ़ाया। उसके बाद कुछ समय तक वे लैंसडाउन के मार्क्विस के निजी सचिव रहे। मैथ्यू ऑर्नल्ड के जीवन में विशेष उल्लेखनीय घटनाओं का अभाव रहा, सिवाय इसके कि सन् 1857 में उनकी नियुक्ति ऑक्सफोर्ड विश्वविद्यालय में प्रोफसर ऑफ पोएट्री के सम्मानित पद पर हुई। वहाँ दस वर्ष कार्य करने के बाद सन् 1883 तक वे इंस्पेक्टर ऑफ स्कूल्ज रहे।

मैथ्यू ऑर्नल्ड ने अपने साहित्यिक जीवन का आरंभ काव्य-रचना से किया। सन् 1840 और 1843 में उन्हें अपनी काव्यकृतियों पर पुरस्कार भी मिले। काव्य-रचना का यह सिलसिला सन् 1867 तक चलता रहा। सन् 1853 में प्रकाशित उनके कविता-संग्रह 'पोयम्स बाई मैथ्यू ऑर्नल्ड' में उनकी 'द डोवर बीच', 'द स्कॉलर जिप्सी' और 'सोहराब एंड रुस्तम' जैसी प्रसिद्ध कविताएँ संकलित हैं, जिन्हें एक हद तक मैथ्यू ऑर्नल्ड के अपने काव्य-सिद्धांतों के मानक के रूप में देखा जा सकता है। समय के साथ मैथ्यू ऑर्नल्ड का रुझान गंभीर गद्य में बढ़ता गया और परिणामस्वरूप कविता का स्रोत सूखता गया। यह बात अलग है कि साहित्य में अंतर्निहित तत्त्वों की गहरी समझ और उन्हें सुचारु रूप से विश्लेषित करके पारदर्शी गद्य में प्रस्तुत करने की उनमें अद्भुत क्षमता थी।

ऑर्नल्ड की महत्त्वपूर्ण आलोचनात्मक रचनाएँ हैं : 'कल्चर एंड अनार्की' (1869), 'लिट्रेचर एंड डॉग्मा', (1873), 'एसेज ऑन चर्च एंड स्टेट', 'द फंक्शन ऑफ क्रिटिसिज़्म एट द प्रेजेंट टाइम' (1877), 'एसेज इन क्रिटिसिज्म' I सीरीज एंड II सीरिज (1888, मरणोपरांत प्रकाशित)।

इसके अलावा कई पत्र-पत्रिकाओं तथा संग्रहों में भी उनके समालोचनात्मक लेख प्रकाशित होते रहे, जिनमें ऑक्सफोर्ड में उनका प्रथम व्याख्यान 'ऑन द मॉडर्न एलिमेंट इन लिट्रेचर' और वर्ड्स्वर्थ के काव्य-संग्रह की भूमिका 'द स्टडी ऑफ पोएट्री' विशेष महत्त्वपूर्ण हैं।

मैथ्यू ऑर्नल्ड के आलोचक जीवन का आरंभ सन् 1857 के लगभग ऑक्सफोर्ड में प्रो. पद पर उनकी नियुक्ति के बाद हुआ। यह रोमांटिक युग की समाप्ति और विक्टोरियन युग की पराकाष्ठा का समय था। अंग्रेजी साम्राज्य अपने वैभव के चरम पर था। आर्थिक संपन्नता और राजनीतिक सत्ता दोनों दृष्टियों से ऑर्नल्ड का समय भौतिक समृद्धि का युग कहा जाएगा। वस्तुतः ऐतिहासिक चिंतन के उत्कर्ष का युग भी यही है जिसमें डारविन, मार्क्स और उनके विचारों के प्रचारक हक्सले हो चुके थे। उधर फ्रांस में सां, बो, ताँय लेखक, समय और परिवेश को साहित्य के अध्ययन के मूलवर्ती त्रिसूत्र के रूप में प्रचारित कर चुके थे। किंतु उस समय के इंग्लैंड का मध्यम वर्ग नैतिक मान्यताओं की दृष्टि से खोखला और पतनशील था। औद्योगिक विकास और सांस्कृतिक पतन की यह सहवर्ती स्थिति ऑर्नल्ड की केंद्रीय चिंता थी। संक्रांति काल की युग-चेतना की चिंता। विज्ञान ने धर्म के खोखलेपन को जिस तरह उजागर किया, उससे इस स्थिति के प्रति विद्रोह की भावना के साथ स्थानापन्न की खोज अनिवार्य हो गई। ऑर्नल्ड ने धर्म के स्थानापन्न के रूप में संस्कृति को प्रस्तावित करते हुए उसमें कविता को महत्त्वपूर्ण स्थान दिया। (हालाँकि टॉमस लव पीकाक विज्ञान और कविता के पारस्परिक संबंध का प्रश्न उठाते हुए यह घोषणा कर चुके थे कि ज्ञान और तर्क के इस युग में कविता के लिए कोई स्थान नहीं है।)

ऑर्नल्ड की चिंता सांस्कृतिक थी। चुनौती और समस्याएँ भी मुख्यतः सांस्कृतिक थीं। विज्ञान के अभाव में वे शायद धर्म की ओर लौटते। क्लासिकी साहित्य के प्रति उनके रुझान की संगति इस वस्तुस्थिति के संदर्भ में बखूबी समझी जा सकती है। वर्तमान से असंतुष्ट होकर ग्रीक क्लासिकी काव्य के गुणों को आधुनिकता के नाम पर पुनर्जीवित करने का प्रयास भी इसी आवश्यकता का परिणाम है। ऑर्नल्ड की दृष्टि में काव्य संस्कृति का अन्यतम साधन है।

: 2 :

कविता और जीवन

ऑर्नल्ड साहित्य का, विशेषकर कविता का लक्ष्य जीवन की आलोचना मानते थे। काव्यगत आलोचना सामान्य आलोचना से इस रूप में भिन्न होती है कि उसकी रचना काव्य-सत्य और काव्य-सौंदर्य के लिए निर्धारित नियमों के अधीन की जाती है।

सत्य और सौंदर्य के नियमों के प्रति यही प्रतिबद्धता कविता को वाचिक

अभिव्यक्ति के अन्य रूपों से (गद्य से भी) भिन्न करती है, वरना हमारे समग्र साहित्य का–वह गद्य में हो या पद्य में–चरम लक्ष्य जीवन की आलोचना है। काव्य-सत्य से ऑर्नल्ड का तात्पर्य विषयवस्तु की मूल्यवत्ता से है, और सौंदर्य से उसका अभिप्राय अभिव्यंजनागत चारुता और लालित्य से है।

आलोचक ऑर्नल्ड कविता से आलोचना का काम लेकर वस्तुतः उसमें विचार पक्ष और उपदेशात्मक वृत्ति पर बल देना चाहते थे। ऑर्नल्ड के विचार तंत्र में जीवन नैतिक विचारों का पर्याय है। नैतिक विचारों के विरुद्ध विद्रोह करने वाली कविता वस्तुतः जीवनद्रोही होती है और नैतिक विचारों के प्रति उदासीन कविता जीवन के प्रति उदासीन होती है। वैचारिक नैतिकता के प्रति इस गहन सरोकार के कारण ही ऑर्नल्ड को उपदेशक कहा गया। उनकी आलोचना का आधार बौद्धिकता और विवेक रहा।

ऑर्नल्ड का विचार था कि हम प्रगति के जिस युग में जी रहे हैं, उसमें औद्योगिक विकास तो बहुत हुआ पर नैतिक समृद्धि की अपेक्षा बनी रही। इस युग में उन तत्त्वों का अभाव रहा जो महान कला की रचना के लिए आवश्यक होते हैं। लोकमंगल के प्रति नैतिक और सामाजिक उत्साह को वे आलोचक के लिए अनिवार्य मानते थे। ऑर्नल्ड ने आधुनिकता का संधान युग की आवश्यकताओं की चेतना में किया। उन्होंने रोमांटिक कवियों की इस दृष्टि से आलोचना की कि वे अपने युग के विषय में बहुत कम जानते थे। जब उन्होंने युग-चेतना के बोध पर बल दिया तो उनका अभिप्राय विज्ञान, धर्म, दर्शन और समय की प्रचलित विचारधाराओं की समझ से था। इसी आधार पर उन्होंने शेली की तुलना में गेटे को युग-चेतना संपन्न और भिन्न माना।

: 3 :

कविता और समाज

कविता के विषय में शिक्षक और समाज-सुधारक वाले दृष्टिकोण के कारण ऑर्नल्ड की अकसर आलोचना की गई। उनकी दिलचस्पी 'कविता क्या है?' की अपेक्षा 'कविता क्या करती है?' में अधिक थी। इसलिए कुछ लोगों ने उन्हें 'पैंफ्लेटियर' तक कह डाला और इलियट ने उन्हें आलोचक की अपेक्षा आलोचना का प्रचारक कहना बेहतर समझा। शायद इसलिए भी कि वह प्रचारक के लहजे में अपनी बात पर बार-बार बल देते थे।

समाज-सुधारक होने के नाते उन्होंने कविता से वह सारा काम लेना चाहा जो धर्म, दर्शन, विज्ञान से हो सकता था। उन्हें विश्वास था कि क्रमशः अधिकाधिक संख्या में मनुष्य-जाति सांत्वना के लिए, सहारे के लिए और जीवन की व्याख्या के

लिए कविता की ओर उन्मुख होगी। बिना कविता के विज्ञान अधूरा प्रतीत होगा और उस समय उसमें से जिसे हम आज धर्म और दर्शन के रूप में जानते हैं, बहुत कुछ का स्थान कविता से लेगी।

कविता के प्रति यह मसीहाई अंदाज उसकी शक्ति से अधिक बड़े दावे के रूप में देखा गया। अंग्रेजी साहित्य में कविता के विषय में ऑर्नल्ड की इस भविष्यवाणी को 'आर्नल्डियन प्रोफेसी' करार देते हुए इस पर बहस भी हुई तथा धार्मिक और गैर-धार्मिक दोनों पक्षों ने इस पर एतराज भी किया। इलियट ने इस पर टिप्पणी करते हुए कहा कि जहाँ वर्ड्स्वर्थ और शेली जैसे कवियों के लिए कविता किसी-न-किसी ऐसे दर्शन का माध्यम रही जिसमें कवि की आस्था होती थी वहाँ ऑर्नल्ड के लिए सर्वोत्तम कविता वह थी जो धर्म और दर्शन दोनों का अतिक्रमण कर सके।

अपने इसी मसीहाई दृष्टिकोण के कारण ऑर्नल्ड ने 'अतिशय गंभीरता' को कविता का बहुत बड़ा गुण मानते हुए उसमें ट्रेजिक पहलू को महत्त्व दिया। वे प्रायः झरने की तरह खिलखिलाती काव्य-रचना के ऊपर दुःखांत, मनहूस, दर्शन-बोझिल रचनाओं को तरजीह देते रहे। अपनी इस 'अतिशय गंभीरता' के कारण वे भावुकता और वैचारिकता की परस्पर विरोधी और विडंबनापूर्ण मनःस्थिति के शिकार हुए और इसका शमन वे अंत तक नहीं कर सके। एक हद तक इसे रोमानी और क्लासिकी प्रवृत्तियों का मेल भी कहा जा सकता है पर इसका नतीजा यह हुआ कि वे उपदेशात्मक कविता के ही प्रशंसक बने रहे, भले ही भावों की दृष्टि से वह हल्की या छिछली हो। विद्रोही प्रवृत्ति के साहसिक कवि उनकी पसंद पर पूरे नहीं उतर सके।

महान कविता और कविता की महानता से अभिभूत रहने के कारण 'असली कविता' की चिंता उन्हें कभी नहीं व्यापी और उनके आदर्शों के गढ़ में केवल सोफोक्लीस, होमर, दांते, गेटे, मिल्टन जैसे कवि ही आते रहे।

इलियट ने ऑर्नल्ड में श्रवणीय कल्पना (ऑडिटरी इमेजिनेशन) का अभाव देखा और आक्षेप किया कि इसलिए ऐसी कविताओं के महत्त्व की पहचान में वे अकसर चूक जाते थे जो विचार और उपदेश तत्त्व से रहित किंतु भाव-सौंदर्य और संगीत की लय से समृद्ध होती थीं। ऑर्नल्ड को अंग्रेजी के उस परवर्ती रोमांटिक आलोचक के रूप में देखा गया जिसमें अर्ध क्लासिकी और अर्ध रोमानी चेतना का संगम मिलता है। वे क्लासिकी तेवर और रोमांटिक मिज़ाज़ से लैस ठेठ विक्टोरियन थे।

वस्तुतः मैथ्यू ऑर्नल्ड ने आलोचना पर जनता (समाज) के संदर्भ में विचार किया। आलोचक इस प्रकार प्रचारक हो गया। उसका कर्तव्य कर्म हो गया—ऐसे वातावरण का निर्माण जिससे कलाकार को उत्तेजना मिले। जनता के साथ सर्वोत्तम लेखन का परिचय कराना उसका नया दायित्व नियत हुआ और आलोचना समाज-सुधार की एक शाखा प्रतीत होने लगी।

अपने पूर्ववर्ती आलोचकों से ऑर्नल्ड इस बात में भिन्न और विशिष्ट कहे

जा सकते हैं कि उन्होंने पहली बार साहित्य के आलोचक और उसके समाज के बीच संबंध को स्पष्टतः परिभाषित कर उस पर विचार किया। उन्होंने आलोचक का दायित्व नियत करते हुए कहा, " 'सर्वोत्तम विचारों के प्रसार' के निमित्त 'वस्तुओं को उनके वास्तविक रूप में देखना', सीखना और समझना उसके लिए अनिवार्य है। ऐसा करके वह भविष्य की सर्जनात्मक प्रतिभा के लिए वातावरण तैयार करता है। वह ऐसी विचारधारा को उच्चतम शिखर तक बढ़ावा देता है जो सृजन-शक्ति के लिए जीवन-दायक और पोषक होती है।" ऑर्नल्ड के अनुसार व्यापक अर्थ में आलोचक का कार्य है 'संस्कृति को बढ़ावा देना'।

: 4 :

पाश्चात्य आलोचना के इतिहास में ऑर्नल्ड का महत्त्व और स्थान निर्धारित करते हुए इलियट ने कहा था कि वे न प्रतिक्रियावादी थे और न क्रांतिकारी। वे अपने समय के साथ थे। वे युग समीक्षक थे—वैसे ही, जैसे उनसे पहले ड्राइडन और जॉनसन हो चुके थे।

इलियट के अनुसार समय-समय पर, लगभग हर सौ साल में एक ऐसा आलोचक पैदा होना चाहिए जो हमारे साहित्य के अतीत का पुनरावलोकन कर कवियों और कविताओं को एक नये क्रम में प्रस्तुत करे। यह कार्य क्रांति का नहीं, पुनर्व्यवस्था का होता है। ऑर्नल्ड शायद ऐसे ही आलोचक थे। युगांत में होने वाले आलोचक जो नये युग की शुरुआत नहीं करते, बीते हुए युग का नये सिरे से लेखा-जोखा, हिसाब करके पुनर्व्यवस्था करने का प्रयत्न करते हैं।

वे भले ही गंभीर विद्वत्ता और व्यापक जानकारी से लैस ऐसे आलोचक न रहे हों, जिन्होंने कविता के सभी लोकों का भ्रमण किया हो, किंतु ग्रंथों और व्यक्तियों के विषय में उनकी समझ, उनकी जानकारी संतुलित थी। उन्होंने उसे भली भाँति ठोक-बजाकर अर्जित किया था। ऑर्नल्ड को परवर्ती आलोचकों ने प्रायः शिक्षक-आलोचक (एकेडेमिक क्रिटिक) के रूप में स्मरण किया है। शायद इसीलिए उन्हें इस बात का श्रेय दिया जाता है कि रोमांटिक कवियों का जो मूल्यांकन उन्होंने किया था, वह लंबे समय तक शैक्षिक जगत् में काफी हद तक मान्य रहा। विद्वानों का मानना था कि अपनी सारी खामियों के बावजूद "यह मूल्यांकन—सही था, न्यायसंगत था और समयानुकूल था।"

ऑर्नल्ड की आलोचना में सिद्धांतशास्त्र की संगति और संबद्धता नहीं मिलती। वे कविता के आलोचक थे। ऐसे आलोचक जिन्होंने अनेक दृष्टियों से अपनी केंद्रीय चिंता पर विचार किया। वेसेंट बर्कले ने उनके इस केंद्रीय सरोकार पर टिप्पणी करते हुए कहा कि यह सरोकार पूर्णतः सूत्रबद्ध सिद्धांत के रूप में भले ही प्रकट न हुआ

हो, किंतु यह एक पूर्वाग्रह के रूप में निरंतर दिखाई पड़ता है—ऐसा पूर्वाग्रह जिसे ऑर्नल्ड अत्यधिक बुद्धिमत्ता और संवेदनशीलता से धारण करते हैं।

इसे विडंबना ही कहा जाएगा कि जिस इलियट ने ऑर्नल्ड को जॉनसन की परंपरा में देखा था, बाद के आलोचकों ने उन्हीं इलियट और एफ.आर.लीविस से ऑर्नल्ड की समानता इस बात में देखी कि उनका मुख्य सरोकार भी अपने युग की चेतना से था—ऐसे युग की चेतना से जिसे संक्रांति-युग कहते हैं।

बेनेदितो क्रोचे (1866-1952)

: 1 :

अभिव्यंजनावाद की चर्चा मुख्य रूप से साहित्यालोचन तथा काव्यशास्त्रीय सिद्धांतों के संदर्भ में होती है, किंतु इस सिद्धांत के प्रतिपादक बेनेदितो क्रोचे साहित्यशास्त्री न होकर मूलतः दार्शनिक तथा सौंदर्यशास्त्री थे। उनका जन्म सन् 1866 में इटली के नेपल्स शहर में हुआ था और इसी शहर में सन् 1952 में उनकी मृत्यु हुई। बचपन में ही धर्म से उनकी आस्था उठ गई थी किंतु बाद में रोम विश्वविद्यालय में नीतिशास्त्र तथा दर्शन के अध्ययन के दौरान आदर्शमूलक दृष्टिकोण (normative approach) के विवेचन के क्रम में जीवन में इनकी आस्था पुनः लौटी। संभवतः यहीं से क्रोचे बाह्य सांसारिक यथार्थ की अपेक्षा चेतना के आंतरिक सत्य पर अधिक विश्वास करने लगे थे। राजनीतिक अर्थशास्त्र के गहन अध्ययन के साथ ही क्रोचे मार्क्सवाद के कट्टर आलोचक बन गए। क्रोचे का पूरा जीवन गहन अध्ययन-विवेचन तथा लेखन में बीता। दर्शन, तर्कशास्त्र, सौंदर्यशास्त्र, इतिहास तथा साहित्यालोचन संबंधी विषयों पर वे बराबर लिखते रहे। सन् 1902 में इन्होंने 'ला क्रितीका' नामक पत्रिका भी निकाली। इटली तथा यूरोप के इतिहास के अतिरिक्त अन्य कई देशों के इतिहास तथा साहित्य पर भी वे लिखते रहे। सन् 1933 में ऑक्सफोर्ड विश्वविद्यालय में कविता पर दिए गए प्रसिद्ध भाषण 'डिफेंस ऑफ पोएट्री' में कविता तथा साहित्य संबंधी इनकी परवर्ती मान्यताएँ व्यक्त हुई हैं।

अभिव्यंजना सिद्धांत मूलतः सौंदर्यशास्त्र से संबद्ध है। इसकी प्रथम रूपरेखा सन् 1900 में प्रस्तुत क्रोचे के निबंध 'एस्थेटिक ऐज़ द साइंस ऑफ एक्सप्रेशन एंड जेनरल लिंग्विस्टिक्स' में मिलती है। यह निबंध सन् 1902 में उनकी प्रसिद्ध पुस्तक 'एस्थेटिक' के रूप में प्रकाशित हुआ। सन् 1912 में क्रोचे ने सौंदर्यशास्त्र संबंधी चार आलेख राइस इंस्टीट्यूट में पढ़े और 'एन्साइक्लोपीडिया ब्रिटैनिका' के लिए इसी विषय पर एक लेख और सौंदर्यशास्त्र संबंधी प्रविष्टि लिखी। सन् 1920 में इनके सौंदर्यशास्त्रीय निबंधों का संग्रह 'न्यू एसेज़ ऑन एस्थेटिक' प्रकाशित हुआ। अपनी आत्मकथा में उन्होंने दिखलाया है कि किस तरह शास्त्रीय विधाओं के अध्ययन के

क्रम में वे अपनी विचारधारा में क्रमशः अमूर्तता की ओर बढ़ते गए और अंततः इस निष्कर्ष पर पहुँचे कि 'स्पिरिट' या चेतना या मानस ही 'चरम सत्य' है। समस्त क्रियाएँ चेतना के स्तर पर ही होती हैं। बाह्य संसार की घटनाएँ गौण तथा महत्त्वहीन हैं।

दीर्घ अध्ययन तथा लेखन-काल में क्रोचे के विचारों में स्वाभाविक रूप से कुछ परिवर्तन आते रहे। कुछ अवधारणाओं का स्वरूप बदला, और कुछ विशिष्ट मुद्दों पर बल में अंतर आया। किंतु उनकी मूल प्रत्ययवादी (idealistic) दृष्टि यथावत् बनी रही।

: 2 :

क्रोचे के पहले भी दार्शनिक सौंदर्यानुभूति के संदर्भ में वस्तु तथा चेतना के सापेक्षिक महत्त्व पर विचार करते रहे हैं। पुनर्जागरण काल में सौंदर्य-चेतना बौद्धिकता से जुड़ी और सौंदर्यानुभूति की दिव्यता तथा आनंदमयता को स्वीकार करते हुए भी इसमें हृदय तथा मस्तिष्क, दोनों की भूमिका को जोड़कर देखा गया। इंग्लैंड में सर फिलिप सिडनी (1554-86) ने कवि को उस अकथनीय और चिरस्थायी सौंदर्य का भावाविष्ट प्रेमी माना था जिसका दर्शन मस्तिष्क के नेत्रों से होता है।

फ्रांसीसी दार्शनिक देकार्त (1596-1650) ने भी सौंदर्यानुभूति के लिए विचार-शक्ति (thinking faculty) को महत्त्व देते हुए आनंद को बौद्धिक रस माना। उन्हीं के देशवासी बुअलो (1636-1711) भी सौंदर्यानुभूति में भावावेग के साथ ही कलाकार के विवेक को भी महत्त्व देते थे।

अनुभववादी दर्शन में वस्तुजगत को ज्ञान का आधार माना गया। अनुभव से आरंभ करके तर्कबुद्धिवाद तक पहुँचने वाले एमानुएल कांट (1724-1804) बाह्य जगत से प्राप्त संवेदनों को सौंदर्यानुभूति का आधार मानते हैं। ये संवेदन कल्पना से समंजित होकर सौंदर्यानुभूति में बदलते हैं। हेगल (1770-1831) ने कला का आधार हालाँकि बाह्य जगत के इंद्रियगत संवेदनों को माना है, फिर भी स्वयं उसे वे परम चैतन्य की अनुभूति का माध्यम मानते हैं, अर्थात् कला का आरंभ जड़ वस्तु में होता है, किंतु परिणति विशुद्ध चेतना में।

बेनेदितो क्रोचे के पीछे एक ओर कलावादी, व्यक्तिवादी पृष्ठभूमि थी और दूसरी ओर इससे कुछ कम विस्तृत किंतु यथेष्ट प्रभावशाली अनुभववादी तथा भौतिकवादी पृष्ठभूमि। क्रोचे ने कला के संदर्भ में बाह्य जगत की सत्ता तथा उपयोगितावाद, दोनों को ठुकराया। अपने आरंभिक दौर में इटली की प्राचीन कला का अध्ययन करते हुए उन्होंने महसूस किया था कि कला की सही समझ के लिए मात्र तथ्यों की जानकारी एकत्र करना व्यर्थ है। कलावादी सिद्धांत के अनुसार कला के मूल्यांकन के लिए

सामाजिक, नैतिक, आर्थिक आदि वस्तुपरक कसौटियों का उपयोग अनावश्यक ही नहीं, त्याज्य है। क्रोचे ने सहजानुभूति के लिए भी कलाकार की चेतना, उसके मानस को ही अंतिम सत्य माना, बाह्य जगत अथवा उसके उपकरणों को नहीं। जो अभिव्यंजनावादी कला सिद्धांत जर्मन विचारकों तथा कोलरिज के विवेचनों में पहले पहल सामने आया था, विमसाट तथा ब्रुक्स के अनुसार, उसकी संश्लिष्ट तथा चरम परिभाषा, क्रोचे के सिद्धांत में मिलती है।

चेतना (spirit) को सबसे अधिक महत्त्व देते हुए क्रोचे इसकी चार मूलभूत क्रियाओं का उल्लेख करते हैं जो तत्त्वतः एक-दूसरे से भिन्न होती हैं। इनमें से दो सैद्धांतिक या ज्ञानपरक क्रियाएँ होती हैं और दो व्यावहारिक या स्वेच्छाचालित।

सैद्धांतिक क्रियाओं के अंतर्गत एक है सहजानुभूति-अभिव्यंजना जो इनमें से प्रथम और सर्वाधिक महत्त्वपूर्ण क्रिया है।

दूसरी क्रिया है अवधारणाकरण जो प्रथम क्रिया के बाद आती है। यह तर्काधारित होती है और वैयक्तिक सहजानुभूतियों के परस्पर संबंधों का तर्कसिद्ध तथा वैज्ञानिक ज्ञान देती है। इससे हमें वस्तुजगत को समझने की क्षमता प्राप्त होती है।

इसके बाद व्यावहारिक क्रियाओं के अंतर्गत सामान्य स्वेच्छाचालित व्यवहार या आर्थिक क्रियाकलाप आते हैं।

सबसे अंत में नैतिक क्रिया आती है जो चेतना के सच्चे स्वरूप को उद्घाटित करने के संकल्प से युक्त होती है।

इसे हम एक आरेख के माध्यम से समझ सकते हैं :

चेतना की क्रियाएँ

सैद्धांतिक व्यावहारिक

1. सहजानुभूति-अभिव्यंजना 2. अवधारणा, 3. सामान्य स्वेच्छाचालित 4. नैतिक
करण (आर्थिक क्रियाएँ) क्रियाएँ।
(तर्कज्ञान)

क्रोचे ने इनमें से प्रथम क्रिया अर्थात् सहजानुभूति-अभिव्यंजना (intution expression) को सबसे अधिक महत्त्व दिया है। सहजानुभूति कला के लिए अत्यंत आवश्यक है। कलाकार अपने मानस में जो कुछ सहज भाव से अनुभव करता है, वही कला है। उस अनुभूति को तर्क या बुद्धि की आवश्यकता नहीं होती। क्रोचे ने उदाहरण देते हुए कहा है कि किसी चित्र के रंग तथा रेखाएँ और किसी गीत के स्वर हमारे मन में सहज ही एक अनुभूति जगाते हैं। आवश्यक नहीं कि हम चित्र में अंकित दृश्य या कथा को, या गीत में वर्णित भावों या गीत की कथावस्तु

को जानें या समझें। इस प्रकार की जानकारी या समझ अवधारणा अर्थात् तर्क या बुद्धि के माध्यम से आती है। सहजानुभूति के साथ अवधारणा का मिश्रण संभव तो है, किंतु अनिवार्य नहीं। कला का मूल तथा संपूर्ण तत्त्व सहजानुभूति ही है। बुद्धि, तर्क, दर्शन आदि अवधारणाएँ जहाँ उसके साथ होती भी हैं, वे सहजानुभूति के साथ ही एकाकार हो जाती हैं। उनसे सहजानुभूति या कला का स्वरूप नहीं बदलता, उनके बिना भी कला संपूर्ण होती है।

क्रोचे के अभिव्यंजना सिद्धांत को समझने के पहले यह ध्यान रखना जरूरी है कि उन्होंने सामान्य रूप से कला-विवेचन में प्रयुक्त शब्दावली का इस्तेमाल तो किया है, किंतु अपना विशेष अर्थ देकर। आई.ए. रिचर्ड्स ने इसी संदर्भ में इतालवी समालोचक पैपिनी द्वारा क्रोचे की आलोचना को उद्धृत किया है, "क्रोचे की संपूर्ण सौंदर्यशास्त्रीय व्यवस्था सिर्फ 'कला' शब्द के छद्म नामों की तलाश है और इसे संक्षेप में और बिल्कुल ठीक-ठीक इस सूत्र द्वारा प्रस्तुत किया जा सकता है : कला=सहजानुभूति=अभिव्यंजना=कल्पना=ललित कल्पना=सौंदर्य। और आपको सावधान रहना होगा कि इन शब्दों को उन अर्थछायाओं और विभेदों के साथ ग्रहण न करें जो कि सामान्य या वैज्ञानिक भाषा में इनके साथ जुड़े होते हैं। हरगिज नहीं। हर शब्द विभिन्न अक्षरों की शृंखला है जो अबाध तथा संपूर्ण रूप में एक ही चीज का अर्थ देती है।

: 3 :

अभिव्यंजना सिद्धांत

क्रोचे का अभिव्यंजना सिद्धांत सहजानुभूति-अभिव्यंजना पर आधारित है, जो उनके अनुसार चेतना की सबसे महत्त्वपूर्ण क्रिया है। क्रोचे का मत है कि सहजानुभूति से ही व्यक्ति को यथार्थ का ज्ञान होता है। कलाकार जगत में जो कुछ देखता है, उसके यथार्थ का बोध उसके मन में सहजानुभूति के रूप में उभरता है जो एक अमूर्त प्रतीति-सी होती है। यह प्रतीति अपने-आप में स्वतंत्र क्रिया है और यह बौद्धिक अथवा तर्कसिद्ध ज्ञान पर निर्भर नहीं होती। यह इंद्रियगत संवेदन से भी भिन्न होती है क्योंकि संवेदन में चेतना सर्जनात्मक रूप से सक्रिय नहीं होती। वह पूर्णतः बाह्य वस्तु या उद्दीपक का प्रभाव भर होता है जिसे मन निष्क्रिय रूप से ग्रहण करता है। मात्र संवेदन से किसी वस्तु का समग्र बोध नहीं होता। बोध केवल चेतना के प्रकाश में ही संभव है। सहजानुभूति में चेतना प्राणवंत रूप से सक्रिय होती है। बाह्य प्रभावों को यह निष्क्रिय रूप से एक छाप के तौर पर ग्रहण नहीं करती। बाह्य जगत की वस्तुओं के रूप, रंग, रेखाओं आदि का बोध तथा विश्लेषण भी इसमें नहीं होता क्योंकि ऐसे बोध तथा विश्लेषण को बुद्धि तथा तर्क की अपेक्षा होती है। सहजानुभूति चूँकि चेतना

में यथार्थ की प्रतीति के रूप में उभरती है और चेतना ही अंतिम तथा शाश्वत सत्य है, अतः वस्तु जगत का रूप-रंग-रेखामय तथ्य इसके आगे गौण है।

क्रोचे के मत में यह **सहजानुभूति ही 'अभिव्यंजना' (expression) है।** यहाँ यह स्पष्ट होना चाहिए कि 'अभिव्यंजना' शब्द का प्रयोग क्रोचे 'बाह्य अभिव्यक्ति' वाले सामान्य अर्थ में नहीं करते। यह शब्द, रंग, रेखा, आकार या ध्वनि के माध्यम से बाह्य जगत में व्यक्त नहीं होती। वरन् मानस के स्तर पर होने वाली सहजानुभूति से अभिन्न है। **सहजानुभूति ज्ञान ही अभिव्यंजनात्मक ज्ञान है और मानस के अंदर सहजानुभूत प्रभावों की अभिव्यंजना ही कला है।** कला की स्थिति भी क्रोचे बाह्य जगत के रूप, रंग, आकारों में नहीं, वरन् कलाकार के मानस में मानते हैं। यह भी सौंदर्यात्मक अभिव्यक्ति की तरह पूर्णतः आंतरिक होती है और बाह्य स्तर पर इसका संप्रेषण कतई आवश्यक नहीं है। कला तभी पूर्ण हो जाती है जब हम अपनी सहजानुभूति को अपने मानस में ही बिंब-निर्माण के माध्यम से कविता, चित्र या मूर्ति के रूप में अभिव्यंजित करते हैं। कलाकार यदि अपनी सहजानुभूति को बाह्य स्तर पर काव्य, चित्र या मूर्ति के रूप में अभिव्यक्त करता भी है तो वह एक अतिरिक्त और व्यावहारिक क्रिया है जिसके बिना भी कला के कला होने में कोई बाधा नहीं है। सहजानुभूति-अभिव्यंजना-कला को बाह्य स्तर की इस व्यावहारिक क्रिया से जोड़ना गलत है। हालाँकि दोनों साथ-साथ आ सकते हैं, किंतु यह संग अनिवार्य नहीं है।

ध्यान देने योग्य बात यह है कि कला भी बाह्य स्तर पर तभी व्यक्त होकर संप्रेषित हो सकती है जब पहले वह सहजानुभूति-अभिव्यंजना के रूप में मानसिक स्तर पर उभरे।

सहजानुभूति जहाँ बाह्य स्तर पर काव्य, चित्र, मूर्ति आदि के रूप में अभिव्यक्त होती है, वहीं कलाकार की स्वतंत्रता समाप्त होने लगती है। सामाजिक नैतिकता तथा उपयोगिता के नियम उस पर लागू होने लगते हैं। सहजानुभूति तब सौंदर्य-सृजन की प्रक्रिया का हिस्सा नहीं रहती, वरन् एक उपयोगी वस्तु के रूप में समाज के सदस्यों को आनंद प्रदान करती है, उनका नैतिक परिष्कार करती है और मन के स्तर पर पुनःसृजन के लिए उन सुंदर अनुभूतियों को भौतिक रूप में संरक्षित करके स्मृति की सहायक तथा उद्दीपक भूमिका ग्रहण करती है। किंतु सौंदर्य-सृजन में यह फिर भी एक गौण—बल्कि अतिरिक्त क्रिया ही रहती है।

क्रोचे कला की सृजन-प्रक्रिया के चार चरणों को स्वीकार करते हैं जिनमें प्रथम तीन चरण अनिवार्य हैं और चौथा चरण वैकल्पिक।

प्रथम चरण में कलाकार किन्हीं उद्दीपक प्रभावों के अंतर्गत एक अमूर्त संवेदना का अनुभव करता है।

दूसरे चरण में कल्पना शक्ति के माध्यम से वह उन प्रभावों का संश्लेषण तथा अन्वय करता है।

तीसरे चरण में बिंब-विधान के माध्यम से मानस स्तर पर अभिव्यंजना पूर्ण हो जाती है और उसी स्तर पर कलाकृति भी शब्द, रंग, रेखा, आकार या स्वर की परिकल्पना के रूप में पूर्ण होकर प्रगीतात्मक सहजानुभूति (lyrical intution) या तन्मय आनंदानुभूति को जन्म देती है।

चौथा और वैकल्पिक चरण है इस मानस अभिव्यंजना का भौतिक स्तर पर काव्य, चित्र, संगीत, मूर्ति आदि के रूप में अवतारण।

इस संदर्भ में आगे चलकर क्रोचे ने बोध (feeling) को भी बहुत महत्त्व दिया है। समय-समय पर इस शब्द के कई अर्थों पर विचार करते हुए क्रोचे अंततः जिस अर्थ को ग्रहण करते हैं, वह है 'विशुद्ध सहजानुभूति' (pure intution) जो गैर-अवधारणात्मक तथा गैर-ऐतिहासिक होती है। वह न वैज्ञानिक होती है, न तथ्यपरक। बोध मानस पर बिंबों में रूपांतरित होता है और अनेक बिंबों के संश्लेषण के माध्यम से यह बोध मात्र अथवा बिंब मात्र से कहीं आगे बढ़कर 'प्रगीतात्मक सहजानुभूति' में बदल जाता है। इस बोध को क्रोचे ने कला की अंतर्वस्तु के लिए आवश्यक माना है; किंतु यह भी समस्त इतिहास और यथार्थ या अयथार्थ के संदर्भों से मुक्त और पूर्णतः भावपरक (ideal) होता है। इन्हीं बातों को ध्यान में रखते हुए विमसाट तथा ब्रुक्स ने क्रोचे के सिद्धांत को कला के समस्त आधुनिक सिद्धांतों में एक प्रकार से सबसे अधिक 'संज्ञानात्मक' (cognitive) कहा है।

: 4 :

क्रोचे के अभिव्यंजना सिद्धांत के साथ ही जुड़ी हुई उनकी कुछ और अवधारणाओं को समझ लेना भी उचित होगा।

क्रोचे मानते हैं कि सच्चे अर्थों में कला या सौंदर्य का सृजन सायास अथवा सचेत रूप से नहीं हो सकता। कलाकार सहज रूप में अंतःप्रेरणा का अनुभव करता है और अनायास ही उसके मानस में बिंबों की रचना होती है। इसीलिए अपने सर्जन की विषयवस्तु का चुनाव भी उसके हाथ में नहीं होता, न ही वह किसी उद्देश्य को सामने रखकर रचना करता या कर सकता है। वह अपनी अंतःप्रेरणा या सहजानुभूति के विरुद्ध नहीं जा सकता। इसलिए उसकी रचना में उद्देश्य की खोज करना या उस रचना की विषयवस्तु को व्यावहारिकता या नैतिकता की कसौटी पर कसना हास्यास्पद है। रचना की आलोचना-निंदा या प्रशंसा भी इसलिए नहीं हो सकती कि वह स्वेच्छामूलक कार्य नहीं है। अगर आलोचना करनी ही हो तो अभिव्यक्ति में निहित उन कमियों या विसगंतियों की ही की जा सकती है जो अभिव्यक्ति को स्पष्ट नहीं होने देतीं।

सहजानुभूति को क्रोचे कला अवश्य मानते हैं किंतु वे कलाकार की सहजानुभूति

और साधारण व्यक्ति की सहजानुभूति के सौंदर्यपरक मूल्य में अंतर नहीं करते। जिस प्रकार पत्थर के एक टुकड़े और ऊँचे पर्वत में मूल रासायनिक तत्त्व एक ही होते हैं, उनमें गुण का नहीं केवल परिमाण का अंतर होता है, उसी प्रकार **सामान्य व्यक्ति और कलाकार की सहजानुभूति मूलतः एक समान होती है।** उसमें भी अगर अंतर होता है तो परिमाण का, गुण का नहीं।

क्रोचे का मानना है कि मानव के चेतन जीवन के हर क्षण का अपना एक कला-संसार है और कलागत मूल्यों की दृष्टि से इनमें से किसी भी संसार की तुलना किसी अन्य संसार से नहीं की जा सकती। असभ्य, आदिम मानव की कला भी यदि उसके द्वारा गृहीत प्रभावों से संबद्ध है तो उसे सभ्य-सुसंस्कृत व्यक्ति की कला से हीन नहीं माना जा सकता। इसी प्रकार किसी सिद्ध कवि द्वारा रचित प्रेमगीत और जनसाधारण में प्रचलित किसी सरल से प्रेमगीत या सामान्य जनों के प्रेमोद्‌गारों में भी गुणात्मक अंतर नहीं होता। क्रोचे के अनुसार कलात्मक या गैर-कलात्मक कहलाने वाली सहजानुभूति-अभिव्यंजनाओं के बीच की सीमा रेखा को तय कर पाना असंभव है। वास्तव में सहजानुभूति तो सहजानुभूति ही होती है, चाहे वह किसी भी स्तर पर हो। ऐसा नहीं हो सकता कि कलाकार और सामान्य व्यक्ति की सहजानुभूति की कसौटी अलग-अलग हो।

क्रोचे यह भी मानते हैं कि अभिव्यंजना या कला की विषयवस्तु कुछ भी हो सकती है। उसमें हीन और श्रेष्ठ या सुंदर-असुंदर का भेद नहीं होता। पहली बात तो यही है कि कलाकार विषयवस्तु का चयन नहीं करता। सहजानुभूति अनायास ही होती है और वही अभिव्यंजना के माध्यम से कला कहलाती है। उस स्थिति में उसका वैशिष्ट्य विषयवस्तु से नहीं, बल्कि कलाकार की दृष्टि और उसकी बिंब विधायिनी कल्पना से निर्धारित होता है। इसी प्रकार, चेतना को ही अंतिम कसौटी मानने वाले क्रोचे के अनुसार गोचर जगत में कुछ भी सुंदर या असुंदर नहीं होता। जो कुछ भी भली-भाँति अभिव्यंजित हो जाता है, वही कला भी है और सुंदर भी।

अभिव्यंजना क्रोचे के अनुसार एक अखंड इकाई है। विश्लेषण से उसका सौंदर्य नष्ट हो जाएगा। किसी चित्र में रंग, रेखाओं, आकृतियों, पृष्ठभूमि आदि को अलग-अलग करके देखना उस चित्र के समग्र प्रभाव को खंडित कर देना है। चित्र का सौंदर्य सभी तत्त्वों के सम्मिलित, समंजस, समग्र प्रभाव में निहित रहता है। कलाकार के मानस में भी प्रभाव बिंब, विखंडित रूप में नहीं उभरते, इसलिए कल्पना उस प्रभाव को जो रूपाकार देती है उसमें भी बिंब संश्लिष्ट होते हैं और प्रभाव समग्र तथा एकीकृत होता है। इसलिए अभिव्यंजना या कला भी एक समग्र इकाई होती है।

क्रोचे ने साहित्य की जो समालोचना की उसमें भी उनकी दृष्टि का परिचय मिलता है। अभिव्यंजना सिद्धांत मात्र साहित्य से नहीं बल्कि संपूर्ण सौंदर्यशास्त्र से संबद्ध है। इसके अंतर्गत क्रोचे किसी भी कला के सीमांकन, वर्गीकरण या अन्य

कलाओं के साथ उसे मिलाने के विरुद्ध हैं। विश्लेषण तथा वर्गीकरण का यह विरोध इतनी दूर तक जाता है कि वे कृति के 'रूप' (form) तथा 'अंतर्वस्तु' (content) में विभाजन को भी गलत मानते हैं। कविता में अलंकरण के भी वे विरोधी हैं। जो अलंकार काव्य में सहज रूप से आते हैं, वे भी काव्य के अभिन्न अंग होते हैं। जो अलंकार अभिव्यंजना के वास्तविक अर्थ से जुड़े हुए नहीं होते और केवल सुंदरता बढ़ाने की खातिर ऊपर से लादे जाते हैं, वे अनुचित होते हैं अतः उनका प्रयोग होना ही नहीं चाहिए। इसी प्रकार, वे यह भी नहीं मानते कि छंद हमें या हमारे कानों को विशेष आनंद देता है। अनुवाद भी उनके अनुसार अनुपयुक्त है, क्योंकि वह 'मूल' को नष्ट करके एक नयी अभिव्यंजना को प्रस्तुत करता है।

: 5 :

सौंदर्यशास्त्र के क्षेत्र में क्रोचे के योगदान को विमसाट तथा ब्रुक्स ने इन शब्दों में रेखांकित किया है :

क्रोचे शायद किसी भी अन्य आधुनिक सौंदर्यशास्त्री की अपेक्षा अधिक सशक्त भाव से कला के विषय में भाववादी तथा अभिव्यंजनावादी चिंतन के युग का समाहार तथा समापन करते हैं। वे कला-कार्य के दर्शन का अनन्य भाव से वैयक्तिक संगठन के रूप में और आत्मा की अभिव्यंजना होने के नाते एक (स्वयं अपने ही नियमों से शासित) सर्जना के रूप में ध्रुवीकरण करते हैं जो (अपने से बाह्य किसी वस्तु के नियमों से शासित) अनुकरण से भिन्न है। क्रोचे की यह विशेषता ही उनकी आलोचना का कारण भी बनी है।

अभिव्यंजना सिद्धांत की सबसे प्रबल आलोचना उसकी आत्मपरकता के कारण होती है। यह प्रश्न बराबर उठाया जाता है कि कलाकार के अंतर में स्थित व्यक्ति-विशिष्ट कलाकृति का सहृदय या समालोचक के लिए क्या महत्त्व हो सकता है? अन्य सभी कलावादियों से बढ़कर क्रोचे ने समाज तथा कला के संबंध को पूर्णतः अस्वीकार कर दिया। समाज से संबंध न रहने के कारण कलाकर्मी के लिए उत्साह तथा प्रेरणा के स्रोत भी सूख जाते हैं और उस पर किसी प्रकार का नियंत्रण भी नहीं रहता।

वस्तुतः ऐसी आलोचनाएँ इसलिए होती हैं क्योंकि कला, उसके स्वरूप तथा समाज में उसके स्थान को लेकर क्रोचे की अभिधारणाएँ सामान्य पारंपरिक धारणाओं से पूर्णतः भिन्न हैं।

क्रोचे के मत को समझने में एक और कठिनाई इस बात से पैदा होती है कि सामान्य अर्थ में प्रचलित शब्दों का उन्होंने एक विशिष्ट निजी अर्थ में प्रयोग किया है। इसके अतिरिक्त उन्होंने सहजानुभूति, अभिव्यंजना, कला आदि को अभिन्न मानते हुए एक दूसरे का पर्याय ही बना दिया। आम अध्येता के लिए अपनी

पूर्वधारणाओं से निकलकर शब्दों को इन अर्थों में समझना कठिन और उलझन भरा भी महसूस होता है। अवधारणाओं की अमूर्तता भी इस सिद्धांत को अतिदार्शनिकता की ओर झुका देती है।

सारी आलोचनाओं के बावजूद इस बात से इंकार नहीं किया जा सकता कि क्रोचे ने कलावाद को तो अपनी चरम सीमा तक पहुँचाया ही, तत्कालीन आलोचना में यथार्थवाद, आदर्शवाद, उपदेशात्मक तथा अनुकरणात्मक आदर्शों, कलाकार की जीवनी से संबद्ध सत्यों आदि के नाम पर साहित्यिक प्रतिमानों का जो प्रभाव बढ़ रहा था उस पर भी कुछ सीमा तक रोक लगाई। बाह्य अलंकरण के विरोध के द्वारा उन्होंने कृति की अपनी गुणवत्ता के महत्त्व की ओर ध्यान आकर्षित किया। कृति की चीरफाड़ और विश्लेषण की प्रवृत्ति के विपरीत इन्होंने उसे एक समग्र संश्लिष्ट रचना के रूप में देखने पर बल दिया। क्रोचे के मत को भले ही ज्यों-की-त्यों स्वीकृति न मिली हो, पर आगे आने वाले विचारकों पर उनका प्रभाव असंदिग्ध है। इनकी रचनाओं का बड़े पैमाने पर अनुवाद तथा भाष्य हुआ। अमेरिका में जे.ई. स्पिनगार्न द्वारा प्रतिष्ठित 'नयी समीक्षा' पर क्रोचे के विचारों का प्रभाव स्पष्ट है। एडगर ऐलन पो, लुइजी पिरांदेलो आदि के साहित्य चिंतन और रचनाओं पर भी क्रोचे के सिद्धांतों की छाप मिलती है। कला में सौंदर्य, आत्माभिव्यंजना तथा कृति के समग्र प्रभाव के महत्त्व, कला के विवेचन के लिए सौंदर्येतर प्रतिमानों की अवांछनीयता आदि पर बल देने के कारण क्रोचे का प्रभाव, प्रासंगिक रूप से ही सही, साहित्य तथा सौंदर्य-विवेचन के काफी बड़े क्षेत्र में फैला है।

: 6 :

अभिव्यंजनावाद की चर्चा करते समय इसे प्रायः भारतीय आचार्य कुंतक के वक्रोक्ति सिद्धांत से जोड़कर देखा जाता है। आचार्य रामचंद्र शुक्ल ने तो इसे 'भारतीय वक्रोक्तिवाद का विलायती उत्थान' ही कहा था। दोनों सिद्धांतों में कुछ साम्य दिखाई भी देता है। दोनों में ही कल्पना और अभिव्यंजना को प्रधानता दी गई है। क्रोचे और कुंतक, दोनों ही अभिव्यंजना के वर्गीकरण के विरुद्ध हैं। अपने तरीके से वक्रोक्ति सिद्धांत भी कलावादी है। किंतु दोनों सिद्धांतों का साम्य यहीं तक है। कलावादी रुझान के बावजूद कुंतक कला को नैतिकता और उपयोगिता से मुक्त नहीं मानते। कलाकृति/काव्य में आनंद प्रदान करने की क्षमता होनी चाहिए पर क्रोचे के समान कुंतक उस आनंद को अभिव्यंजना का अनिवार्य सहचर नहीं बल्कि रचना का उद्देश्य मानते हैं। जहाँ रचनाकार के सामने एक निश्चित उद्देश्य होता है, वहाँ उसकी रचना निरायास नहीं रह जाती। क्रोचे के मत में हर सहजानुभूति अभिव्यंजना है, अतः असफल अभिव्यंजना होती ही नहीं। इसके विपरीत कुंतक अभिव्यंजना को आयास साध्य मानते

हैं और आयास सफल भी हो सकता है, असफल भी। साथ ही कुंतक वस्तुतत्त्व तथा बाह्य अभिव्यक्ति को भी महत्त्व देने के नाते उक्तिवैचित्र्य के पक्षधर हैं जबकि क्रोचे बाह्य अभिव्यक्ति की आवश्यकता ही स्वीकार नहीं करते और उक्ति चमत्कार के प्रबल विरोधी हैं। इस प्रकार अभिव्यंजनावाद तथा वक्रोक्ति सिद्धांत में अगर कोई साम्य है, तो सिर्फ सतही तौर पर। गहराई में जाकर देखा जाए तो दोनों सिद्धांतों के उद्देश्य तथा जीवन-दृष्टि पूरी तरह भिन्न हैं।

टी. एस. इलियट (1888-1965)

: 1 :

विख्यात कवि, नाटककार तथा आंग्ल-अमरीकी नयी आलोचना के जनक टी. एस. इलियट का जन्म 26 सितंबर, 1888 को सेंट लुई अमरीका के एक प्रतिष्ठित परिवार में हुआ। उनकी मृत्यु 4 जनवरी, 1965 को लंदन में हुई।

वे हार्वर्ड विश्वविद्यालय में प्रो. इर्विंग बेबिट के शिष्य थे। उनके अध्ययन के विषय थे पौरस्त्य दर्शन और संस्कृत। एफ.एच. ब्रैडले के दर्शन पर उनका शोध-प्रबंध उनकी मृत्यु के उपरांत 'नॉलिज एंड एक्सपीरिएंस' शीर्षक से प्रकाशित हुआ। हार्वर्ड के अतिरिक्त उन्होंने सॉबोर्न (फ्रांस), फिलिप्स (जर्मनी) तथा ऑक्सफोर्ड (इंग्लैंड) विश्वविद्यालयों में भी कुछ समय अध्ययन किया।

इलियट ने अपना कार्य-जीवन स्कूल में अध्यापन से आरंभ किया। उसके बाद लायड्स बैंक में कई वर्ष क्लर्की की और अंततः सन् 1917 से पूर्णतः लेखन-संपादन और प्रकाशन पर निर्भर रहना आरंभ कर दिया। सन् 1913 से वे इंग्लैंड में आकर बस गए थे। वहीं उन्होंने ब्रिटिश साहित्यिक पत्रिका 'ईगोइस्ट' के सहकारी संपादन का दायित्व सँभाला और सन् 1922 में त्रैमासिक समीक्षा-पत्रिका 'क्राइटेरियन' की स्थापना की। सन् 1925 में वे 'फेबर एंड फेबर' नामक प्रकाशन संस्थान से जुड़ गए और अंततः उसके निदेशक नियुक्त हुए।

सन् 1927 में इलियट ने ब्रिटिश नागरिकता ग्रहण की। सन् 1948 में उन्हें साहित्य का नोबेल पुरस्कार और ब्रिटिश 'ऑर्डर ऑफ मेरिट' (ओ.एम.) की उपाधि मिली। दो बार अमरीकी विश्वविद्यालयों में वे विजिटिंग प्रोफेसर के रूप में आमंत्रित किए गए। उन्हें अनेक साहित्यिक सम्मान मिले। सन् 1928 में इलियट ने एंग्लिकन चर्च में दीक्षा ली। इस घटना का उनके जीवन और चिंतन में विशेष महत्त्व स्वीकार किया जाता है।

इलियट की काव्य-रचनाओं में 'द लव सांग ऑफ एल्फर्ड प्रूफ्रॉक' (1915), 'द वेस्ट लैंड' (1922) और 'फोर क्वार्ट्रेट्स' (1943) और नाटकों में 'मर्डर इन द कैथिड्रल' (1935), 'द फेमिली रियूनियन' (1939) और 'द कॉकटेल पार्टी' (1950)

विशेष लोकप्रिय हुए।

उनकी समालोचना में 'द सेक्रेड वुड' (1920), 'होमेज टु जॉन ड्राइडन' (1924), 'एलिजाबेथेन एसेज' (1932), 'द यूज ऑफ पोएट्री एंड द यूज ऑफ क्रिटिसिज़्म' (1933), 'सेलेक्टेड एसेज' (1934) और 'एसेज एंशेंट एंड मॉडर्न' (1936) विशेष प्रसिद्ध हुईं।

'नयी आलोचना' के जनक के रूप में विख्यात टी.एस. इलियट ने हार्वर्ड में अपने शिक्षा-काल में ही काव्य-रचना और संपादन का कार्य आरंभ कर दिया था। दो विश्व-युद्धों के बीच रचना-कर्म में प्रवृत्त इलियट के विचारों में परम आधुनिकता तथा परंपरा का अद्भुत विरोधाभासी मेल था—कविता में अजनबीपन का अहसास और व्यक्ति की अस्मिता की तलाश और आगे चलकर विशेषकर नाटकों में अध्यात्म की ओर उनका झुकाव। एक ओर दांते, एलिजाबेथेन तथा जेकोबियन नाटक का प्रभाव और दूसरी ओर शैली पर उन्नीसवीं शताब्दी के फ्रेंच प्रतीकवादी कवियों की छाप।

समालोचक के रूप में इलियट एक ऐसा चिंतक था जिसने व्यवस्थित सिद्धांत-निरूपण नहीं किया, पर अपनी पीढ़ी की रुचि और विचारों को बहुत दूर तक प्रभावित किया। उनके ध्यान का केंद्र थे मेटाफिजिकल कवि तथा एलिजाबेथेन और जेकोबियन युग के नाटक। कुल मिलाकर इलियट का रुझान सौंदर्यशास्त्रीय सिद्धांत तथा जीवन के नियम की दृष्टि से क्लासिकी संयम की ओर था।

: 2 :

पश्चिम में 'नयी कविता' और 'नयी आलोचना' को प्रेरित करने वाले रचनाकारों में इलियट अप्रतिम हैं। रोमांटिक कवियों ने कविता को सहज अंतःस्फूर्त सृष्टि स्वीकार किया। इलियट ने 'परंपरा और व्यक्ति-प्रज्ञा' शीर्षक अपने प्रसिद्ध निबंध में इस रोमांटिक सिद्धांत का विरोध करते हुए घोषणा की : **''कविता कवि-व्यक्तित्व की अभिव्यक्ति नहीं, व्यक्तित्व से पलायन है।''** इस घोषणा का लक्ष्य मुख्यतः वर्ड्स्वर्थ का 'सहज उच्छलन' वाला सिद्धांत था, जिसके अनुसार कविता को प्रबल भावों की अंतःस्फूर्त अतिव्यक्ति (Spontaneous overflow of powerful emotions) करार दिया गया था। इस रोमानी काव्य-सिद्धांत के अनुसार कविता में, कवि-व्यक्तित्व में निहित भावावेग की अभिव्यक्ति नहीं, लगभग वमन होता है। कविता की सत्ता इस प्रकार कवि-सत्ता से अभिन्न हो जाती है।

इलियट का बल कविता की स्वायत्त वस्तु-सत्ता की प्रतिष्ठा पर था। उन्होंने कवि की भूमिका की व्याख्या **सर्जक** के रूप में नहीं, **माध्यम** के रूप में की। पर लगे हाथों उन्होंने यह स्पष्ट किया कि व्यक्तित्व या भावों से 'पलायन' का कार्य इनकी सत्ता का निषेध नहीं है :

''कविता भावों का उच्छलन नहीं बल्कि भावों से पलायन है। परंतु इसमें संदेह नहीं कि जिनके पास व्यक्तित्व और भाव होते हैं, केवल वे ही जानते हैं कि इनसे पलायन चाहने का अर्थ क्या होता है।''

दरअसल इलियट का विरोध व्यक्तित्व से नहीं, 'व्यक्ति तत्त्व' की अनायास अनियंत्रित अभिव्यक्ति से प्रतीत होता है। उन्होंने काव्य-सृजन में कवि-व्यक्तित्व की तात्विक उपस्थिति से साग्रह इंकार किया :

''मैं जिस दृष्टिकोण पर आक्षेप करने के लिए संघर्ष कर रहा हूँ, उसका संबंध संभवतः आत्मा की तात्विक एकता के आध्यात्मिक सिद्धांत से है : क्योंकि मेरा तात्पर्य यह है कि कवि के पास अभिव्यक्त करने के लिए 'व्यक्तित्व' नहीं, बल्कि एक विशेष माध्यम होता है, जो केवल एक माध्यम ही होता है—व्यक्तित्व नहीं जिसमें विभिन्न प्रभाव और अनुभव विशिष्ट और अप्रत्याशित रूपों में संयुक्त हो जाते हैं। यह संभव है कि उन प्रभावों और अनुभवों का जो व्यक्ति के लिए बहुत महत्त्वपूर्ण हैं, कविता में कोई स्थान न हो, और जो कविता में महत्त्वपूर्ण हों, उनकी भूमिका व्यक्ति में, व्यक्तित्व में, व्यक्तित्व विशेष में सर्वथा नगण्य हो।''

कहने की आवश्यकता नहीं कि सृजन-प्रक्रिया में प्रातिभ अभिव्यक्ति का समर्थन इलियट ने नहीं किया। भारतीय काव्यशास्त्र की शब्दावली में कहा जा सकता है कि वे 'भावयित्री' और 'कारयित्री' क्षमताओं में (प्रतिभा शब्द का प्रयोग इलियट के संदर्भ में संगत न होगा) कारण-कार्य या अनिवार्य संबंध नहीं मानते। उन्होंने कृति की वस्तुनिष्ठ स्वायत्त सत्ता के लिए इन क्षमताओं के बीच दूरी का संबंध अधिक श्रेयस्कर माना है।

इलियट के अनुसार कविगत भाव और काव्यगत भाव में प्रकृति का अंतर होता है। रचनां की विशिष्टता भोक्ता कवि के अनुभवगत भाव में नहीं होती। अनुभूत भाव की प्रकृति प्रेरक घटनाओं से निर्धारित होती है, जबकि काव्यगत भाव का चरित्र रचना-प्रक्रिया के दौरान सामान्य भावों के विशिष्ट उपयोग से निर्मित होता है। यही कवि-कर्म है, जिसके द्वारा रचना में ऐसे भावों की अभिव्यक्ति भी संभव हो सकती है जिनका वास्तविक जीवन में अनुभव ही न किया गया हो। इलियट के अनुसार कवि के निजी जीवन स्तर पर अनुभव की असाधारणता कविता में व्यक्त भावों की जटिलता या असाधारणता के लिए एकदम अनावश्यक है। उन्होंने स्पष्ट कहा है :

''कवि अपने व्यक्तिगत भावों के कारण, उन भावों के कारण जो उसके जीवन में विशिष्ट घटनाओं से उद्दीप्त होते हैं, किसी भी रूप में न असाधारण होता है न रोचक। उसके विशेष भाव सरल हो सकते हैं, अनगढ़ हो सकते हैं या सपाट हो सकते हैं। उसका काव्यगतभाव बहुत जटिल होगा, परंतु यह जटिलता उन लोगों के भावों की-सी नहीं होगी जिनके भाव जीवन में बहुत जटिल या असामान्य होते हैं।...कवि का कर्म नये भावों की तलाश करना नहीं है बल्कि सामान्य भावों का उपयोग करना

और उन्हें कविता का रूप देकर ऐसी अनुभूतियों की अभिव्यक्ति करना है जो वास्तविक भाव में होती ही नहीं। जिन भावों का उसने कभी अनुभव नहीं किया, वे समय पर उसके वैसे ही काम आते हैं जैसे उसके परिचित भाव।''

काव्य में स्थान पाने के लिए भावों का कवि के अनुभव की राह से गुज़रकर आना इलियट के अनुसार एकदम गैर-जरूरी है। इसी कारण वे वर्ड्स्वर्थ के 'शांति के क्षणों में संस्मृत भाव' को 'एक अनिश्चित सूत्र' कहकर खारिज करते दिखाई पड़ते हैं। इलियट का तर्क है कि ''यह न तो भाव है, न संस्मरण, और यदि अर्थ को विकृत न करें तो शांति भी नहीं।''

कवि-कर्म की प्रक्रिया में निजी और व्यक्तिगत अनुभवों के हस्तक्षेप को अमान्य ठहराकर इलियट जब व्यक्तित्व के पलायन की बात करते हैं तो उनका लक्ष्य व्यक्ति-तत्व का निषेध और तिरस्कार नहीं होता, उसका निर्वैयक्तिकरण होता है। रोमानवाद की तर्कातीत विषयपरकता के स्थान पर वे विज्ञान की वस्तुपरकता की प्रतिष्ठा करते हैं। इस अर्थ में कवि-कर्म व्यक्ति से वस्तु होते जाने की प्रक्रिया है—वस्तु के प्रति व्यक्ति का समर्पण :

''होता यह है कि क्षण-विशेष में व्यक्ति स्वयं जैसा भी है उसका सतत समर्पण वह किसी अधिक मूल्यवान वस्तु के प्रति करता जाता है। एक कलाकार की प्रगति एक अनवरत आत्मबलिदान है, व्यक्तित्व का निरंतर निर्वापण।''

निर्वैयक्तिकरण की यह प्रक्रिया कला को विज्ञान की स्थिति के निकट पहुँचा देती है। इलियट ने अपने मंतव्य को विज्ञान से एक 'व्यंजनात्मक सादृश्य' देकर स्पष्ट किया है : ''मैं आपको इस पर विचार करने के लिए आमंत्रित करता हूँ कि जब ऑक्सीजन और सल्फर-डाइआक्साइड से युक्त प्रकोष्ठ में प्लेटिनम के बारीक तार का प्रवेश कराया जाता है तो क्या घटित होता है।''

''...प्लेटिनम के तार की मौजूदगी में उक्त दोनों गैसों को मिलाया जाता है तो उनसे सल्फ्यूरिक एसिड बनती है। यह संयोजन तभी घटित होता है जब प्लेटिनम मौजूद हो; फिर भी इस नवनिर्मित गैस में प्लेटिनम का कोई चिह्न नहीं बचता और स्वयं प्लेटिनम पर भी कोई प्रभाव पड़ता प्रतीत नहीं होता : वह निष्क्रिय, तटस्थ और अपरिवर्तित रहता है। कवि का मानस प्लेटिनम का तार है। हो सकता है कि वह स्वयं व्यक्ति के अनुभव से अंशतः या पूर्णतः परिचालित हो, परंतु **कलाकार जितना सिद्ध होगा उतना ही उसके भीतर के भोक्ता मानव और स्रष्टा मानस के बीच का पार्थक्य पूर्ण होगा** और उतनी ही सिद्धि के साथ उसका मानस आवेगों को, जो उसकी सामग्री होती है, पचाकर रूपांतरित करेगा।''

इलियट के अनुसार रचना के लिए कवि का होना आवश्यक है, रचना में नहीं। कवि के मानस की तुलना उन्होंने ऐसे पात्र से की है जो असंख्य अनुभूतियों, वाक्यांशों और बिंबों को पकड़कर संग्रह करता रहता है। यह संग्रह एक नये मिश्रण की रचना

के लिए विशेष रूप में संयुक्त होता है तो रचना सामने आती है। इस रचना में **कवि का वैयक्तिक भाव पूर्णतः निर्वैयक्तिक होकर अभिव्यक्त होता है।** इलियट कवि के भाव और कविता के भाव में अंतर करते हैं। उनके अनुसार : ''कविता का भाव निर्वैयक्तिक होता है। और कवि इस निर्वैयक्तिकता को तब तक नहीं पहुँच सकता जब तक वह करणीय कर्म के प्रति अपने-आपको पूरी तरह समर्पित नहीं कर देता।''

दरअसल इलियट का आग्रह बराबर कविता को कविता के रूप में देखने पर रहा है। विचार-क्रम में विकास और उतार-चढ़ाव के बावजूद उनके इस आग्रह में कोई अंतर नहीं आया। यह बात अलग है कि उनकी उत्तर-आलोचना में वह कट्टरता नहीं रही जिससे उन्होंने अपने आलोचना-कर्म का आरंभ किया था। किंतु अपनी मूल प्रतिज्ञा के संदर्भ में इस दृष्टि से उनमें एक सातत्य स्पष्ट दिखाई पड़ता है।

सन् 1920 में प्रकाशित अपने पहले निबंध-संग्रह 'सेक्रेड वुड' में उन्होंने जो घोषणा की थी, वह दूसरे संस्करण (1928) की भूमिका में यथावत् कायम रही : **''जब हम कविता पर विचार करते हैं तब हमें उसे प्रमुखतः कविता के रूप में ही देखना चाहिए, किसी और रूप में नहीं।''**

इतना ही नहीं, 1956 में उनका प्रसिद्ध निबंध 'आलोचना के सीमांत' (फ्रंटियर्स ऑफ क्रिटिसिज्म) प्रकाशित हुआ। इस निबंध में उन्होंने आलोचना की विविध पद्धतियों की जाँच इस दृष्टि से की है कि वे कविता को कविता के रूप में समझने में किस हद तक हमारी मददगार हो सकती हैं? इस संदर्भ में जीवनीपरक आलोचना पर उनका मत ध्यान देने योग्य है। हर्बर्ट रीड और बेटसन ने इस पद्धति के सहारे वर्ड्स्वर्थ को समझने का जो प्रयत्न किया था, उस पर इलियट ने टिप्पणी की :

''अगर हम वर्ड्स्वर्थ को समझना चाहते हैं तो यह जानकारी हमारे लिए प्रासंगिक है। लेकिन उनकी कविता को समझने के लिए यह प्रासंगिक नहीं है। कविता को कविता के रूप में समझने के लिए भी इसकी कोई प्रासंगिकता नहीं है।''

: 3 :

कविता की स्वायत्तता की, कविता को कविता के रूप में देखने की वकालत इलियट लंबे समय तक करते रहे। कविता को कवि से मुक्त एक निर्वैयिक्तक रचना के रूप में ग्रहण करने की माँग इलियट ने केवल स्रष्टा कवि की दृष्टि से ही नहीं की, वे आलोचक से भी इस निर्वैयक्तिक भाव की अपेक्षा करते थे। जिस प्रकार भारतीय काव्यशास्त्र में कविता के सहृदय पाठक के लिए पूर्वाग्रह-मुक्ति अनिवार्य शर्त है, लगभग उसी प्रकार इलियट ने काव्यास्वाद के लिए इस बात की आवश्यकता पर बल दिया है कि : ''साहित्य के आलोचक के मन में कलाकृति के द्वारा संप्रेरित

संवेगों के अतिरिक्त किसी और संवेग की उपस्थिति नहीं होनी चाहिए।''

कवि-पक्ष में जो निर्वैयक्तिकता सृजन के लिए आवश्यक है, वही आलोचक में आस्वाद और विश्लेषण के लिए अनिवार्य है। इलियट के अनुसार भोक्ता व्यक्ति और रचयिता कलाकार के बीच दूरी के समानांतर कला की श्रेष्ठता के अनुपात में वृद्धि होती है, ठीक उसी प्रकार कलाकृतियों का अनुशीलन करते समय आलोचक को भी हर प्रकार के इतर मुलाहिजों से, यहाँ तक कि अपनी आनुवंशिक विरासत से भी मुक्त, केवल पाठक होना चाहिए : ''कलास्वाद के लिए यह अनिवार्य है कि कलाओं का अनुशीलन करते समय व्यक्ति सब कुछ का, यहाँ तक कि अपने वंशवृक्ष का भी संवरण करके इस कार्य में प्रवृत्त हो। आवश्यक है कि कलाओं का उपभोक्ता सहृदय किसी परिवार, जाति, दल या वर्ग का सदस्य न होकर आत्मस्थित पाठक मात्र हो।''

लेखक और आलोचक की निर्वैयक्तिकता के प्रति इलियट का यह शुद्धतावादी आग्रह समय के साथ शिथिल हो चला। वे धीरे-धीरे व्यक्तित्व को रचना के महत्त्व का हेतु स्वीकार करने लगे। रचना के बरक्स आलोचना में भी उन्होंने क्रमशः व्यक्तित्व का महत्त्व स्वीकार किया। 'आलोचना में प्रयोग' (Experiment in Criticism) शीर्षक निबंध में उन्होंने साहित्य के संदर्भ में देशकालातीत निर्वैयक्तिक रुचि के अस्तित्व को नकारते हुए स्पष्ट घोषणा की कि यह मुमकिन नहीं है कि किसी भी पीढ़ी का कोई भी व्यक्ति अतीत के हर लेखक और हर काल का रसज्ञ पाठक हो, यानी सार्वजनीन सुरुचि समय से निरपेक्ष हो।

किसी समय रचना और आलोचना दोनों के लिए व्यक्तित्व के अतिक्रमण का समर्थन करने वाले इलियट 'द यूज़ ऑफ पोएट्री...' तक पहुँचते-पहुँचते यह अनुभव करने लगे थे कि अपने व्यक्तित्व का अतिक्रमण न कवि के लिए संभव है और न आलोचक के लिए। वे मानते थे कि अच्छे और बुरे लेखन के प्रतिमान हमारी रुचि-अरुचि से परे होते हैं। इसी प्रकार कविता में शाश्वत तत्त्व समान होते हैं, परंतु ''इस समान तत्त्व के निरूपण का हर प्रयत्न समय, स्थान और व्यक्ति की सीमाओं में बँधा होता है और ये सीमाएँ इतिहास के परिप्रेक्ष्य में उद्घाटित होती हैं।''[11]

दरअसल इलियट की आपत्ति रचना में निपट वैयक्तिक अभिव्यक्ति से और आलोचना में प्रभावाभिव्यंजक विगलन से थी। वैयक्तिकता के वे उसी हद तक समर्थक थे जहाँ तक वह निर्वैयक्तिक के ग्रहण और अभिव्यक्ति में प्रयत्नशील हो। चाहें तो इसे निर्विशेष का विशेषीकरण या सार्वजनीन की व्यक्ति-सिद्ध अभिव्यक्ति कहा जा सकता है। ऐसी अभिव्यक्ति जिसके लिए व्यक्ति के द्वारा अपनी निजता का, विशिष्टता का, व्यक्तित्व का अतिक्रमण अनिवार्य होगा। सार्वजनीन की व्यक्ति-सिद्ध अभिव्यक्ति की यह अवधारणा आत्माभिव्यक्ति के रोमांटिक मिजाज से तत्त्वतः भिन्न थी—उसके विरोध का परिणाम थी।

इलियट के चिंतन में एक तारतमिकता बराबर दिखाई पड़ती है। मसलन वे अपने प्रसिद्ध निबंध 'हेमलेट एंड हिज प्राबलम्स' (हेमलेट और उसकी समस्याएँ) में **'ऑब्जेक्टिव कोरिलेटिव'** की व्याख्या और प्रतिपादन करते हैं। अभिव्यक्ति के लिए 'ऑब्जेक्टिव **कोरिलेटिव**' का संधान (जिसे भारतीय साहित्यशास्त्र की 'विभावन व्यापार' की अवधारणा के समतुल्य माना जा सकता है) अमूर्त अनुभूति का मूर्त वस्तु व्यापार में रूपांतरण है। यह प्रक्रिया अमूर्त के मूर्त में ही नहीं, बल्कि वैयक्तिक के निर्वैयक्तिक में रूपांतरण की प्रक्रिया भी है। इलियट ने कलात्मक रूपों में अनुभूति की अभिव्यक्ति का एकमात्र तरीका इसी 'विभावन व्यापार' के संधान को माना है। उनके अनुसार : ''वस्तुओं का समूह, स्थिति विशेष, घटनाओं की शृंखला, अनुभूति विशेष के लिए सूत्र का कार्य करते हैं। ऐंद्रियानुभूति के क्षणों में इन मूर्त तथ्यों के उपस्थित होते ही इनसे संबद्ध संवेग तत्काल उद्‌बुद्ध हो जाता है और वस्तु-बोध अनिवार्यतः समाप्त हो जाता है।''

अमूर्त अनुभूति वैयक्तिक होती है। संप्रेषण के लिए मूर्त वस्तु-रूप ग्रहण करना इस वैयक्तिक अनुभव का वस्तु-रूप निर्वैयक्तिकरण है और उस वस्तु-सामग्री के माध्यम से तत्संबंधी अनुभूति का उद्‌बोध उस सार्वजनीन सामग्री का व्यक्ति-सिद्ध अनुभव है; अर्थात् भोक्ता मानस का वैयक्तिक भाव कर्ता कलाकार द्वारा निर्वैयक्तिक कला-रूपों के माध्यम से ही पाठक/आलोचक तक संप्रेषित होता है। बिना इस प्रक्रिया से गुजरे उसका संप्रेषण/ग्रहण संभव नहीं होता।

कलात्मक अभिव्यक्ति के लिए वस्तुगत-सत्ता की प्रतिष्ठा इलियट की 'निर्वैयक्तिकता' संबंधी अवधारणा से पूरी तरह मेल खाती है।

यह भी ध्यान देने की बात है कि 'थ्री वायसेज ऑफ पोएट्री' (काव्य के तीन स्वर) शीर्षक अपने बहुचर्चित निबंध में इलियट यदि सर्वाधिक महत्त्व नाट्यस्वर को देते हैं तो यह भी कहीं-न-कहीं उनके निर्वैयक्तिक काव्य के सिद्धांत की ही परिणति है। कविता का पहला स्वर वह होता है जब कवि या तो अपने को संबोधित करता है या फिर किसी को नहीं। दूसरे स्वर में कवि किसी छोटे-बड़े पाठक/श्रोता समुदाय को संबोधित करता है। कवि का तीसरे प्रकार का स्वर वहाँ सुनाई पड़ता है जब वह कोई ऐसी बात कहता है जो वह स्वयं अपने व्यक्ति रूप में नहीं कह सकता; बल्कि जिसे वह सिर्फ उस सीमा के भीतर कह सकता है जिसमें एक काल्पनिक पात्र दूसरे काल्पनिक पात्र को संबोधित कर रहा हो। व्याकरण की शब्दावली में चाहें तो इसे प्रथम पुरुष, द्वितीय पुरुष और अन्य पुरुष संबोधन कहा जा सकता है। इलियट ने इन्हें नाटकीय, अर्ध-नाटकीय और अनाटकीय स्वरों का अंतर कहा है और इनका संबंध मुख्यतः काव्यात्मक संप्रेषण की समस्या से माना है। इलियट के अनुसार इनका अंतर इस बात में है कि कवि दूसरों को अपनी या किसी आरोपित आवाज में संबोधित करता है या फिर वह ऐसी भाषा का आविष्कार करता है जिसमें काल्पनिक

पात्र आपस में बातचीत करते हैं।

इलियट ने स्पष्ट कहा है कि यह कतई जरूरी नहीं है कि इनमें से किसी भी एक स्वर की उपस्थिति में बाकी दो अनुपस्थित रहें। वे एक साथ या अलग-अलग किसी भी कृति में, कहीं भी हो सकते हैं। उन्होंने यह भी कहा कि अपने आरंभिक रचनाकाल में वर्षों काव्य-रचना करते हुए वे थियेटर के लिए लिखने की लालसा को अचेतन रूप से सँजोए रहे। अपनी रचना-प्रक्रिया का विश्लेषण करते हुए उन्होंने एक साथ, अलग-अलग या विभिन्न प्रकार के संयोजनों में इन तीनों स्वरों की उपस्थिति को पहचानने का प्रयास भी किया।

कहना न होगा कि निर्वैयक्तिकता की सिद्धि सबसे अधिक कविता के तीसरे स्वर—नाट्य-स्वर में होती है क्योंकि वहीं कवि-व्यक्तित्व आपाततः एकदम अनुपस्थित रहता है। पर इस निर्वैयक्तिकता की सीमा और स्वरूप क्या है? शेक्सपियर के नाट्य-संसार की व्याख्या करते हुए इलियट ने इस प्रश्न का उत्तर इस रूप में दिया है : "यदि आप शेक्सपियर को पाना चाहते हैं, तो वह आपको केवल उन पात्रों में मिलेगा, जिनकी उसने सृष्टि की है; उसके पात्र एक बात में समान हैं और वह यह है कि उनमें से किसी की रचना शेक्सपियर के अलावा कोई दूसरा नहीं कर सकता था। एक महान काव्य नाटककार का संसार ऐसा संसार होता है जिसमें वह स्वयं हर जगह एक साथ प्रकट और प्रच्छन्न रहता है।"

अतः इलियट की निर्वैयक्तिकता की अवधारणा उतनी सरल और सपाट नहीं है जितनी अकसर समझी जाती है। वस्तुतः उसने काव्य में वैयक्तिक और निर्वैयक्तिक तत्त्वों की पहचान एक द्वंद्वात्मक सह-अस्तित्व के रूप में की है, विरोधी रूप में नहीं। उल्लेख करना अप्रासंगिक न होगा कि इलियट ने एलिजाबेथ युग के नाटकों की तर्ज पर आधुनिक युग में काव्य-नाटक का पुनरुद्धार किया और वे स्वयं अपनी इस शैली में लिखी रचनाओं के कारण विशेष प्रसिद्ध हुए।

अपने समय की साहित्याभिरुचि पर इलियट का प्रभाव अप्रतिम है। उन्होंने परंपरा और 'परंपरा' में अंतर किया। अंग्रेजी कविता के इतिहास में दरबारी कविता के प्रति रुचि का तिरस्कार किया और परंपरा के महत्त्वपूर्ण रचनाकारों और युगों का पुनर्मूल्यांकन किया। रोमांटिसिज़्म के विरुद्ध अपनी तीव्र प्रतिक्रिया के लिए वे हमेशा याद किए जाएँगे। मिल्टन और उनकी परंपरा की आलोचना करते हुए उन्होंने दांते को, जेकोबियन नाटककारों को, मेटाफिजिकल कवियों को, ड्राइडन और फ्रांसीसी प्रतीकवादियों को साहित्य की वास्तविक 'महान परंपरा' करार देते हुए ऊँचे उठाया। काव्याभिरुचि में परिवर्तन की दृष्टि से उनका यह योगदान उल्लेखनीय माना जाता है।

परंपरा की सही पहचान इस दृष्टि से और महत्त्वपूर्ण हो जाती है कि इलियट रचनाकार के लिए इस बोध के साथ रचना में प्रवृत्त होना आवश्यक मानते थे कि

होमर से रचना के समय तक, यूरोपीय साहित्य का युगपत् अस्तित्व है और वह अतीत के बीते होने के नहीं, उसके वर्तमान होने के बोध के साथ लिख रहा है।

आश्चर्य नहीं है कि अनेक आक्षेपों और वाद-विवादों के केंद्र में रहने के बावजूद बीसवीं शताब्दी के सर्वाधिक महत्त्वपूर्ण आलोचक और 'नयी समीक्षा' के जनक के रूप में इलियट का स्थान पश्चिमी आलोचना में बराबर बना रहा।

आई.ए. रिचर्ड्स (1893-1979)

: 1 :

नयी समीक्षा के प्रसिद्ध सिद्धांतकार ईवर आर्मस्ट्रांग रिचर्ड्स का जन्म 26 फरवरी, 1893 को और मृत्यु 7 सितंबर, 1979 को हुई। नयी समीक्षा का सैद्धांतिक आधार तैयार करने वाले आलोचकों में रिचर्ड्स अग्रणी माने जाते हैं। कॉलरिज के बाद वे ही ऐसे समीक्षक हैं जिन्होंने आलोचनाशास्त्र को व्यवस्थित रूप देने का प्रयास किया।

रिचर्ड्स का रचना-काल पूरी आधी शताब्दी तक फैला है। सी. के. ऑग्डन और जेम्स वुड के साथ सहयोगी लेखन के रूप में उनकी पहली कृति 'द फाउंडेशंस ऑफ एस्थेटिक्स' 1922 में प्रकाशित हुई और मृत्यु से पाँच वर्ष पूर्व उनकी अंतिम रचना 'बियोंड' 1974 में। बीच के अंतराल में उन्होंने एक काव्य-संग्रह के अलावा लगभग 12 ग्रंथ और लिखे। यह बात अलग है कि उनकी ख्याति का आधार मुख्य रूप से तीसरे दशाब्द में रचित कृतियाँ ही रहीं। इनमें भी अधिक महत्त्व और प्रसिद्धि उन्हें 'प्रिंसिपल्ज ऑफ लिटरेरी क्रिटिसिज्म' से मिली। बाद की रचनाओं में 'कॉलरिज ऑन इमेजिनेशन' (1934) विद्वानों के बीच चर्चा के केंद्र में रही।

रिचर्ड्स की रचनाओं की विशेषता है विषय-वैविध्य। रिचर्ड्स के आलोचनात्मक सरोकार का क्षेत्र कितना व्यापक था इसका अंदाजा उनकी रचनाओं के शीर्षकों से बखूबी लगाया जा सकता है : 'मेन्सियस ऑफ द माइंड' (1931), 'एक्सपेरिमेंट्स इन मल्टिपिल डेफिनीशन' (1932), 'बेसिक रूल्ज ऑफ रीजन' (1933), 'द फिलॉसफी ऑफ रेटरिक' (1936), 'इंटरप्रटेशन इन टीचिंग' (1938), 'द स्पेक्युलेटिव इंस्ट्रूमेंट्स' (1955), 'पोएट्रीज : देयर मीडिया एंड एंड्स' (1973) और 'बियोंड' (1974)।

सौंदर्यशास्त्र विषयक समस्याओं और साहित्यालोचन की सिद्धांत-चर्चा से आरंभ करके रिचर्ड्स की रुचि क्रमशः 'बेसिक इंग्लिश' में हो गई जिसका विकास उन्होंने ऑग्डेन के साथ किया। इसे विडंबना ही कहा जाएगा कि उन्हें अपने प्रारंभिक लेखन से जो यश और प्रतिष्ठा मिली थी, पिछले दौर के लेखन की असंगतियों से उसकी क्षति ही हुई। इसके बावजूद, नयी समीक्षा में कविता के विश्लेषण की जो पद्धति

विकसित हुई, उसके लिए सैद्धांतिक आधार प्रस्तुत करने का श्रेय रिचर्ड्स को ही दिया जाता है।

रिचर्ड्स का युग विज्ञान और भौतिकवादी जीवन-दृष्टि के चरम प्रकर्ष का समय था। ऐसे वातावरण में कविता की उपयोगिता और सार्थकता के विषय में उनकी चिंता स्वाभाविक थी। और बहुत-सी बातों के अलावा रिचर्ड्स ने दो समस्याओं पर मुख्य रूप से विचार किया। इनमें से एक थी **काव्य के मनोवैज्ञानिक प्रभाव की मूल्यपरकता** और दूसरी **काव्य-भाषा की प्रकृति की पहचान**। इन प्रश्नों पर विचार करते समय उन्होंने मनोविज्ञान और वैज्ञानिक पद्धति का सहारा लिया। साहित्य-चिंतन के इतिहास में कविता की सार्थकता पर बार-बार सफाई देने की जरूरत महसूस होती रही है। इस प्रसंग में फिलिप सिडनी के 'डिफेंस ऑफ पोएजी' या 'एन एपॉलोजी फॉर पोएट्री' का स्मरण करना अप्रासंगिक न होगा।

आई. ए. रिचर्ड्स ने भी कविता की सार्थकता पर विचार करते हुए टॉमस लव पीकॉक का स्मरण करना आवश्यक समझा। पीकॉक ने वैज्ञानिक और दार्शनिक द्वारा यथार्थ के तर्कपूर्ण और क्रमबद्ध विवेचन को तरजीह देते हुए सवाल उठाया था कि 'क्या कवि इस सभ्य समाज में अर्ध-बर्बर नहीं प्रतीत होता'? उन्हें कवि बीते हुए जमाने का प्राणी नजर आया। काव्य की उपयोगिता उन्हें नागरिक समाज की आदिम अवस्था में ही दिखाई पड़ी। जो लोग अच्छे काम कर सकते हैं, उन्हें 'लक्ष्यहीन बौद्धिक व्यायाम' करते देखकर उन्होंने खेद प्रकट किया। रिचर्ड्स ने पीकॉक के मत को उद्धृत करके उसके विरोध में तर्क देना जरूरी समझा। इससे यही सिद्ध होता है कि विज्ञान के समकक्ष काव्य की उपयोगिता की पड़ताल करना रिचर्ड्स को जरूरी लगा।

स्मरण करना अप्रासंगिक न होगा कि रिचर्ड्स से पहले मैथ्यू ऑर्नल्ड ने भी यह दबाव महसूस किया था। उन्होंने भी काव्य की उपयोगिता को मूल्यों से संबद्ध करके प्रतिपादित किया था। रिचर्ड्स ने अपने विचार-क्रम में पीकॉक के साथ ऑर्नल्ड के इस प्रयास का भी हवाला दिया। रिचर्ड्स की विशिष्टता इस बात में थी कि उन्होंने काव्य की मूल्यवत्ता और उपयोगिता का केवल गुणानुवाद नहीं किया। उन्होंने वैज्ञानिक आधार पर वैज्ञानिक पद्धति से उसकी व्याख्या करने का प्रयास किया। मनोवैज्ञानिक दृष्टि के प्रति रिचर्ड्स के आग्रह का अनुमान इस बात से लगाया जा सकता है कि उन्होंने अपने ग्रंथ 'प्रिंसिपल्ज ऑफ लिटरेरी क्रिटिसिज्म' में पाँच अध्याय (11 से 14) मनोवैज्ञानिक सिद्धांतों के विश्लेषण को समर्पित किए हैं।

: 2 :

मूल्य सिद्धांत

रिचर्ड्स की मुख्य चिंता थी कविता के संप्रेषण की परीक्षा। कविता और पाठक के संबंध पर विचार करते हुए उन्होंने पाठक पर कविता के संभावित प्रभाव की प्रकृति की व्याख्या और उसका विश्लेषण किया। प्रभाव-विश्लेषण के आधार पर उन्होंने कविता का मूल्य-निर्णय भी किया। इस प्रकार रिचर्ड्स ने तथाकथित 'काव्यानुभूति' या 'सौंदर्यानुभूति' की प्रकृति पर विचार किया।

इस संदर्भ में रिचर्ड्स की मूल स्थापना थी कि **काव्यानुभूति और जीवनानुभूति में प्रकृति का भेद नहीं होता। तत्त्वतः वे समान हैं।** रिचर्ड्स के अनुसार इनमें अधिक से अधिक इस बात का अंतर होता है कि कलानुभूति सामान्य अनुभवों की सूक्ष्मतर व्यवस्था होती है। किंतु यह व्यवस्था न मौलिक होती है और न तत्त्वतः भिन्न। उन्होंने दृष्टांत दिया कि जब हम चित्र देखते हैं, कविता पढ़ते हैं, या संगीत सुनते हैं तो यह अनुभव गैलरी की ओर जाते हुए या सुबह तैयार होते हुए हम जो करते हैं उससे प्रकृत्या भिन्न नहीं होता।

रिचर्ड्स ने जिस अध्याय में यह स्थापना की उसका शीर्षक है 'द फैंथम एस्थेटिक स्टेट' (सौंदर्यानुभूति की अवास्तविक स्थिति) और संदर्भ है 'कलावादियों की कलानुभव विषयक व्याख्या'।

क्लाइव बेल और कांट के पूर्ववर्ती और परवर्ती लेखकों का हवाला देते हुए रिचर्ड्स ने कहा कि ये लोग कलाओं के संदर्भ में एक विशिष्ट, निश्चित और असाधारण 'कलात्मक अनुभव' की सत्ता की वकालत करते थे, किंतु मनोविज्ञान में इस प्रकार के किसी अनुभव के लिए जगह नहीं है।

स्वाभाविक प्रश्न है कि अन्य दैनंदिन अनुभवों से अभिन्न इस 'सौंदर्यानुभूति' की अपनी पहचान किस बात में है? रिचर्ड्स ने स्पष्ट किया कि यह अनुभव हमारे भीतर कुछ अलग ढंग से घटित होता है। यह अनुभव नियमतः अधिक जटिल होता है और यदि हम सफल हों तो यह अधिक संगठित (अन्य अनुभवों की तुलना में) भी होता है। किंतु यह जीवन के अन्य क्रियाकलापों से तत्त्वतः भिन्न नहीं होता। यदि मान लिया जाए कि सौंदर्यानुभूति अन्य जीवनानुभवों से मूलतः भिन्न होती है। तो रिचर्ड्स के अनुसार उसकी व्याख्या-विश्लेषण करने में जो कठिनाई सामने आती है, उस पर आज तक कोई विजय नहीं पा सका।

तात्त्विक अंतर को स्वीकार करने में एक समस्या यह भी है कि ऐसा करते ही 'विशुद्ध कलागत मूल्य' या 'सौंदर्यपरक मूल्य' संबंधी विचार के लिए रास्ता साफ हो जाता है। कलानुभव अपने-आपमें एक ऐसा निरपेक्ष स्वतःपूर्ण अनुभव हो जाता है जिसके लिए हमें अपने साथ जीवन से कुछ भी लाने की जरूरत नहीं रह जाती—न

जीवनगत विचारों और मामलों की जानकारी और न ही जीवन के दैनंदिन संवेगों से किसी प्रकार का परिचय। ऐसी स्थिति में कला की दुनिया की अपने-आपमें स्वतंत्र, स्वतःपूर्ण और स्वायत्त सत्ता हो जाती है।

'सौंदर्य' का पहला तर्कसम्मत विवेचन कांट ने किया था। उसके बाद 'सौंदर्याभिरुचि' की व्याख्या का सिलसिला शुरू हुआ। 'कलानुभव' से संबद्ध आनंद को 'तटस्थ', 'सार्वभौमिक', 'अबौद्धिक' जैसे विशेषणों के सहारे समझाया जाने लगा। सौंदर्यानुभव को सामान्य ऐंद्रियानुभूतियों या संवेगों से न उलझाने की सलाह बराबर दी गई। इस प्रकार सौंदर्यानुभूति को अद्वितीय भावदशा या मनःस्थिति मानने की परंपरा चल निकली।

रिचर्ड्स ने इस परंपरा का विरोध करते हुए जब कलानुभव को सामान्य जीवनानुभवों की कोटि में स्थान दिया तो उनके सामने अन्य अनुभवों की तुलना में इस अनुभव की मूल्यवत्ता सिद्ध करने की समस्या आई। इस प्रश्न का उत्तर उन्होंने पहली बार 'ऑग्डेन' और 'वुड' के साथ रचित 'फाउंडेशंस ऑफ़ एस्थेटिक्स' (1922) में दिया। सौंदर्यानुभूति की मनोवैज्ञानिक व्याख्या के लिए रिचर्ड्स ने 'साइनेस्थीसिस' शब्द का प्रयोग किया, जिसका अर्थ है 'हमारे मनोवेगों का सामरस्य या संतुलन'। इस सामरस्य और संतुलन की प्रकृति और प्रक्रिया को स्पष्ट करते हुए रिचर्ड्स ने कहा कि हमारे सभी आवेग प्रकृत्या सामंजस्यपूर्ण नहीं होते, अतः उनमें संघर्ष होना संभव है और ऐसा सामान्यतः होता भी है। ज़रूरी यह है कि प्रत्येक भाव के स्वतंत्र रहते हुए भी उनके बीच एक विशेष प्रक्रिया के तहत अकुंठ भाव से समन्वय स्थापित किया जा सके। इस समन्वय के परिणामस्वरूप घटित होने वाला संतुलन चाहे जितना क्षणिक हो, सौंदर्यानुभूति का कारण होता है।

इस समन्वय को रिचर्ड्स ऐसे निष्क्रिय सह-अस्तित्व के रूप में नहीं देखते जो दो विरोधी आवेगों के अगल-बगल रख दिए जाने भर से घटित होता हो। वे इसे एक ऐसी सक्रिय मनःस्थिति के रूप में देखते हैं जिसमें मन की दो स्थितियाँ न होकर एक ही स्थिति होती है। ऐसी स्थिति जिसमें अहं (ईगो) दो भागों में विभक्त नहीं रहता, वह संपूर्ण और संबद्ध होता है—निस्संग और अनासक्त रूप में 'साइनेस्थीसिस' से प्रेरित **इस निस्संगता या निर्वैयक्तिकता के अनुभव में पाठक** की अधिकतम अभिरुचियाँ शामिल होती हैं और उसका संपूर्ण व्यक्तित्व सक्रिय हो जाता है। यह स्थिति निर्जीव, निष्क्रिय संतुलन की नहीं, पूर्णतः **समन्वित व्यक्तित्व के सजीव संतुलन** की होती है।

'प्रिंसिपल्ज ऑफ लिटरेरी क्रिटिसिज्म' में रिचर्ड्स ने इसी सिद्धांत को विकसित किया। केवल 'साइनेस्थीसिस' के स्थान पर उन्होंने 'सिंथेसिस' शब्द का प्रयोग करना उचित समझा। यह प्रयोग उसी व्यापार के लिए किया गया जिसे कॉलरिज ने कल्पना का मुख्य कार्यव्यापार स्वीकार किया था। अंतर इतना ही है कि कॉलरिज ने इसका

निरूपण रचना-प्रक्रिया के संदर्भ में किया था और रिचर्ड्स ने पाठकीय प्रक्रिया के संदर्भ में। रिचर्ड्स के अनुसार कविता का ध्येय मनुष्य की **अधिक-से-अधिक वृत्तियों को अधिक-से-अधिक संतुष्ट करके उनमें संतुलन स्थापित करना** है। विचारणीय यह है कि कौन-सी वृत्तियाँ और किस प्रकार का संतुलन महत्त्वपूर्ण है?

रिचर्ड्स ने वृत्तियों को दो वर्गों में बाँटा : अनुकूल एषणा (एपिटेंसी) और प्रतिकूल एषणा (एवर्शंस)। कोई भी वस्तु या व्यापार जो किसी वृत्ति की तुष्टि करता है, मूल्यवान होता है बशर्ते कि ऐसा करते समय वह अपने समान अथवा अपने से अधिक महत्त्वपूर्ण किसी अन्य वृत्ति में क्षोभ उत्पन्न न करे। उदाहरण के लिए यदि 'क' वृत्ति के संतुष्ट होने से चार वृत्तियों में क्षोभ उत्पन्न होता है तो वह 'ख' वृत्ति से अधिक महत्त्वपूर्ण है जिसके संतुष्ट होने से चार से अधिक वृत्तियों में क्षोभ उत्पन्न होने की संभावना है। इस प्रकार वृत्तियों का महत्त्व एक हद तक संख्या पर निर्भर हो गया।

बात को और स्पष्ट करते हुए रिचर्ड्स ने कहा कि वृत्तियों को संतुष्ट करने की प्रक्रिया में कुछ को संतोष और कुछ को क्षोभ होगा ही। इसलिए **वह संतुलन श्रेष्ठ है जिसमें मानवीय संभावनाएँ कम से कम नष्ट हों।**

यह संतुलन और समंजन भी रिचर्ड्स के अनुसार दो रूपों में घटित होता है : अपवर्जन (exclusion) के द्वारा और समावेशन (inclusion) के द्वारा। इसी के आधार पर कविता के भी दो रूप हो जाते हैं : अपवर्जी या बहिर्वेशी कविता और समावेशी या अंतर्वेशी कविता। पहले प्रकार की कविता से घटित होने वाले समंजन में प्रायः परस्पर-विरोधी और द्वंद्वात्मक भावों के अस्वीकार से सीधा सरल समंजन (?) घटित होता है। दूसरे प्रकार के समंजन का प्रभाव जटिल और सघन होता है, क्योंकि उसमें अधिकाधिक परस्पर विरोधी भावों का स्वीकार और तदुपरांत उनके द्वंद्व का परिहार किया जाता है।

विमसाट और ब्रुक्स ने इस संदर्भ में तुलना के लिए संतायना का मत उद्धृत किया है। संतायना ने भी सौंदर्यानुभव से प्राप्त आनंद और उसके गहन अर्थ-बोध की व्याख्या करते हुए समंजन की प्रक्रिया की चर्चा की है। संतायना के अनुसार इस समंजन को प्राप्त करने की दो पद्धतियाँ हैं : एक है सभी वर्तमान तत्त्वों को समन्वित कर लेना और दूसरी है उन तमाम तत्त्वों को खारिज कर देना जो समन्वित होने में रुकावट डालते हों। पहले प्रकार के सामरस्य से सौंदर्य-बोध होता है और दूसरे प्रकार के सामरस्य से औदात्य का बोध होता है।

रिचर्ड्स के अनुसार अधिकांश काव्य और कला कुछ प्रमुख और सीमित अनुभवों के दायरे के भीतर सीमित रहती है। किंतु इस प्रकार के सीमित और अपवर्जी काव्य को बहुत ऊँचा स्थान नहीं दिया जा सकता।

रिचर्ड्स ने संतायना की तरह सुंदर और उदात्त में अंतर नहीं किया। जो काव्य अपवर्जन के आधार पर समंजन करता है उसे वे उदात्त नहीं, सीमित मानते हैं और

उसकी तुलना में जटिल, समावेशी और गंभीर काव्य को तरजीह देते हैं।

जॉन क्रो रैंसम ने रिचर्ड्स के इस सिद्धांत का विरोध करते हुए कहा है कि यदि 'संतुलित सामरस्य' की इस अवधारणा को स्वीकार कर लिया जाए तो आलोचना का प्रयास निरर्थक हो जाएगा। जैसा रिचर्ड्स ने कहा है : यदि यह 'संतुलित सामरस्य' 'प्रेरक वस्तु की संरचना' में नहीं केवल हमारी प्रतिक्रिया में होता है तो आलोचक द्वारा 'काव्य-वस्तु' के विश्लेषण के लिए किया गया श्रम तो व्यर्थ होगा ही, कवि के द्वारा कविता को एक 'आकार' विशेष देने का श्रम भी निरर्थक होगा।

विमसाट ने नीत्से का हवाला देते हुए स्पष्ट किया कि रिचर्ड्स की 'अंतर्वेशी काव्य' की अवधारणा का पूर्वाभास नीत्से के चिंतन में मिलता है। किंतु नीत्से ने स्पष्टतः इसका प्रतिपादन संरचना के संदर्भ में किया है। नीत्से ने जिस बृहत्तर सामरस्य में तमाम क्षणिक विषमताओं के विलयन की बात की है, उसका संबंध संपूर्ण संरचना से है।

रिचर्ड्स अंतर्वेशी काव्य की चर्चा करते हुए इसकी शैलीगत पहचान भी निर्धारित करते हैं। उनके अनुसार **अंतर्वेशी काव्य की कसौटी है—उसमें वर्तमान 'विडंबन'**। रिचर्ड्स ने बराबर आग्रह किया कि कविता के श्रेष्ठतम रूप का नित्य लक्षण है विडंबन। रचना में विरोधी, एक अर्थ में संपूरक आवेगों को एकत्र करने का माध्यम यही विडंबन होता है। उल्लेख करना अप्रासंगिक न होगा कि इलियट इस कार्य के लिए 'वैदग्ध्य' की आवश्यकता पर बल देते हैं। उनके अनुसार जहाँ 'वैदग्ध्य' होता है, वहाँ उसका कार्य कविता में 'आंतरिक संतुलन' प्रदान करना होता है।

रिचर्ड्स की भिन्नता इस बात में है कि वे इस आंतरिक संतुलन को कविता में नहीं, कविता के प्रभाव में देखते हैं। कोई चाहे तो भले ही इसमें निहितार्थ ढूँढ़ ले कि मूल क्रिया कविता में और प्रतिक्रिया पाठक में घटित होती है परंतु रिचर्ड्स द्वारा प्रयुक्त 'सिंथेसिस' का संदर्भ मनोवैज्ञानिक है, संरचनागत नहीं। उनकी प्रमुख चिंता थी—**कविता के संप्रेषण से संभावित पाठकीय प्रभाव का विश्लेषण और उसके आधार पर मूल्य-निर्धारण**। रिचर्ड्स कलाओं को **संप्रेषण क्रिया का सर्वोत्तम** रूप मानते थे।

इस संप्रेषण-क्रिया का मूल्य इसके द्वारा पाठक के मन में निष्पन्न वृत्तियों का 'संतुलन और सामरस्य' है। रिचर्ड्स के अनुसार यह **'सामरस्य और संतुलन ही मूल्य है।'** इस मूल्य को वे आनंद और शिक्षा से ऊपर रखते थे। यह अनुभव मूल्यवान है और अन्य लौकिक अनुभवों से प्रकृत्या अभिन्न है। आलोचक चूँकि इस अनुभव का विश्लेषण करता है, इसलिए रिचर्ड्स ने उसे मूल्यों के न्यायाधीश का दर्जा दिया है।

आनंद का निषेध करने के बावजूद आलोचकों की दृष्टि में रिचर्ड्स का मूल्य-सिद्धांत बेंथम और मिल के सुख-कामना सिद्धांत पर आधारित है—अधिक-से-अधिक

लोगों को अधिक-से-अधिक संतुष्ट करने की अपेक्षा करना कहीं-न-कहीं पाठकों के लिए सुख की कामना करना ही है। किंतु रिचर्ड्स उनकी तरह सुखवादी (हिडोनिस्ट) नहीं है। वृत्तियों के जिस सामरस्य और संतुलन को रिचर्ड्स मूल्य मानता है, उसमें आनंद की कोई भूमिका नहीं है। इस अनुभव को समझाने के लिए रिचर्ड्स ने कहीं आनंद का उल्लेख या उपयोग नहीं किया। वह काव्यानुभूति को आनंदानुभूति नहीं मानता।

रिचर्ड्स के इस मूल्य-सिद्धांत का विरोध उनके समकालीन टी.एस. इलियट ने भी किया। अपनी पुस्तक 'द यूज ऑफ पोएट्री एंड द यूज ऑफ क्रिटिसिज्म' की भूमिका तथा 'मॉडर्न माइंड' में अपना विरोध प्रकट करते हुए उन्होंने कहा कि "मैं इस प्रकार के किसी सिद्धांत को स्वीकार नहीं कर सकता जो शुद्ध वैयक्तिक-मनोविज्ञान की नींव पर टिका हो। उसके काव्यात्मक अनुभव का मनोविज्ञान जिस प्रकार खुद उसी के काव्यानुभव पर आधारित है, उसी प्रकार उसका मूल्य-सिद्धांत उसके अपने मनोविज्ञान पर।"

कहना न होगा कि स्वयं इलियट का निर्वैयक्तिकता का सिद्धांत रिचर्ड्स के मत के विरुद्ध पड़ता है। इसमें संदेह नहीं कि वैयक्तिक मनोविज्ञान के आधार पर साहित्य की सार्वभौमिकता की वस्तुनिष्ठ व्याख्या नहीं की जा सकती। इसका सबसे बड़ा प्रमाण है सामंजस्य की प्रक्रिया को समझाने में स्वयं रिचर्ड्स की अपनी असमर्थता।

रिचर्ड्स ने स्वीकार किया है कि अंतर्वृत्तियों का सामरस्य सौंदर्यशास्त्रीय अनुभव का परिणाम है किंतु इसका विश्लेषण नहीं किया जा सकता। उसने यह भी कहा है कि अंतर्वृत्तियों के संबंध में हम मनोविज्ञान के अपेक्षित विकास के अभाव में निश्चयात्मक रूप से कुछ नहीं कह सकते।

ठीक इसी तरह एषणाओं के महत्त्व का निर्णय करने का सवाल पेचीदा सवाल है। संख्याओं के आधार पर किसी एषणा का महत्त्व-निर्धारण न हमेशा संभव हो सकता है और न उचित। व्यक्ति-व्यक्ति के अंतर से भी एषणाओं के पारस्परिक महत्त्व में अंतर हो सकता है। कोई भी ऐसा सिद्धांत जो सर्वथा व्यक्तिपरक हो, सामाजिक स्तर पर मान्य नहीं हो सकता, विशेषकर ऐसी स्थिति में जब वह मूल्य-सापेक्ष हो।

यही कारण है कि परवर्ती आलोचना में रिचर्ड्स के मूल्य-सिद्धांत को विशेष मान्यता और महत्त्व नहीं दिया गया।

: 3 :

भाषा-सिद्धांत

रिचर्ड्स जिस दूसरे सिद्धांत के लिए चर्चा के केंद्र में रहे, वह उनका काव्य-भाषा का विवेचन है। चाहें तो इसे काव्य-भाषा का संवेगात्मक सिद्धांत (emotive theory of language) भी कह सकते हैं। सी.के. ऑग्डेन के साथ उन्होंने 'मीनिंग ऑफ मीनिंग' नामक पुस्तक में तथ्यपरक भाषा (referential language) का विश्लेषण प्रस्तुत किया था। इसी प्रकार उन्होंने 'प्रिंसिपल्ज ऑफ लिटरेरी क्रिटिसिज्म' में भावपरक भाषा (emotive language) का आलोचनात्मक आधार प्रस्तुत किया। रिचर्ड्स की भाषा संबंधी मान्यता का निष्कर्ष था कि **विज्ञान में भाषा का तथ्यपरक उपयोग होता है और कविता में भावपरक**। विज्ञान में ऐसे वक्तव्य होते हैं जिनका सत्यापन किया जा सकता है। कविता में छद्म वक्तव्य होते हैं जो न सत्य होते हैं, न असत्य। इन वक्तव्यों का मूल्य इनकी सत्यता में नहीं बल्कि भावोद्रेकक्षमता और भावों के परितोष में होता है। इस मान्यता के अनुसार कविता में विचारों का स्थान गौण हो जाता है और कवि के जीवन-दर्शन अथवा उसकी आस्था के साथ सहमत या असहमत होने का प्रश्न अप्रासंगिक।

रिचर्ड्स के इस सिद्धांत का व्यापक रूप से खंडन किया गया। इसीलिए आगे चलकर उन्होंने 'द फिलॉसफी ऑफ रेटरिक' में अपनी मान्यता में संशोधन किया और कविता की भाषा में भावात्मकता के साथ विचारात्मकता को भी स्थान दिया। यहाँ तक कि वे कविता की ग्राह्यता के लिए संवेगों पर विवेक के नियंत्रण को अनिवार्य मानने लगे।

रिचर्ड्स के शिष्य विलियम एंपसन ने उनके विचारों में आने वाले परिवर्तन को रेखांकित करते हुए यह भी संकेत किया है कि रिचर्ड्स ने आगे चलकर अर्थ संबंधी संदर्भ सिद्धांत (context theory of meaning) विकसित किया, जिससे कविता की भाषा में लाक्षणिकता और अनेकार्थता (metaphor and ambiguity) को समुचित महत्त्व प्राप्त हुआ। वे पहले कविता और विज्ञान की भाषा के शब्द-समूह में अंतर करके चलते थे। बाद में वे एक ही शब्द के संदर्भ-भेद से वैज्ञानिक और कलात्मक दोनों प्रकार के अर्थों की संभावना को स्वीकार करने लगे।

अर्थ-मीमांसा

प्रैक्टिकल क्रिटिसिज्म में अर्थ-विचार करते हुए, रिचर्ड्स ने चार प्रकार के अर्थों का उल्लेख किया है : 'वाच्यार्थ' (सेंस), भावना (फीलिंग), बोधव्य के प्रति वक्ता की अभिवृत्ति (टोन) और अभिप्राय (इंटेंशन)। यह अर्थ-विचार वक्ता और बोधव्य के पारस्परिक संबंधों के आधार पर किया गया है। आचार्य रामचंद्र शुक्ल ने 'काव्य में अभिव्यंजनावाद' शीर्षक अपने लेख में इस प्रसंग पर विस्तार से विचार करते हुए

इसे संस्कृत काव्यशास्त्र के शब्द-शक्ति विवेचन के अंतर्गत समेटने का प्रयास किया है।

सहमति और असहमति के प्रश्न को अलग करके देखें तो रिचर्ड्स ने पाश्चात्य काव्यशास्त्र में अर्थ-मीमांसा की परंपरा को एक नया आधार दिया।

पाश्चात्य काव्यशास्त्र में रिचर्ड्स ने पहली बार कविता के संप्रेषण और पाठकों पर पड़ने वाले प्रभाव के बारे में प्रयोगशाला-पद्धति से कुछ निष्कर्ष निकाले। इस संदर्भ में उनके सभी निष्कर्ष मान्य भले ही न रहे हों पर संप्रेषण और आस्वाद के विषय में उन्होंने कुछ अत्यंत महत्त्वपूर्ण और उपयोगी सामान्यीकरण प्रस्तुत किए। उदाहरण के लिए पाठकीय प्रतिक्रिया के विश्लेषण के आधार पर आस्वाद में दस प्रकार के विघ्नों की चर्चा तथा कवि की आस्था के साथ सहमति/असहमति का प्रश्न।

रिचर्ड्स को इस बात का श्रेय देना ही होगा कि उन्होंने विज्ञान के युग में साहित्यालोचन को वैज्ञानिक निश्चितता और वस्तुनिष्ठता (scientific accuracy and objectivity) प्रदान करने की दिशा में पहल की। साथ ही पाठक पर पड़ने वाले प्रभाव और प्रतिक्रिया को कमोबेश नापने का एक पैमाना प्रस्तावित करने की कोशिश भी की।

नयी समीक्षा का उदय रोमांटिसिज्म के विरोध में एक नये क्लासिकी उत्थान के रूप में हुआ था। इस दौर में सौंदर्यवादियों के 'कला कला के लिए' सिद्धांत पर अंतिम आक्रामक वार करने का हौसला रिचर्ड्स ने ही दिखाया। आलोचना के वाग्जाल की निरर्थकता समाप्त करते हुए उन्होंने क्रोचे को पाद-टिप्पणी भर में स्थान देने योग्य समझा और कला के संदर्भ में सहजानुभूति/अभिव्यंजना जैसे शब्दजाल की निरर्थकता को उद्घाटित करते हुए आलोचना से उन्हें खारिज करने की वकालत की।

कलानुभव की अलौकिकता और सौंदर्य और सौंदर्यानुभव की अतींद्रियता के प्रभामंडल को समाप्त करते हुए रिचर्ड्स ने उसे जीवनानुभव की ठोस जमीन दी।

नयी आलोचना की भाषा के बहुत से पारिभाषिक शब्द रिचर्ड्स की देन हैं। एंपसन ने शायद ठीक ही कहा था कि रिचर्ड्स जहाँ गलती करते थे वहाँ भी सोचने के लिए कोई नयी चीज देते थे।

एफ. आर. लीविस (1895-1978)

: 1 :

फ्रैंक रेमंड लीविस का जन्म, कैंब्रिजशायर, कैंब्रिज में 4 जुलाई 1895 को हुआ। अपने जन्मस्थान कैंब्रिज में ही विश्वविद्यालयी शिक्षा समाप्त करने के बाद, प्रथम विश्वयुद्ध के दौरान उन्होंने लगातार पश्चिमी मोर्चे पर, एंबुलेंस के स्ट्रेचर वाहक के रूप में काम किया। युद्ध के भयावह माहौल के बीच लगातार घायलों और शवों को ढोने का खतरनाक काम करने का उनके मन पर गहरा असर पड़ा। युद्ध से लौटने पर वे अवसन्न और लगभग अवाक् हो गए। इसी बीच 1921 में उनके पिता की मृत्यु हो गई। इन घटनाओं का प्रभाव उनके शेष जीवन में नींद न आने की बीमारी (इनसोमनिया) के रूप में फलित हुआ।

1925 से वे इमेनुअल कॉलिज, कैंब्रिज में प्राध्यापन करने लगे और 1930 के दशक के आरंभ में डाउनिंग कॉलिज चले गए। वहीं 1936 में उनका चयन फेलोशिप के लिए हो गया। 1962 में सेवानिवृत्त होकर वे ब्रिस्टल और यॉर्क समेत इंग्लैंड के कई विश्वविद्यालयों में विजिटिंग प्रोफेसर के रूप में कार्य करते रहे। 1967 में उन्होंने ट्रिनिटी कॉलिज, कैंब्रिज में 'क्लार्क' भाषण दिए। ये भाषण 1969 में **इंगलिश लिट्रेचर इन अवर टाइम एंड द यूनिवर्सिटी** (हमारे समय में अंग्रेजी साहित्य और विश्वविद्यालय) शीर्षक से प्रकाशित हुए। उन्हें 1978 में 'कंपेनियन ऑफ ऑनर' सम्मान दिया गया।

विडंबना यह है कि जिस लीविस को अंग्रेजी का युगांतरकारी आलोचक माना जाता है, उसे 1946 यानी 51 वर्ष की उम्र तक लेक्चरर का पूरा वेतन भी नहीं मिलता था। उनकी नौकरी की सर्वोच्च उपलब्धि 'रीडर' का पद भी उन्हें सेवानिवृत्ति से केवल तीन साल पहले ही मिला। यह बात अलग है कि विश्वविद्यालयों में अंग्रेजी साहित्य के पाठ्यक्रम को रूप देने में उनकी महत्त्वपूर्ण भूमिका रही और उनके विचारों का निर्णायक प्रभाव पड़ा। लीविस ने अंग्रेजी साहित्य से पहले इतिहास का व्यापक अध्ययन किया था। उन्होंने शोध कार्य भी केवल साहित्य पर नहीं, पत्रकारिता और साहित्य के संबंध पर किया था (द रिलेशन ऑफ जर्नलिज्म टु लिट्रेचर)। उनका देहावसान 14 अप्रैल 1978 को कैंब्रिज में हुआ।

लीविस ने अपनी पत्नी क्वीनी डॉरोथी के साथ मिलकर 1932 में प्रसिद्ध त्रैमासिक पत्रिका **'स्क्रूटिनी'** का प्रकाशन आरंभ किया। यह पत्रिका 1953 तक निकलती रही। इस पत्रिका को बहुमत से अंग्रेजी साहित्य में उनकी सबसे बड़ी देन स्वीकार किया जाता है। वे हमेशा अपनी राय बड़ी मजबूती से जाहिर करते थे। लीविस मानते थे कि साहित्य का निकट संबंध जीवन की आलोचना से होना चाहिए। इसलिए साहित्य के आलोचक की यह जिम्मेदारी है कि वह लेखक के नैतिक रुझान के आलोक में रचनाओं का मूल्यांकन करे।

लीविस के आलोचनात्मक अवदान को दो दौरों में बाँटकर देखा जा सकता है। पहले दौर में, टी.एस. इलियट से प्रभावित होकर उन्होंने अंग्रेजी कविता पर ध्यान केंद्रित किया। अपनी कृति **न्यू बिअरिंग्स इन इंगलिश पोएट्री** (1932) में उन्होंने उत्तर-विक्टोरियन कविता पर प्रहार करते हुए टी. एस. इलियट, एज़रा पाउंड, और ग्रेराई मेनले हॉपकिन्स जैसे कवियों के महत्त्व की घोषणा की। अपनी अगली पुस्तक **रिवेलुएशन : ट्रेडिशन एंड डेवलेपमेंट इन इंगलिश पोएट्री** (1936) में उन्होंने सत्रहवीं शताब्दी तक पीछे लौटकर अंग्रेजी कविता का सर्वेक्षण प्रस्तुत किया। 1940 के दशक से उनकी रुचि उपन्यास की तरफ मुड़ गई। **'द ग्रेट ट्रेडिशन'** (1948) में उन्होंने अंग्रेजी कथा-साहित्य का पुनर्मूल्यांकन करते हुए घोषणा की कि अतीत की महान परंपरा के उपन्यासकार जेन-आस्टिन, जॉर्ज इलियट, हेनरी जेम्स और जोसेफ कॉर्नर्ड हैं और उनके अकेले वारिस डी.एच. लॉरेंस हैं (डी. एच. लॉरेंस : नॉवलिस्ट, 1955)। 1955 के बाद उनका ध्यान, विशेष रूप से डिकेंस और तॉल्स्ताय की तरफ गया और उन्होंने 1967 में **अन्ना केरेनिना एंड अदर एसेज** की, और अपनी पत्नी के सहयोग से **डिकेंस द नॉवलिस्ट** (1970) की रचना की। लीविस के आलोचनात्मक कर्म की व्यापकता का सर्वोत्तम उदाहरण उनका संग्रह **द कॉमन पर्सूट** (1952) है।

: 2 :

लीविस के साहित्य-चिंतन की सही समझ के लिए समय और समाज के बारे में लीविस के दृष्टिकोण और उससे पैदा होने वाले केंद्रीय सरोकारों को समझना जरूरी है। लीविस का मानना था कि उनका समय सांस्कृतिक पतन का दौर था। अपने समकालीन रचनाकारों की तरह जिनमें आई. ए. रिचर्ड्स, टी. एस. इलियट, डी. एच. लॉरेंस, और डब्ल्यू. बी. येट्स जैसे लोग शामिल थे, लीविस भी अतीत की ओर मुड़कर देखते थे और उसे वर्तमान के बरक्स खड़ा करते थे। उनका कहना था कि सत्रहवीं शताब्दी का दौर जिसमें शेक्सपियर और बनयान जैसे रचनाकार शामिल हैं, अंग्रेजी की सांस्कृतिक ऊर्जा के पूरे उत्कर्ष का समय था।

समृद्ध और सुगठित सामाजिक संरचना के उस दौर में अंग्रेजी भाषा भी समृद्ध हुई और बड़े रचनाकार भी पैदा हुए। लीविस का साहित्यिक नजरिया इस विश्वास से निर्मित हुआ था कि **साहित्य और समाज में घनिष्ठ संबंध होता है।** लीविस के अनुसार साहित्यिक उपलब्धियाँ सामाजिक जीवन की गुणात्मकता का सही-सही निर्देश करती हैं।

विज्ञान के बढ़ते प्रभाव और औद्योगिक क्रांति के बावजूद, इंग्लैंड के ग्रामीण क्षेत्रों में संघठित सामुदायिक जीवन उन्नीसवीं शती के उत्तरकाल तक बचा रहा था। लीविस को ग्रामीण जीवन-शैली के क्रमिक ह्रास से ज्यादा जीवन से सामुदायिकता बोध के नष्ट होने का अफसोस था। उनके अनुसार बात सिर्फ इतनी नहीं थी कि मुख्यतः ग्रामीण और कृषि प्रधान जीवन अब शहरी और औद्योगिक हो गया था बल्कि नगर का जीवन अब ठीक वैसा नहीं रह गया था जैसा तब था जब उसकी जड़ें मिट्टी में गहराई तक थीं। अब ग्रामीण और शहरी दोनों क्षेत्रों में सामुदायिकता की जगह उपनगरीकरण ने ले ली थी।

लीविस का अतीत-प्रेम उन्हें वर्तमान से विमुख कर अतीतजीवी नहीं बनाता। उनकी चिंता का केंद्र उनका वर्तमान ही था। पर वे बल इस बात पर देते थे कि वर्तमान और भविष्य के लिए आशा की एकमात्र शर्त अतीत-बोध है। क्योंकि हमारा अतीत हमारे लिए वह मॉडल मुहैया करता है, जिसका अनुकरण अपेक्षित नहीं होता पर वह हमारे भीतर मानवीय संभावनाओं का बोध जगाता है। यह बोध वर्तमान में जीने के लिए रचनात्मक प्रेरणा का काम करता है।

बीसवीं शताब्दी को दूसरे बुद्धिजीवियों की तरह लीविस ने भी विघटन के युग के रूप में देखा—समूह सभ्यता के दौर के रूप में। 1930 में उन्होंने घोषणा की कि "मशीन ने परंपरागत जीवन-शैली को नष्ट कर दिया है। अपनी नैसर्गिक लय से मानव-जीवन की दूरी बढ़ती जा रही है।" खतरा अब सातत्य में दरार पड़ने का है। लीविस की चिंता मशीन के सांस्कृतिक प्रभाव के बारे में थी—विशेषकर उन तरीकों के बारे में जिनका असर समाज के उन पक्षों पर पड़ता है जो रुचि, संवेदना, भावात्मक प्रतिक्रिया और मूल्यों को आकार देते हैं।

अपनी रचना 'कल्चर एंड एन्वायरमेंट' में उन्होंने बड़े विस्तार से मशीन के एक **विशेष** सांस्कृतिक प्रभाव का विवेचन किया है—सामयिक कथा-साहित्य और सामान्य राष्ट्रीय-जीवन पर **विज्ञापन** के प्रभाव का। पत्रकारिता और लोकप्रिय कथा-साहित्य के कुछ विशिष्ट उदाहरणों के माध्यम से विज्ञापन के प्रभाव की चर्चा करते हुए उन्होंने कहा कि "शिक्षार्थियों को यह समझाना चाहिए कि भाषा के भ्रष्ट होने का यह मामला केवल शब्द-प्रयोग का नहीं रागात्मक जीवन के, जीवन की गुणात्मकता के भ्रष्ट होने का मामला है।"

जीवन के व्यापक दरिद्रीकरण को लीविस लगातार तकनीकी का प्रभाव कहते

रहे। विडम्बना यह थी कि यह खतरा तकनीकी-विकास और जीवन-स्तर में उठान का सहवर्ती होता है और हम सब इसमें संलग्न रहते हैं। 1930 के दशक में लीविस जिसे समूह-सभ्यता कहते थे, बाद के वर्षों में उसे 'टेकनोलोजिको बेंथमाइट' समाज कहने लगे। यह पद उनके समय की उस व्यापक मानसिकता की सटीक व्याख्या करता है जिसे लीविस अस्वीकार्य मानते थे।

लीविस का तर्क था कि अतिशय उत्पादन का सांस्कृतिक प्रभाव व्यापक रूप से मानकीकरण के साथ समतलीकरण की दिशा में होता है। इस 'टेकनोलोजिको बेंथमाइट' सभ्यता का कुल जमा परिणाम होता है मनुष्य का मशीनीकरण। लीविस के अनुसार औद्योगिक सभ्यता की सबसे अनर्थकारी विशेषता वह शक्ति होती है जिससे वह अपने भीतर और करीब आने वाली हर चीज का यांत्रिकीकरण कर देती है। इस तरह वह मनुष्य की पहचान, उसकी रचनात्मकता के लिए खतरा पैदा करती है। वह रचनात्मकता जिसका स्रोत गहराई में निहित रहता है। लीविस ने आधुनिक समाज की मीमांसा कुल मिलाकर धार्मिक दृष्टिकोण से की है। अपनी रचना **'थॉट वर्ड्स एंड क्रिएटिविटी'** (विचार, शब्द और रचनात्मकता) में उन्होंने जीवन के धार्मिक आधार को पहचानने की जरूरत पर जोर दिया और ऐसा न करने पर जिन खतरों की संभावना पैदा होगी उनके बारे में आगाह किया।

सामान्यतः लीविस की आलोचना को नैतिक-बोध या नैतिक-मूल्यों के प्रति सरोकार से जोड़कर देखा जाता है जबकि वास्तविकता यह है कि उनकी गहन चिंता जीवन और साहित्य में धार्मिक-बोध की स्थिति के बारे में थी। उन्होंने डी.एच. लॉरेंस को जीवन के प्रति उसकी धार्मिक प्रतिक्रिया के कारण ही विशेष सराहा और महत्त्व दिया। पर उनके 'धार्मिक' आग्रह की सही समझ के लिए यह ध्यान में रखना जरूरी है कि उन्होंने बराबर अपने को रूढ़ ईसाई मत से अलगाया। उनके विचारों में ऐसा कुछ नहीं मिलता जिससे ईसाई मत के प्रति उनकी प्रतिबद्धता जाहिर होती हो। उनका स्पष्ट कहना था कि ईसाई मत के निश्चित सिद्धांत हैं और 'धार्मिक-बोध' के साथ किसी सिद्धांत का संबद्ध होना उसके लिए श्रेयस्कर नहीं होता।

पश्चिमी सभ्यता की दुर्दशा उन्हें इस बात में दिखाई पड़ती थी कि : "प्रकृति पर विजयी होकर मानवता अपनी जड़ों से उखड़ गई है।" जरूरी है कि भरे-पूरे जीवन के लिए मनुष्य अपनी जड़ों को धार्मिक अर्थ में फिर से जमाए। इसी अर्थ में आलोचना को मानवतावादी होना चाहिए। लीविस ने वर्ड्स्वर्थ और लॉरेंस में इस धार्मिक-बोध को दो रूपों में देखा—मनुष्य के गहनतम स्रोतों के साथ उनके संपर्क में और मानवेतर विश्व के साथ उनके 'जीवंत संबंध' में।

: 3 :

लीविस का चिंतन इस प्रश्न पर केंद्रित है कि विज्ञान और तकनीकी के बढ़ते वर्चस्व के बीच समाज में मानवीय लक्ष्यों, मूल्यों और महत्त्व को पूरी तरह समझकर उसकी हिफाजत और विकास कैसे किया जा सकता है? इसका उत्तर वे 40 वर्ष से भी अधिक समय तक दोहराते रहे–**सांस्कृतिक अविच्छिन्नता को बनाए रखकर**। यह सरोकार उन्हें मैथ्यू ऑर्नल्ड के वारिस का दर्जा देता है। उनकी 1930 की रचनाओं पर ऑर्नल्ड का प्रभाव स्पष्ट है। लीविस इस माने में ऑर्नल्ड से भिन्न है कि वे लगातार अंग्रेजी साहित्य में अभिव्यक्त अंग्रेजी संस्कृति पर ध्यान केंद्रित कर उसकी व्याख्या करते रहे जबकि ऑर्नल्ड का सरोकार 'विश्वव्यापी' संस्कृति था। ऑर्नल्ड की ही तरह टी. एस. इलियट के ध्यान का क्षेत्र भी व्यापक यूरोपीय संस्कृति था। ऑर्नल्ड और इलियट की तुलना में लीविस के दृष्टिकोण को प्रायः संकीर्ण और प्रादेशिक कहा गया है। वस्तुतः केवल अंग्रेजी संस्कृति पर एकाग्र रहने का एक महत्त्वपूर्ण कारण यह था कि लीविस संस्कृति को अविभाज्य मानते थे। उनके लिए सांस्कृतिक मूल्यों के प्रति संवेदनशील होने का अर्थ भाषा के प्रति संवेदनशील होना था। संदर्भ चाहे संस्कृति की निरंतरता हो या परंपरा, दोनों ही स्थितियों में भाषा उसके संप्रेषण का माध्यम होती है।

अंग्रेजी संस्कृति का जीवित रहना परंपरा को कायम रखने पर निर्भर करता है, और लीविस इस निरंतरता को बनाए रखने का दायित्व पूरा करने की अपेक्षा अंग्रेजी साहित्य और उसकी परंपरा से करते थे। लीविस के लिए यह मामला अलग-अलग रचनाओं का नहीं एक पूरी साहित्यिक परंपरा का था जिसे वे विशेष सांस्कृतिक परंपरा की अभिव्यक्ति के रूप में देखना जरूरी समझते थे।

लीविस जिस सांस्कृतिक परंपरा को बनाए रखने के लिए फिक्रमंद थे, वह मूलतः ईसाई परंपरा नहीं थी। लीविस ने इस बात पर बल दिया कि धार्मिक विश्वास की प्रकृति में समय के साथ परिवर्तन हुआ है। आधुनिक समाज अधिकाधिक एहिक होता जा रहा है, परिणामतः ईसाइयत का प्रभाव लगातार क्षीण हो रहा है। समाज को एक सूत्र में बाँधे रखने की ताकत अब उसमें नहीं रह गई है। बची-खुची धार्मिक आस्था भी परंपरागत अर्थ में ईसाई होने की बजाय, एक तरह के 'धार्मिक-बोध' के रूप में शेष रह गई है। इस परिस्थिति में साहित्यिक आलोचना और शिक्षा-क्षेत्र दोनों में हमारा दृष्टिकोण मानववादी होना चाहिए।

लीविस व्यक्ति, समाज और मूल्यों के बीच सहज संबंध स्वीकार करते थे। व्यक्ति और समाज के संबंध को वे जिस रूप में समझते थे, उसके अनुसार हमारे अनुभव सामाजिक और मूल्य अनिवार्यतः साझा सांस्कृतिक मूल्य होते हैं।

इतना ही नहीं, लीविस का आग्रह था कि हमारा अनुभव प्रकृत्या सामाजिक मात्र नहीं होता बल्कि समाज की सही अवधारणा के लिए अतीत के वर्तमान होने का एहसास भी जरूरी होता है। लीविस के सांस्कृतिक परंपरा संबंधी दृष्टिकोण में **परिवर्तन** और **विकास** का केंद्रीय महत्त्व है। अतीत की वास्तविकता और जीवन उनके अनुसार वर्तमान में यूँ ही नहीं चला आता उसकी सार्थकता उसके रचनात्मक उपयोग में निहित रहती है। उनके अनुसार साहित्य जीवित परंपरा और अतीत के बीच सतत रचनात्मक संबंध का सर्वोत्तम उदाहरण है। इसके अलावा अंग्रेजी भाषा बौद्धिकता और संवेदनशीलता का, ऐसे सुनिश्चित अनुशासन के रूप में पोषण करती है जिसका केंद्रीय सरोकार मूल्यधर्मी होता है।

: 4 :

आधुनिक समाज में सांस्कृतिक परंपरा को प्रभावी ढंग से आत्मसात कर उसकी निरंतरता कायम रखने के लिए लीविस ने बराबर **अल्पसंख्यक शिक्षित पाठक वर्ग** के अस्तित्व पर बल दिया। उनके अनुसार आधुनिक समाज के स्वास्थ्य में परिवर्तन करने और उसे बनाए रखने का दायित्व वस्तुतः इसी वर्ग पर होता है। रेमंड विलियम्स ने यह स्पष्ट करते हुए कि लीविस एक **साहित्यिक अल्पसंख्यक वर्ग** के बारे में सोच रहे थे, उनके इस विचार की आलोचना की है। उन्होंने लीविस की इस अवधारणा की तुलना कॉलरिज और ऑर्नल्ड से करते हुए कहा कि लीविस की दृष्टि में यह साहित्यिक, अल्पसंख्यक वर्ग ही साहित्यिक परंपरा और भाषा की सर्वोत्तम क्षमताओं को जीवित रखता है।

साहित्यिक और शिक्षित अल्पसंख्यक वर्ग पर लीविस के इस आग्रह को प्रायः चुनौती और विरोध का सामना करना पड़ा। तर्क दिया गया कि कॉलरिज और ऑर्नल्ड की उन्नीसवीं शताब्दी में भले ही शिक्षित समाज के महत्त्व को स्वीकृति मिली हो लेकिन आधुनिक समाज में समानतावादी विचारों के प्रभुत्व के कारण अल्पसंख्यक वर्ग की भूमिका को प्रायः सीधे खारिज किया जाता रहा है। अल्पसंख्यकों, शिक्षित जनता और इस तरह के मानदंडों के बारे में प्रचलित विद्वेष भाव को लीविस ने समसामयिक समाज की एक प्रकार की रुग्णता (मानसिक) के रूप में देखा। लीविस के अनुसार इस अल्पसंख्यक वर्ग का बौद्धिक स्तर तो ऊँचा होता ही है, साथ ही यह एक आध्यात्मिक समुदाय भी होता है और उसके मूल्य संबंधी मानदंड भी उत्कृष्ट होते हैं।

लीविस की मान्यता का सार यह है कि वर्तमान समाज में जिन मूल्यों का अभाव है, उनका बोध मुख्य रूप से साहित्य के अध्ययन और अतीत की जानकारी

के माध्यम से ही हासिल किया जा सकता है। यह ज्ञान और बोध सिर्फ शिक्षित वर्ग को ही होता है। लीविस ने इसमें 'विचार और अनुभूति की धार्मिक गहनता' को भी शामिल किया जो उनके अनुसार शिक्षित समाज के अस्तित्व पर निर्भर रहती है।

लीविस ने इस अल्पसंख्यक वर्ग की कल्पना दो स्तरों पर की है। एक बहुत छोटा-सा वर्ग जो मूल्यांकन करता है, और दूसरा पाठक और शिक्षित जनता जो इस मूल्यांकन को प्रभावी बनाती है। यह अलग बात है कि इस विशिष्ट वर्ग की बनत को तय करने का कोई बहुत निश्चित आधार लीविस ने स्पष्ट नहीं किया।

इस शिक्षित समाज के निर्माण में लीविस ने विश्वविद्यालयों की बहुत अहम भूमिका स्वीकार की है। उनकी दृष्टि में विश्वविद्यालय के माध्यम से ही केंद्रीकरण और स्तरों की रक्षा संभव होती है। विश्वविद्यालय ऐसी संस्था होते हैं जिनमें शिक्षित अल्पसंख्यक वर्ग की सक्रिय उपस्थिति, उन्हें हमारी आवश्यकता के अनुरूप सभ्यता के रचनात्मक केंद्र बनाती है।

लीविस का विश्वास था कि शिक्षित जनता और उसके द्वारा प्रस्तुत मानदंडों के कारण न केवल साहित्यिक आलोचना संभव होती है, बल्कि रचनाकारों के कृतित्व में भी उनकी अनिवार्य सहायक भूमिका होती है। पर उनका विचार था कि मानदंडों को **सैद्धांतिक रूप में 'परिभाषित' या निश्चित नहीं किया जा सकता।** उन्हें जड़ या स्थिर नहीं, लचीला और विकासशील मानकर विचार किया जाना चाहिए।

शिक्षित जनता, और आलोचक की उस पर्यावरण और बौद्धिक परिदृश्य का निर्माण करने में केंद्रीय भूमिका होती है और होनी चाहिए जिसमें कलाकार अपना काम करता है।

: 5 :

लीविस ने लगभग आधी शताब्दी तक इस बात के लिए संघर्ष किया कि वे आधुनिक सभ्यता में साहित्यिक आलोचना के प्रकार्य के केंद्रीय महत्त्व को मान्यता दिला सकें। उनका कहना था कि साहित्य-आलोचना या 'साहित्यिक मानस' का मूल और अनिवार्य संबंध साहित्य से होता है गोकि उन्होंने इस बात से इंकार नहीं किया कि व्यापक रूप में उसका सरोकार समाज के स्वास्थ्य से होता है।

आलोचना न तो सामाजिक विश्लेषण करती है और न ही काव्यशास्त्र या साहित्य की सैद्धांतिकी को सूत्रबद्ध करती है। वह मूल्यांकन के निश्चित दायित्व का निर्वाह करती है जिसके द्वारा समसामयिक संवेदनशीलता साकार होती है।

लीविस मानते थे कि आलोचना का काम किसी एक आलोचक के अकेले

सक्रिय होने से पूरा नहीं होता। यह तभी संभव होता है जब कई आलोचक, जो शिक्षित जनता का अंग होते हैं इस काम को एक साथ सक्रिय होकर अंजाम देते हैं। इस काम को सहयोगी अन्योन्य भाव से संपन्न किया जाता है। स्वस्थ सांस्कृतिक माहौल में, एक से अधिक बुद्धिमान आलोचक, बल्कि उनका पूरा समुदाय कर्मशील रहता है। यह सहयोग असहमति के रूप में भी घटित हो सकता है। बल्कि लीविस का कहना था कि यदि किसी को ऐसा आलोचक मिल जाए जो असहमत होने के लायक हो तो उसके प्रति कृतज्ञ होना चाहिए। कोई मूल्यांकन अपने आप में पूरी तरह सही नहीं होता, बल्कि असहमति के लिए बराबर गुंजाइश बनी रहती है। आलोचना सच्चे मूल्यांकन की तलाश जरूर करती है, पर एक अकेले आलोचक के मूल्यांकन की नहीं, वह सहयोगी प्रयास से ही तय होता है।

आलोचक की प्रक्रिया का खुलासा करते हुए लीविस ने कहा कि उसमें हमेशा संशोधन के लिए गुंजाइश रहती है, क्योंकि किन्हीं निश्चित स्पष्ट रूप से परिभाषित प्रतिमानों के आधार पर मूल्यांकन का प्रयास संभव नहीं होता। लीविस की स्थिति इस मामले में एक साथ ज्यादा जटिल और ज्यादा लचीली है।

उनका एक वाक्य प्रायः उद्धृत किया जाता है : "मैं किन्हीं साहित्यिक मूल्यों में विश्वास नहीं करता।" पर साथ ही वे इस बात पर जोर देते थे कि **नैतिक या धार्मिक आलोचना साहित्यिक आलोचना का स्थानापन्न नहीं हो सकती।** किसी कलाकृति का मूल्यांकन करते हुए उसमें नैतिक मूल्यों का प्रवेश निश्चित रूप से होता है, लेकिन तभी जब आलोचक की संवेदना यथोचित प्रासंगिक रूप में उनका अन्तःप्रवेश कराए।

साहित्य के प्रति उनके पूरे दृष्टिकोण के पीछे पुख्ता ऐतिहासिक-सामाजिक आधार था। वे बराबर यह मानते रहे कि क्योंकि साहित्य का सरोकार जीवन से और मानवीय मूल्यों के सृजन से होता है अतः उसका नैतिक आयाम होना अनिवार्य है। 'सभ्यता' शब्द ही लीविस को विशेष आवेग से भर देता था। एक के बाद एक रचनाकारों का विवेचन करते हुए, उन्होंने बीसवीं शताब्दी के बारे में अपनी हताशा को व्यक्त किया। लीविस अपनी आलोचना में लगातार आदर्श समाज की तलाश में संलग्न रहे। उनमें एक ऐसी धार्मिक अंतर्वृत्ति दिखाई पड़ती है जो यदि वे किसी दूसरे युग में होते तो संभवतः ईश्वरोन्मुख होती। उनके अपने समय में उसका लक्ष्य 'सभ्यता' है। उनके कृतित्व के बीच से एक ऐसे व्यक्ति का बिंब उभरता है जो गहरी चोट खाने के साथ अत्यधिक सजग और जीवंत हो गया हो। सभ्यता-समीक्षा लीविस का स्थायी सरोकार था। 'स्क्रूटिनी' के लेखों में लगातार उन्होंने इस बात का विश्लेषण किया कि कैसे तकनीकी और शहरी सभ्यता के अति-विकास से और एक नयी समूह-संस्कृति के हावी होने से मानव-मूल्यों की पुरानी दुनिया लगभग नष्ट हो गई है। वे मूल्य जिनकी जड़ें ऑर्गेनिक कृषि समाज में थीं।

लीविस की आलोचना में **प्रत्यक्ष राजनीतिक टिप्पणियाँ नहीं रहती थीं लेकिन उनके विश्लेषण में राजनीतिक आयाम रहता था।** वे किसी समय की बेहतरीन कविता के बीच से उसे प्रोत्साहित और अवरुद्ध करने वाले संबंधों को देख लेते थे। उन्हें ऐसी रचनाओं की तलाश रहती थी जिनके लेखक ने उन्हें लिखने की जरूरत महसूस की हो—किसी समस्या का हल तलाश करने के लिए, अनुभूति की अर्थ-छटाओं का खुलासा या व्याख्या करने के लिए या किसी रूढ़िमुक्त विचार का औचित्य ठहराने के लिए। इसलिए नहीं कि रचना उसके पेशे की जरूरत हो या उस दिशा में तरक्की के लिए उठाया गया कदम हो या फिर वह बाजार में बिकाऊ हो।

: 6 :

लीविस ने आरंभ मुख्य रूप से कविता की आलोचना से किया। जॉनसन, मिल्टन, पोप और वर्ड्स्वर्थ जैसे कवियों का चुनाव उनकी दृष्टि की विविधता का परिचायक है। लीविस ने काव्यालोचन की ऐसी भाषा का विकास किया, जिसके द्वारा व्यक्ति की भावनाओं का मूल्यांकन, भावनाओं के प्रति उसके रुख की दृष्टि से करना संभव हुआ। वे इस बात पर विचार करते थे कि रचनाकार अपनी भावनाओं का पोषण अपने 'अहं' की तुष्टि के लिए या उनके अपने ही लिए कर रहा है या वे अपने विषयों द्वारा तय हो रही हैं। वे भावनाओं की बारीकियों और किसी संस्कृति में भाषा की सूक्ष्म विशेषताओं की परस्पर निर्भरता का सामान्य ब्यौरा प्रस्तुत करते थे।

व्यक्ति की अभिव्यक्ति में उसके 'अहं' की महत्त्वपूर्ण भूमिका होती है, अपनी इस मान्यता के तहत, भाषा की विशेषता के साथ अनुभव की विशेषता का संबंध तय करने के लिए वे बड़ी बारीकी से इस बात की परीक्षा करते थे कि रचनाकार का 'अहं' भावनाओं और शब्द-प्रयोग में किस रूप में दखल देता है। व्यक्तिगत प्रकृति की भीतरी अव्यवस्था या व्यवस्था के साथ भाषा में अभिव्यक्ति की संहिति और नज़ाकत का गहरा संबंध स्वीकार करते हुए भी लीविस को लगता था कि इस संबंध की पहचान से कविता की पूरी व्याख्या नहीं होती। इस कमी को वे कविता में लाक्षणिकता और उसकी समग्र गति का विश्लेषण करके पूरा करते थे।

बाद के लेखन में लीविस ने **सहजता, विस्मय, सर्जनात्मकता, तटस्थता** जैसी विशेषताओं के संयोग पर बल दिया और इन्हें ब्लेक, डिकेंस, और लॉरेंस जैसे लेखकों की कला में देखा। वैसे व्यक्तियों पर लिखते हुए वे रह-रहकर अपने प्रिय विषय 'अहं' (ईगो) पर लौटते थे। 'ऑथेलो' का विश्लेषण उन्होंने इसी दृष्टि से किया।

लीविस की काव्यालोचना पर, विशेषकर आरंभिक दौर में इलियट का गहरा प्रभाव दिखाई पड़ता है। लीविस ने मिल्टन और शेली की तीव्र आलोचना करते हुए

'वाग्वैदग्ध्य की परंपरा' के कवियों को सराहा—विशेषकर डन और पोप को। कहा जाता है कि 'रिवेलुएशंस' में उन्होंने परम अनुगत भाव से इलियट के निर्णयों का समर्थन किया। रेने वेलेक ने 'न्यू बिअरिंग्स इन इंगलिश पोएट्री' के बारे में कहा कि उसमें 'इलियट के दृष्टिकोण का खुलासा, विकास और उपयोग है' और 'रिवेलुएशंस' के बारे में उनकी धारणा थी कि उसमें 'अंग्रेजी कविता के इतिहास पर इलियट की पद्धतियों और अंतर्दृष्टि को लागू किया गया है। वह बीसवीं शताब्दी के दृष्टिकोण से अंग्रेजी कविता के इतिहास के पुनर्लेखन का पहला सुसंगत प्रयास है।' इलियट पर लीविस की निर्भरता को लक्ष्य करते हुए रेने वेलेक ने इस ग्रंथ की निजी विशेषताओं का संकेत भी किया है।

'न्यू बिअरिंग्स इन इंगलिश पोएट्री' के आरंभ में ही लीविस पर इलियट का ऋण स्पष्ट दिखाई पड़ता हे। वे उन्नीसवीं शताब्दी में प्रचलित 'काव्यात्मकता' के विचार पर आक्षेप करते हुए उसे यह कहकर खारिज करते हैं कि 'काव्यात्मक' पद से विचार और अनुभूति के बीच अलगाव, और वास्तविक जगत से संबंध-विच्छेद का बोध होता है। लीविस ने उन्नीसवीं शताब्दी की कविता की व्याख्या करते हुए कहा कि वह कविता सपनों की दुनिया रचने की मानसिकता से अभिभूत रही और यह भी स्वीकार किया कि इस बात की तरफ पहले इलियट 'होमेज टू ड्राइडन' में इशारा कर चुके थे।

लीविस ने अपनी अनेक विशेष और सामान्य स्थापनाओं पर इलियट का प्रभाव स्वीकार करते हुए यह भी स्पष्ट किया कि परंपरा के मामले में उनके विचारों को दिशा देने का श्रेय भी इलियट को जाता है। परंतु बाद के वर्षों में उन्होंने इलियट के प्रसिद्ध निबंध 'ट्रेडिशन एंड इंडिविजुअल टेलेंट' को 'क्लासिक' निबंध मानना छोड़ ही नहीं दिया बल्कि उस पर लगातार आक्षेप भी करने लगे। पर उनकी आरंभिक पुस्तकों पर उसका स्पष्ट प्रभाव दिखाई पड़ता है। अपने आलोचनात्मक जीवन में क्रमशः वे इलियट के प्रभाव से मुक्त होते गए और विच्छेद का सबसे स्पष्ट प्रमाण 1949 में लिखे उनके निबंध 'मिस्टर इलियट एंड मिल्टन' के रूप में सामने आया।

कविता के बाद वे जब उपन्यासों की आलोचना की ओर बढ़े तो उन्होंने सुझाव दिया कि **महान उपन्यास का आस्वाद भी कविता या 'विस्तारित रूपक'** (एक्सटेंडेड मेटाफर) के रूप में किया जाना चाहिए। वे इस बात से सहमत नहीं थे कि उपन्यास को **'वास्तविक'** लोगों की ऐसी दुनिया के रूप में देखा जाए, जिसका नियमन **'वास्तविक' जीवन की संभावनाओं** से होता है। लीविस ने अपनी अंतर्वेधी दृष्टि से यह देखने का प्रयत्न किया कि दैनंदिन जीवन के बीच से लोग अपनी नियति का निर्माण खुद जिस रूप में करते हैं, उसे उपन्यासकार की अंतर्दृष्टि कितने सही रूप में पकड़ पाती है। यह ऐसी पद्धति थी जो यथार्थपरक मनोवैज्ञानिक उपन्यासों पर सर्वोत्तम रूप में लागू होती थी। 'द ग्रेट ट्रेडिशन' में जॉर्ज इलियट की आलोचना

इस पद्धति का उत्कृष्ट उदाहरण है।

लीविस ने उपन्यास को 'नाटकीय कविता' घोषित जरूर किया पर उन्होंने कविता की भाषा की अपेक्षा उपन्यास की भाषा पर कम ध्यान दिया। वे चरित्रों का विवेचन और मूल्यांकन करने वाली उपन्यासकार की नैतिक कल्पना की विशेषता पर टिप्पणी ज्यादा करते थे भाषा पर कम।

आधुनिक आलोचना में सफल कलाकृति में नैतिक और रूपात्मक को अभिन्न स्वीकार किया जाता था। लीविस ने दोनों में अंतर करते हुए नैतिकता को अधिक महत्त्वपूर्ण ठहराया। पर वे उपन्यासकार को मूलतः उपन्यासकार मानते थे नीतिज्ञ नहीं और उपन्यासों को नीति क्षेत्रीय कृतियों के रूप में नहीं देखते थे। वे उन **नैतिक विशेषताओं, और मूल्य-संरचना** पर ध्यान देते हैं जिनका कथन नहीं किया जाता, बल्कि जो समग्र उपन्यास के बीच नाटकीय और काव्यात्मक रूप में उभर कर आती हैं। इस प्रक्रिया में आलोचक समग्र कृति का मूल्यांकन करता है उसके नैतिक तत्त्व का नहीं।

लीविस, साहित्य की व्याख्या जीवन या मूल्यों की गवेषणा के लिए नहीं बल्कि जीवन की संभावनाओं का पोषण करने की दृष्टि से करते हैं। उनके अनुसार बड़े रचनाकारों का महत्त्व इस बात में होता है कि वे अपने पाठकों में जीवन की संभावनाओं के प्रति मानवीय जानकारी बढ़ाते हैं। लीविस ने उन्हीं लेखकों को प्रशंसा के योग्य समझा जिनका दृष्टिकोण जीवन के प्रति निर्विवाद रूप से रचनात्मक है और जो रचनात्मक मूल्यों का समर्थन करते हैं।

लीविस सिद्धांतवादी आलोचक नहीं थे, पर उन्होंने उपन्यास की एकदम अकाट्य और संपूर्ण अवधारणा प्रस्तुत की है। उपन्यास और नैतिकता के संबंध की केंद्रीय समस्याओं के बारे में अपने विचारों से और उपन्यास की जीवन के समर्थन और आलोचना के रूप में स्वीकृति करके लीविस ने उपन्यास के बारे में आधुनिक दृष्टिकोण पर निर्णायक प्रभाव डाला जिससे प्रमुख कला-रूप में उसकी प्रतिष्ठा संभव हुई।

उपन्यास को नीति-कथा, नाटकीय कविता और जीवन की समर्थक विधा मानने के अलावा, लीविस की एक अन्य केंद्रीय और प्रभावी अवधारणा थी—उपन्यास को 'महान परंपरा' (साहित्य की) के ऐतिहासिक क्रम के रूप में देखना। महान परंपरा के उपन्यासकारों की प्रशंसा वे **'अनुभव की जीवंत क्षमता', जीवन के समक्ष एक प्रकार की श्रद्धास्पद उन्मुक्तता,** और स्पष्ट **'नैतिक गहराई'** से संपन्न होने के कारण करते थे। जॉर्ज इलियट के उदाहरण से उन्होंने स्पष्ट किया कि बड़े मौलिक कलाकारों की पहचान यह होती है कि उनकी अपनी जड़ें बड़े व्यापक और गहरे रूप में अतीत में होती हैं और वे भावी उपन्यासकारों पर निर्णायक प्रभाव डालते हैं।

कथा-समीक्षा के क्षेत्र में लीविस के मूल्यांकन की मौलिकता पर ध्यान देते हुए भूलना नहीं चाहिए कि उन्होंने 'द ग्रेट ट्रेडिशन' की रचना अंग्रेजी कथा-साहित्य

के बारे में रूढ़ रूप में प्रतिष्ठित दृष्टिकोण को पूरी तरह संशोधित करने के स्पष्ट उद्देश्य से की थी। पुनर्मूल्यांकन के इस प्रयास में उन्होंने इन उपन्यासकारों की महानता के आधार को फिर से स्पष्ट करके उस पर बल दिया। इस प्रक्रिया में लगे हाथ उनके मूल्यांकन के प्रतिमान भी सामने आए।

लीविस की एक महत्त्वपूर्ण स्थापना यह थी कि किसी रचना के रूप का उद्‌भव साहित्य से नहीं, लेखक के अनुभव के दबाव के तहत होता है। इसलिए उपन्यास की अन्विति उनकी रुचि का केंद्रीय विषय नहीं है। लीविस के लिए अन्विति, रूप और संपूर्णता के बिना भी कोई रचना महान हो सकती है। पूरे उपन्यास के बजाय उपन्यास के अंशों की प्रशंसा करना लीविस की विशेषता थी।

उपन्यासों की आलोचना में लीविस ने **मूर्तता, सिद्धि** और **कृति की गढ़न** पर विशेष बल दिया, लेकिन इन विशेषताओं के होने भर से कोई रचना महान नहीं हो जाती। उसे मूल्यवान बनाती है उसमें प्रस्तुत **मानवीय अनुभव की गहराई** और **गुणवत्ता**। गोकि लीविस ने इस बात पर आग्रह किया कि महान कलाकृति के पीछे 'समृद्ध मानवीय अनुभव' होता है पर उन्होंने आगे यह जोड़ा कि एक सफल कृति, निर्वैयक्तिक होने के कारण एक हद तक लेखक के जीवन से भिन्न होती है। उस व्यक्तिगत अनुभव का जिससे रचना जन्म लेती है, विषयीकरण हो जाता है, और इसके परिणामस्वरूप घटित होने वाली निर्वैयक्तिकता, रचना की विशेषता के रूप में प्रकट होती है। लीविस इस विषयीकरण को निर्वैयक्तिकता–अर्थात् **नितांत व्यक्तिगत का अतिक्रमण** कहते थे।

लीविस ने 'द ग्रेड ट्रेडिशन' में बार-बार एक और प्रतिमान का उपयोग किया है। यह प्रतिमान है **'प्रौढ़ता'** (मेच्योरिटी)। विशेषकर जार्ज इलियट की समीक्षा करते हुए लीविस मुख्य प्रतिमान के रूप में इसका इस्तेमाल करते हुए उनके कृतित्व में 'प्रौढ़' और 'अ-प्रौढ़' अंशों को अलगाते हैं। 'प्रौढ़ता' की इस अवधारणा में बुद्धि की भूमिका शामिल है जो अपने बारे में लेखक की समझ पर निर्भर रहती है। इसी प्रौढ़ता से बुद्धि के द्वारा भावनाओं का नियमन या कम से कम भावना और बुद्धि के बीच समुचित संतुलन घटित होता है। कुल मिलाकर प्रौढ़ होने का मतलब होता है बुद्धिमान होना। और कला की निर्वैयक्तिकता, कलाकार की प्रौढ़ता पर निर्भर होती है।

कथा-समीक्षा में लीविस द्वारा प्रयुक्त प्रतिमानों को सीधे-सीधे साहित्यिक या नैतिक वर्गों में डालकर नहीं देखा जा सकता। उनमें से कुछ के सीधे साहित्यिक सम्पृक्तर्थ हैं और कुछ के सीधे नैतिक निहितार्थ। किसी निष्पन्न कलाकृति की गुणवत्ता पर बल देने के कारण 'सिद्धि' जहाँ साहित्यिक सिरे के निकट है, वहाँ मूर्तता, निर्वैयक्तिकता और प्रौढ़ता क्रमशः नैतिक सिरे की ओर बढ़ते प्रतीत होते हैं।

अपने पसंदीदा उपन्यासों के बारे में लीविस का दावा था कि उनमें अपने दौर

की सभ्यता की सबसे गंभीर आलोचना सुलभ है। किसी समय के उत्कृष्ट कर्तृत्व को वे **सभ्यता की रचनात्मक आलोचना** मानते थे। इस तरह साहित्य न तो अपनी समय-सीमा में कैद होकर रह जाता है और न 'शाश्वत सत्य' के रूप में गुम हो जाता है।

लीविस के आलोचकों ने उन पर आक्षेप लगाया कि उन्होंने महान त्रासदीय कला (हेलमेट, किंग लिअर या मेकबेथ) के द्वारा उठने वाले प्रश्नों से कभी मुठभेड़ नहीं की। उन्होंने आलोचना के लिए सैद्धांतिकी का निर्माण भी नहीं किया। लीविस ने आग्रहपूर्वक कहा कि आलोचना के कोई तय उपकरण नहीं होते। उन्होंने अपनी पुस्तक 'डिटरमिनेशंस' की भूमिका में स्पष्ट किया कि व्यावहारिक और 'सैद्धांतिक आलोचना' के बीच किया जाने वाला तीव्र विभाजन मिथ्या है। उनकी आलोचना में निर्वैयक्तिकता, मूर्तता, बोध जैसे कुछ मूल शब्द प्रयोग में जरूर आते हैं, पर उन्हें अमूर्त ढंग से परिभाषित करने की कोई तुक नहीं है। विषय का विश्लेषण करते हुए लीविस हमेशा एक **समग्र मूल्यपरक निर्णय** तक पहुँचने का प्रयास करते थे। गोकि **सामाजिक-सांस्कृतिक सरोकार** बराबर उनकी आलोचना का अभिन्न अंग होता था।

साहित्य के आलोचक के रूप में लीविस की स्थिति उस दौर के अन्य आलोचकों से कई रूपों में विशिष्ट थी। सामाजिक-सांस्कृतिक सरोकारों और मूल्यों की गंभीर चिंता के कारण वे 'नये आलोचकों' और सौंदर्यशास्त्रियों से तो अलग थे ही, अपने सरोकारों के बावजूद उन्होंने मार्क्सवादी पद्धति को भी नहीं अपनाया। कहना न होगा कि उस दौर में मार्क्सवादी होना बुद्धिजीवी वर्ग में फैशन की बात थी। वैचारिक अराजकता और ढहते हुए विश्व में मार्क्सवाद सामाजिक न्याय पर आधारित निश्चित और उदार विचारों को तरजीह दे रहा था। मुसोलिनी और हिटलर के उदय और तानाशाही के विरोध में इस विचारधारा का प्रभाव और प्रसार तर्कसंगत और स्थितियों के अनुरूप था। ऐसी स्थिति में उस कतार में खड़ा न होने का निर्णय कठिन था। लीविस ने यह साहस दिखाया। उनका मानना था कि साहित्य के प्रति सरोकार जितना गहरा होता है उतना ही उसके बारे में निरपेक्ष रूप में सोचना संभव नहीं होता। उसमें अंतर्निहित समस्याओं पर विचारों का उन्मुक्त प्रयोग ही अपेक्षित होता है। लीविस के वैचारिक रुझान का अंदाजा इस बात से लगाया जा सकता है कि उन्होंने 'स्क्रूटिनी' के पूर्वार्ध काल में साहित्य के अलावा राजनीतिक और सामाजिक विचारों को जगह देकर 'साहित्य के समाजशास्त्र' का विकास किया और साथ ही दार्शनिक और शिक्षा संबंधी विचारों को भी शामिल किया।

लीविस, साहित्य के अत्यंत विशिष्ट इतिहासकार थे। समाज की मानवीय और नैतिक बनावट के बारे में वे विशेष प्रकार के रहस्यात्मक बोध से संपन्न थे। साथ ही वे साहित्य के प्रभाव और उसके प्रति समाज की उपजीविता को लेकर भी बहुत

सचेत और आग्रही थे। उन्होंने इस पूरे परिदृश्य में विश्वविद्यालयों की महती भूमिका स्वीकार की। अपनी प्रसिद्ध रचना 'एजुकेशन एंड यूनिवर्सिटी' की भूमिका में उन्होंने माँग की कि 'विश्वविद्यालय के अंग्रेजी विभाग को सांस्कृतिक परंपरा के सुकुमार 'जीवन' का केंद्र होना चाहिए'—क्योंकि किसी सशक्त राज्य में साहित्यिक परंपरा का जारी रहना उन थोड़े से व्यक्तियों पर निर्भर रहता है जो कुशाग्र और वाग्मी आलोचनात्मक संवेदनशीलता से संपन्न होते हैं। लीविस के अनुसार इस अल्पसंख्यक वर्ग को तैयार करने में विश्वविद्यालयों के साहित्य-विभागों की महती भूमिका होती है गोकि उनका प्रभावी होना अपेक्षाकृत बहुत व्यापक पाठक वर्ग पर निर्भर होता है जो इस विशिष्ट अल्पसंख्यक वर्ग के मूल्यांकन को बुद्धिमत्ता और आदर के साथ ग्रहण करता है।

निष्कर्ष रूप में, लीविस का स्थान अंग्रेजी आलोचना में अनेक रूपों में विशिष्ट है। समाज के सांस्कृतिक जीवन में साहित्य, भाषा और विश्वविद्यालयी शिक्षा की पारस्परिकता और महत्त्व का उनके जैसा प्रवक्ता कोई दूसरा नहीं हुआ।

प्रवृत्तियाँ

आभिजात्यवाद और नव्य-आभिजात्यवाद

हिंदी शब्द 'आभिजात्यवाद' अंग्रेजी शब्द क्लासिसिज्म के लिए प्रयोग किया जाता है। हिंदी में आभिजात्यवाद के अतिरिक्त इस प्रवृत्ति के लिए शास्त्रवाद, श्रेण्यवाद, आदि कई नाम समय-समय पर प्रस्तावित किए गए जो इसकी अलग-अलग विशेषताओं पर प्रकाश तो डालते हैं किंतु समग्रता में क्लासिसिज्म की अवधारणा का बोध कराने में समर्थ नहीं हैं।

वस्तुतः लैटिन शब्द 'क्लासिकस' का प्रयोग रोम में करदाताओं के सर्वोच्च वर्ग के लिए किया जाता था। इसी आधार पर दूसरी शताब्दी में एक रोमन लेखक ने 'स्क्रिपतर प्रोलितेरियस' के विरुद्ध 'स्क्रिपतर क्लासिकस' का प्रयोग सामान्य जनता से भिन्न अभिजातवर्ग के साहित्य के लिए किया। परिणाम यह हुआ कि आरंभ में क्लासिसिज्म, क्लासिक और क्लासिकल (आभिजात्यवाद, अभिजात और आभिजात्य) श्रेष्ठता के वाचक हो गए। विशेषकर 'क्लासिक' शब्द का प्रयोग किसी ऐसी वस्तु, रचना या युग के लिए होने लगा जो किसी भी सभ्यता की श्रेष्ठता या उत्कर्ष की व्यंजक हो।

परंतु जैसा शिपले ने संकेत किया है "उच्चवर्ग की कला या साहित्य के अर्थ में 'क्लासिसिज्म' शब्द का प्रयोग आरंभ के तत्काल बाद ही अप्रचलित हो गया अतः वर्तमान युग में उसकी विशेष प्रासंगिकता नहीं है।"

क्लासिसिज्म के प्रतिशब्द के रूप में आभिजात्यवाद का प्रयोग भी बहुत उचित नहीं है। इस शब्द के व्युत्पत्तिपरक अर्थ से भी इस प्रवृत्ति की सभी विशेषताओं की व्यंजना नहीं होती। किंतु अब लगातार प्रयोग और प्रचलन के कारण यह शब्द अंग्रेजी साहित्य में क्लासिसिज्म की 2000 वर्ष की क्रमशः विकसित अवधारणा के लिए हिंदी में रूढ़ होकर मान्य हो गया है।

एक स्पष्ट प्रवृत्ति के रूप में आभिजात्यवाद की शुरुआत का श्रेय अरस्तू के सिद्धांतों के व्याख्याकार विचारक होरेस (65 ई. पू.) को दिया जाता है। यह बात अलग है कि यह प्रवृत्ति अरस्तू के शास्त्रीय चिंतन में ई.पू. चौथी शताब्दी में ही रूप ग्रहण कर चुकी थी। बल्कि यह कहना और अधिक सही होगा कि प्लेटो के काव्यचिंतन

का भी एक पक्ष ऐसा है जिसमें क्लासिकी काव्यचिंतन के संकेत मिलते हैं। कविता में भावोद्रेक के स्थान पर बुद्धि-विवेक पर बल। आवेश के स्थान पर संयम का आग्रह। भाषा में अलंकृति की तुलना में सादगी और सरलता की स्वीकृति आदि बातें प्लेटो के क्लासिकी रुझान की सूचक हैं। प्लेटो की सत्यनिष्ठा और वाक्संयम को क्लासिकी आदर्श की आधारशिला स्वीकार करना अनुचित न होगा। इस प्रकार आभिजात्यवाद का बीज-वपन आदि आचार्य प्लेटो के काव्यचिंतन में ही हो गया था।

अरस्तू तक आते-आते पाश्चात्य साहित्यशास्त्र ने निश्चित रूप ग्रहण कर लिया था। इसका सबसे बड़ा प्रमाण है अरस्तू के ग्रंथ (काव्यशास्त्र) का नामकरण। अरस्तू के विवेचन का जो पक्ष उन्हें प्लेटो से अलग और आभिजात्यवाद के पुरोधा के रूप में प्रतिष्ठित करता है—वह था मुख्य रूप से त्रासदी और साथ ही महाकाव्य आदि अन्य काव्य विधाओं पर विस्तृत विचार-विमर्श। उन्होंने इन विधाओं के नियमों का निर्वचन करते हुए उनके पालन पर जिस रूप में बल दिया उससे आगे आने वाले समय में शास्त्रीय नियमबद्धता, रूप की स्थिरता और अनुशासन को अनिवार्य मानने वाली शास्त्रवादी पद्धति का प्रचलन हुआ।

अरस्तू के बाद लगभग दो शताब्दियों तक साहित्य-चिंतन में कोई उल्लेखनीय प्रगति नहीं हुई। ग्रीस तथा रोम में साहित्य-रचना का जो क्रम निरंतर चलता रहा उसमें विश्व-साहित्य की कुछ महान् कृतियाँ सामने आईं। किंतु ई.पू. पहली शताब्दी तक आते-आते सर्जनशीलता का ह्रास होने लगा था। मंद प्रतिभा रचनाकारों से मौलिक उद्भावना की तो आशा ही नहीं की जा सकती थी, सामान्य रचनाओं के स्तर में भी गिरावट आ गई थी। आश्चर्य नहीं कि इन परिस्थितियों के अनुरोध से होरेस (65 ई. पू.) जैसे कवि विचारक को अरस्तू के सिद्धांतों की व्याख्या करने की आवश्यकता महसूस हुई। उन्होंने समसामयिक साहित्य की स्थिति को देखते हुए रचना के प्राचीन सिद्धांतों के अनुसरण को ही नहीं, प्राचीन श्रेष्ठ कतियों के अनुकरण को भी आवश्यक ठहराया। कालजयी श्रेष्ठ कृतियों तथा सिद्धांतों के श्रद्धामूलक अनुकरण के इस आग्रह के साथ ही पश्चिम में 'क्लासिसिज्म' की पद्धति स्पष्ट रूप से सामने आती है।

लंबे समय तक यह धारणा बनी रही कि कालजयी कृतियाँ (क्लासिकस) की रचना केवल ग्रीक और लैटिन में हुई अतः 'आभिजात्यवाद' का एक प्रयोग ऐतिहासिक श्रेणी के रूप में ऐसे युग के लिए भी किया जाता रहा जिसमें श्रेष्ठ या कालजयी साहित्य की रचना हुई हो। आरंभ में प्राचीन ग्रीस और रोम की संस्कृति और इतिहास के अध्ययन की प्रवृत्ति को तथा ग्रीक और लैटिन कृतियों के आदर्श का अनुकरण करने और उनकी टक्कर की कृतियाँ रचने की प्रवृत्ति को श्रेण्यवाद या आभिजात्यवाद समझा गया।

एलेक्जेंड्रा के लेखकों ने और रोम में—होरेस, बोकेशियो, सिसरो, डिमेट्रियस,

पेट्रिआर्क आदि सभी लेखकों ने ग्रीक रचनाओं का अनुकरण किया। समय के साथ 'आभिजात्यवाद' पद का प्रयोग विशेष युग और उसकी प्रवृत्ति के अर्थ में सीमित न रहकर सार्वकालिक और सार्वभौमिक हो चला। आधुनिक युग में जब किसी रचना को 'क्लासिक' कहा जाता है तो आवश्यक नहीं कि उसकी भाषा पुरानी ग्रीक और लैटिन हो या उसकी रचना प्राचीन युग में हुई हो। शेक्सपियर के नाटक, मिल्टन का 'पैराडाइज़ लास्ट' या इलियट की 'वेस्टलैंड' भी उसी प्रकार कालजयी रचनाएँ मानी जाती हैं जिस तरह होमर या वर्जिल की कृतियाँ। इसी तरह वाल्मीकि की 'रामायण', कालिदास का 'अभिज्ञान शाकुंतलम्', तुलसीदास का 'रामचरितमानस', प्रसाद की 'कामायनी' या निराला की 'राम की शक्ति पूजा'–विभिन्न युगों में रची जाने पर भी 'क्लासिक' रचनाएँ मानी जाती हैं। इन तमाम रचनाओं में किसी सामान्य तत्त्व की खोज करने पर निराशा ही हाथ लगेगी। यदि वैधता है तो केवल एक बात की, और यह बात है 'क्लासिकस' के आदर्श का अनुकरण।

कहने के लिए रोमांटिक कवियों ने भी लैटिन के आदर्श का अनुकरण न करके ग्रीक रचनाओं के आदर्श का अनुकरण किया। परंतु उनकी रचना-प्रक्रिया में अनुकरणधर्मिता की अपेक्षा प्रेरणापरकता अधिक लक्षित होती है। निष्कर्ष रूप में कहा जा सकता है कि काल के प्रवाह में इस शब्द का संबंध न किसी वर्ग (सामाजिक श्रेणी) से रहा न ऐतिहासिक श्रेणी के रूप में किसी युग विशेष की रचनाओं से, किंतु किसी न किसी रूप में कालजयी कृतियों के आदर्श के अनुकरण से यह संबंध आज भी कायम है। बल्कि इसका विस्तार ऐसी कृतियों तक हो गया है जिनके आदर्श के अनुकरण की संभावना आगे आने वाले समय में प्रतीत होती हो। अर्थात् जो युग-प्रवर्तन की क्षमता रखती हों।

यह स्पष्टीकरण इसलिए आवश्यक है कि 'आभिजात्यवाद' मूलतः 'क्लास' या वर्ग-विभाजन के इतिहास से संबद्ध शब्द है। प्राचीन रोम में पाठक वर्ग की सामाजिक बौद्धिक स्थिति को देखते हुए दो प्रकार के साहित्य की रचना की जा रही थी– (1) स्क्रिपतर प्रोलेतेरियस, जिसका लक्ष्य था लगभग अशिक्षित, कामकाजी, निम्नवर्गीय जनता। इस साहित्य को जन-साहित्य या लोक-साहित्य का आरम्भिक रूप कहा जा सकता है। (2) स्क्रिपतर क्लासिकस की रचना सुशिक्षित, उच्चवर्गीय, करदाता संभ्रांत समाज को दृष्टि में रखकर की जाती थी। स्वभावतः इस साहित्य को उच्च वर्ग का संरक्षण प्राप्त होता था और यह साहित्य उच्चवर्गीय संस्कृति से संबद्ध, परिमार्जित तथा 'शास्त्रबद्ध' साहित्य होता था। ऐसे अभिजातवर्गीय साहित्य की मूल्यवत्ता को मान्यता देने तथा उसका अनुकरण करने की प्रवृत्ति के कारण ही इसका नाम आरंभ में आभिजात्यवाद पड़ा। समाज की उच्च श्रेणी से संबद्ध होने के कारण आचार्य नलिनविलोचन शर्मा ने इसके लिए हिंदी में 'श्रेण्यवाद' शब्द प्रस्तावित किया जो विशेष प्रचलित नहीं हो पाया। इसकी तुलना में क्लासिसिज्म के लिए आभिजात्यवाद के

समानांतर 'शास्त्रवाद' शब्द का प्रचलन कुछ अधिक हुआ।

आधुनिक युग में 'क्लासिसिज्म' और 'रोमांटिसिज्म' दो ऐसी,प्रवृत्तियों के वाचक पद हो गए हैं जो पूर्वापर क्रम में चक्राकार गति से समय-समय पर उदित और अस्त होती रहती हैं—परस्पर विरोधी और परस्पर पूरक रूप में।

वस्तुतः स्वच्छन्दतावाद ने ही आभिजात्यवाद के प्रति उस ऐतिहासिक दृष्टिकोण की निर्मिति में सहायता की है, जिसके अनुसार 'आभिजात्यवाद' की विशेषताएँ प्रकट और निश्चित होती हैं। आभिजात्यवाद को परिभाषित कर उसकी विशेषताओं का निरूपण करने का कारगर प्रयास उन स्वच्छंदतावादियों ने किया जो आभिजात्यवाद का विरोध अपने पक्ष-समर्थन में कर रहे थे।

दूसरी बार आभिजात्यवाद पर विचार उन विचारकों ने किया जो स्वच्छंदतावाद के विरोध में (तब) आभिजात्यवाद की पुनः प्रतिष्ठा का प्रयास कर रहे थे। इस बार भी स्वच्छंदतावाद ही आभिजात्यवाद की परिभाषा के निर्धारण में सहायक हुआ। शिपले के अनुसार : ''रोमांटिक विचारकों और कवियों ने 'क्लासिसिज्म' संज्ञा के इतने भिन्न और विविध प्रयोगों के सामान्य आधार और संयोजक अवधारणा की कुंजी प्रदान की।''

साहित्य और कला में 'आभिजात्यवाद' शब्द उन विशेषताओं का वाचक है जिनमें प्राचीन ग्रीस और रोम के साहित्य, कला और विचार-पद्धति के प्रति निष्ठा दिखाई पड़ती है। इस दृष्टिकोण का संबंध उन मूल्यों से है जो प्राचीन ग्रीस की जीवनविषयक अवधारणा से संबंधित हैं। ऐसे मूल्य जिनमें जीवन में वैशिष्ट्य और स्थायित्व को महत्त्व दिया जाता है।

वस्तुतः आभिजात्यवादी कला उस समाज या पीढ़ी की सृष्टि होती है, जिसे अपनी उपलब्धि और प्रगति के साथ जीवन के उचित और व्यापक दृष्टिकोण की सिद्धि का अहसास तो होता ही है साथ ही भाषा और कला-रूपों में अपने मानस की अभिव्यक्ति के समुचित माध्यम को पा लेने का बोध भी होता है। अर्थात् आभिजात्यवाद में आस्थावान समाज के संतुलन की अभिव्यक्ति होती है।

आभिजात्यवाद क्लासिक साहित्य के मूल्यों को शाश्वत मानता है। पर कठिनाई यह है कि क्लासिक साहित्य कहा किसे जाए? परंपरा में इस शब्द का प्रयोग प्राचीन ग्रीस तथा रोम के उत्कर्ष काल में रचे गए श्रेष्ठ साहित्य के लिए होता रहा है। आगे चलकर उस साहित्य को भी क्लासिक माना जाने लगा जिसमें इन रचनाओं तथा शास्त्रीय रचना-सिद्धांतों के आदेश या पद्धति का अनुकरण व अनुसरण किया गया हो, भले ही उनकी रचना किसी अन्य युग में हुई हो। समय के साथ क्लासिक की अवधारणा का विस्तार होता गया और यूरोप में इस शब्द का प्रयोग क्रमशः व्यापक अर्थ में श्रेष्ठ और युग-प्रवर्तक साहित्य के लिए होने लगा। इसकी परिधि में शेक्सपियर, मिल्टन, दांते, गेटे आदि की ही नहीं वर्ड्स्वर्थ, शेली जैसे स्वच्छन्दतावादी

कवियों की रचनाओं का भी समावेश किया जाने लगा जिनमें शास्त्रीय नियमबद्धता और वस्तुपरकता के स्थान पर व्यक्ति-स्वातंत्र्य तथा आत्मपरकता को महत्त्व दिया जाता था गोकि आभिजात्यवाद इस प्रवृत्ति का समर्थन नहीं करता, बल्कि उसी प्राचीन या नवीन साहित्य को मान्यता देता है जो शास्त्रीय नियमों के चौखटे में बँधा हो।

अध्ययन की सुविधा के लिए आभिजात्यवाद की प्रवृत्तियाँ निम्नलिखित रूप में निर्धारित की जा सकती हैं–

1. **अनुकरण**–आभिजात्यवादी कला में मौलिक सृजन की उपेक्षा और साहित्य के प्राचीन और चिर-परिचित रूपों के प्रति आकर्षण दिखाई पड़ता है। इस प्रवृत्ति के रचनाकार प्राचीन कलाकारों के कृतित्व का रूपांतर करने अथवा उनकी अनुकृति बनाते रहने का प्रयास करते हैं। साहित्यिक परंपरा के प्रति इस निष्ठा के मूल में यह विश्वास रहता है कि मनुष्य परंपरा और व्यवस्था के अभाव में कोई अच्छी बात कर ही नहीं सकता।

2. आभिजात्यवाद के समर्थक रचनाकार रचना को स्वतःस्फूर्त सृजन न मानकर **सायास निर्मित कलाकृति** मानते हैं। आभिजात्यवाद कला में **परिष्कृत रुचि, जीवन की व्यापक दृष्टि** के साथ-साथ **विवेक और भावना** तथा **वस्तु और रूप-आकार के बीच संतुलन** को प्राथमिकता देता है। रचना के अंतरंग पक्ष में **मर्यादित औदात्य, आत्मा की गरिमा, स्वच्छता** और **प्रशांति** पर बल दिया जाता है तथा **विचारों में व्यवस्था** और **स्पष्टता** पर। अभिव्यक्ति में **सादगी, संतुलन** और **सानुपातिक संरचना** इन रचनाकारों का लक्ष्य होती है। अभिव्यक्ति की प्रक्रिया में नये रूपों और संरचनाओं की खोज और उद्‌भावना इनका उद्देश्य नहीं रहता। ये मानकर चलते हैं कि विशेष प्रकार के विषयों के लिए कुछ निश्चित रूपाकार लगभग पूर्वनिर्धारित अतः उचित होते हैं।

3. **आभिजात्यवादी** कला मूलतः **वस्तुनिष्ठ** कला होती है जिसमें स्वच्छंदतावादी कला की आत्मनिष्ठता के प्रति अविश्वास का भाव रहता है। वस्तुनिष्ठ प्रतिमानों की स्वीकृति का एक कारण इस दृष्टिकोण की अनुकरणधर्मिता है। मिल्टन मरे ने धार्मिक मान्यता से इसकी संगति की चर्चा करते हुए कहा है : "कैथलिक मत व्यक्ति से बाहर अतर्क्य आध्यात्मिक सत्ता के सिद्धांत का समर्थन करता है। आभिजात्यवाद का सिद्धांत भी यही है। अपने से बाहर की किसी चीज के प्रति निष्ठा रखे बगैर मनुष्य का काम नहीं चल सकता।" अर्थात् व्यक्ति मन की आंतरिकता और आत्मप्रियता के बजाय **जीवन की ठोस वास्तविकता** इस कला की विषयवस्तु होती हैं।

4. आभिजात्यवाद में भावना का निषेध नहीं किया गया। वस्तुतः अनुभूति के अभाव में उत्कृष्ट कला की सृष्टि संभव नहीं है किंतु रोमांटिक काव्यचिंतन में भावोच्छ्‌वास या भावावेग को जिस रूप में काव्य-सृजन का मूल हेतु माना गया, उस

रूप में आभिजात्यवादी दृष्टि भावों की अभिव्यक्ति का समर्थन नहीं करती। उसमें भावावेग के स्थान पर **भाव-संयम** और **भाव-व्यवस्था** पर बल दिया गया और भावोच्छलन् या भावों की अधिव्यक्ति के प्रति अविश्वास प्रकट किया गया।

5. आभिजात्यवादी कलाकार की प्रमुख आकांक्षा होती है कि उसका साहित्य विश्वजनित सभ्यता का चरम प्रतीक हो। ऐसी **सार्वभौमिकता** को लक्ष्य के रूप में स्थिर करने वाले कलाकार के लिए अनिवार्य हो जाता है कि वह अपनी रचना को यथासंभव अधिकाधिक **निर्वैयक्तिक** बनाए। वह इस प्रकार स्वच्छंदतावाद की उस मान्यता का विरोधी है जिसके अनुसार काव्य को मूलतः कवि की आत्माभिव्यक्ति स्वीकार किया जाता है।

6. वैयक्तिकता के अतिक्रमण की एक प्रवृत्ति आत्म की अपेक्षा **वस्तु को महत्त्व** देने की होती है और दूसरी नवीनता की उद्भावना की तुलना में **परंपरानुगतिकता** की दिशा में उन्मुखता की। स्वच्छंदतावादी जहाँ कल्पना की उड़ान के सहारे नित नये लोकों में भ्रमण करना और आकाश की ऊँचाइयों का स्पर्श करना चाहता है वहाँ आभिजात्यवादी रचनाकार के पाँव दृढ़ता से धरती से बँधे रहते हैं और वह अपनी परंपरा, अपनी विरासत के प्रति पूर्णतः सजग-सचेत रहता है। ह्यूम के अनुसार, "कल्पना की ऊँची से ऊँची उड़ानों में भी कुछ बंधन, कुछ संयम रहता है। आभिजात्यवादी कवि मनुष्य को, इस ससीमता को, उसकी इस सीमा को कभी भूलता नहीं। वह जानता है कि धरती से उसका अटूट नाता है।"

आभिजात्यवाद की प्रवृत्तियों को सुनिश्चित रूप में परिभाषित करने का प्रयास यद्यपि स्वच्छन्दतावाद के उदय और अस्त के दो दौरों में ही हुआ किंतु उसका स्वरूप ईसा पूर्व पहली शताब्दी में ही बिल्कुल स्पष्ट हो गया था। ईसा की पाँचवीं सदी तक साहित्य-चिंतन में इसका कुछ-न-कुछ प्रभाव बना ही रहा। पाँचवीं से पंद्रहवीं शताब्दी का समय पूरे यूरोप में साहित्य तथा कला-विवेचन की दृष्टि से अंधकार युग माना जाता है। ईसाई धर्म ने इस दौरान ऐसा जड़ नैतिकतावादी रूप धारण कर लिया था जिससे साहित्य तथा कला के आनंदवादी स्वरूप तथा तत्त्वों की क्षति हुई। यह समय धार्मिक अंधविश्वास तथा नैतिक कट्टरता से युक्त साहित्य के वर्चस्व का समय माना जाता है। यह वस्तुस्थिति साहित्य तथा कला के मुक्त विकास के लिए सर्वथा प्रतिकूल थी। इस बीच साहित्य-विवेचन तथा साहित्य के सिद्धांत-निरूपण की परंपरा लुप्त हो चली थी।

यह जड़ता 14वीं-15वीं शताब्दी में उस समय टूटी जब यूरोप में एक नयी तथा मुक्त विचारधारा की शुरुआत हुई। जन-जीवन में व्यक्ति-स्वातंत्र्य तथा मानववाद की प्रतिष्ठा करने वाली इस प्रवृत्ति को 'रेनेंसा' अर्थात् पुनर्जागरण के नाम से जाना गया। इस प्रवृत्ति के कारण साहित्य और कलाओं में भी मुक्ति और स्वच्छंदता की संभावना दिखाई पड़ने लगी। किंतु जिन प्रवृत्तियों ने आरंभ में जागरण की आशा

जगाई थी वे ही आगे चलकर अतिवाद का शिकार हो गईं।

फ्रांस में कला की बारोक शैली का प्रचलन हुआ। इस शैली का प्रचलन साहित्य की अपेक्षा चित्रकला में अधिक हुआ। पुनर्जागरण के अंतिम छोर पर सत्रहवीं शताब्दी के आरंभ में इसका वर्चस्व यूरोपीय कला, विशेषकर फ्रांस की कला में स्थापित हो गया। रेने वेलेक के अनुसार स्पष्टता और सादगी के विरुद्ध विक्षुब्ध, अस्तव्यस्त और तीव्र पदावली तथा जीवन के प्रति त्रासद दृष्टि इसकी विशेषता थी। इसमें व्यक्ति मन की व्याकुलता और आंतरिक तड़प की अभिव्यक्ति जिस घोर व्यक्तिवादी शैली में हुई वह एक सीमा तक स्वच्छंदतावाद के निकट मानी जा सकती है।

कल्पना तथा स्वतंत्रता क्रमशः जो अराजक रूप ग्रहण करने लगी थी उसकी प्रतिक्रिया शास्त्रवाद या आभिजात्यवाद के पुनरुत्थान के रूप में हुई। शास्त्रवाद के इस नये उन्मेष को 'नियो-क्लासिसिज्म' अर्थात् **नव्य-आभिजात्यवाद** कहा गया। इस प्रवृत्ति का बीजारोपण लगभग पुनर्जागरण के समानांतर हो चुका था। पंद्रहवीं शताब्दी के मध्य में अरक्षित विद्वान अपनी ग्रंथ संपदा के साथ इटली में आकर बस गए। वहीं इन ग्रंथों के अध्ययन, अनुवाद और पुनर्व्याख्या का सिलसिला आरंभ हुआ। इससे जो बौद्धिक वातावरण बना उसमें इतालवी मानवतावादियों के हाथों साहित्य और कला को धार्मिक शृंखलाओं से मुक्त होकर स्वतंत्र साधना का अवसर मिला। किंतु जब यही मुक्ति उच्छृंखलता में बदलने लगी तब एक बार फिर आभिजात्यवादी मूल्यों की स्थापना का दौर आरंभ हुआ।

क्लासिकी आलोचना-सिद्धांतों की नींव मुख्य रूप से अरस्तू के काव्यशास्त्र पर होने वाले विवादों और व्याख्याओं से पड़ी। प्राचीन ग्रंथों का अध्ययन यद्यपि इटली में आरंभ हुआ था किंतु नव्य आभिजात्यवाद का उत्थान पहले फ्रांस में हुआ—शायद इसलिए कि पुनर्जागरण की प्रवृत्तियों का ह्रास भी सबसे पहले वहीं दिखाई पड़ रहा था। सोलहवीं सदी में इंग्लैंड में सर फिलिप सिडनी (1554-86) कुछ सीमा तक क्लासिकी मूल्यों को मान्य ठहरा चुके थे किंतु उनकी मूल दृष्टि पुनर्जागरणवादी ही थी।

सही अर्थ में नव्यशास्त्रवाद का विकास सत्रहवीं शताब्दी में फ्रांस में हुआ। फ्रांसीसी शास्त्रवाद का आरंभ 'बारोक' संस्कृति की गैर-शास्त्रीयता के विरोध में हुआ। रासीन, कार्नील और बुअलो जैसे रचनाकार और साहित्यशास्त्री साहित्य में फैली अराजकता का विरोध करने लगे। सर्जन की स्वतंत्रता के नाम पर व्याप्त अशास्त्रीयता के विरुद्ध उन्होंने **शास्त्रीयता** और **संयम की प्रतिष्ठा** का प्रयत्न किया। साहित्यिक रचनाओं के नियम तथा सिद्धांतों के लिए इन लोगों ने अरस्तू और होरेस का अनुसरण किया। संवेगों या भावावेगों की अनियंत्रित अभिव्यक्ति के विरुद्ध इन्होंने **'विवेक'**, **स्पष्टता** और **व्यवस्था** की वकालत की। प्राचीन साहित्य को उन्होंने श्रेष्ठ तथा अपने समय के लिए अनुकरणीय माना। साहित्य में इस प्रवृत्ति का प्रतिफलन विशेष रूप

से नाटकों में दिखाई पड़ा। मोलियर, कार्नील, रासीन आदि के शास्त्रानुमोदित परिपाटीबद्ध उच्च कोटि के नाटकों में आभिजात्यवाद का चरम विकास हुआ।

फ्रांसीसी शास्त्रवाद एक अभिजात समाज-दृष्टि को प्रतिबिंबित करता था। एक ऐसी दृष्टि—जिसमें कला को विशिष्ट जन समुदाय की संपदा माना गया था। परिणामतः ये रचनाएँ इसी विशिष्ट अभिजात वर्ग के दृष्टिकोण तथा अभिरुचि से अनुशासित होती थीं।

इंग्लैंड में भी सत्रहवीं सदी में ही नव्य-आभिजात्यवाद का प्रभाव दिखाई पड़ने लगा था। सत्रहवीं से अठारहवीं सदी तक **बेन जॉनसन** (1573-1637), **जान ड्राइडन** (1631-1700), **अलेक्जेंडर पोप** (1688-1744) तथा **सैमुअल जॉनसन** (1740-95) आदि ने इस प्रवृत्ति का पोषण किया। किन्तु यह दृष्टि मध्यवर्ग की मनोवृत्ति का प्रतिनिधित्व करती थी। इस दृष्टिकोण की प्रतिनिधि रचना पोप का 'एस्से ऑन क्रिटिसिज्म' (1711) है। यूँ आलोचकों ने बेन जॉनसन को पहला अंग्रेज विद्वान माना है, जिनमें नव्य-आभिजात्यवादी प्रवृत्ति अपने पूर्ण रूप में निरंतर दिखाई पड़ती है। बेन जॉनसन ने सिद्धांत विवेचन भी किया और होरेस के 'आर्स पोएटिका' का अनुवाद भी।

ड्राइडन ने भी वर्जिल, जुबेनल, ओविड आदि का अनुवाद किया और अपनी रचनाओं में परंपरा के श्रेष्ठ तत्त्वों के प्रति आस्था का परिचय दिया। उनकी रचना 'ऑफ ड्रैमेटिक पोएजी' (1668) से उनकी साहित्यिक मान्यताओं का परिचय मिलता है।

पोप के साहित्यिक सिद्धांतों का आधार भी प्राचीन विचारकों की पद्धति थी। उनका विश्वास था कि इन सिद्धांतों का आधार लेने पर सफलता निश्चित होती है। वे अपने युग के मध्यवर्ग से जुड़े थे। उन्होंने फ्रैंच आभिजात्यवाद के **विवेक, संयम** तथा **अनुशासनप्रियता** को तो ग्रहण किया, उसके उच्च वर्गीय या दरबारी चरित्र को नहीं। उन्होंने **लेखक के सामाजिक दायित्व** के प्रति आस्था व्यक्त की। उनका विचार था कि व्यक्तियों और उनके व्यवहार पर लेखक का प्रभाव पड़ता है। इसलिए उसे **ऊँचे नैतिक** और **सौंदर्यशास्त्रीय प्रतिमानों** की प्रतिष्ठा करनी चाहिए और **व्यवहार की शिक्षा** देनी चाहिए। शिक्षित मध्यवर्ग के उदय और छापेखाने के विकास के कारण एक बहुत बड़े समुदाय तक साहित्य की पहुँच उनकी इस चिंता का एक महत्त्वपूर्ण कारण था। दृष्टि के इस युगानुरूप खुलेपन के बावजूद पोप के रचना-संबंधी आदर्श पुराने थे। रचना के शिल्प-संबंधी शास्त्रीय नियमों का पालन वे अनिवार्य मानते थे।

कुल मिलाकर 17वीं-18वीं सदी के अंग्रेजी साहित्य-चिंतन में प्राचीन आभिजात्यवादी नियमों के अनुसार **तर्क** तथा **बुद्धिपक्ष** की प्रधानता, तथा **संयम, संतुलन** एवं **आदर्शवाद** का समर्थन मिलता है। आभिजात्यवाद से इनमें एक बड़ा अंतर यह था कि इनकी दृष्टि मात्र अभिजात वर्ग तक सीमित न रहकर जनसामान्य तक व्यापक हो गई थी।

नव्य-आभिजात्यवाद का यह दौर इंग्लैंड में अठारहवीं सदी के अंत तक समाप्त हो चला था।

नव्य-आभिजात्यवाद को दार्शनिक आधार 18वीं शताब्दी में जर्मनी पहुँचकर मिला। **गेटे, शिलर, ह्यूम** आदि विचारकों के विवेचन में इसका प्रभाव दिखाई पड़ा। ह्यूम (1711-46) के अनुसार मनुष्य की वृत्ति मूलतः पापोन्मुख होती है, इसलिए उसे स्वतंत्रता की नहीं नैतिक नियमों की आवश्यकता है। ये मूल्य तभी प्रभावी हो सकते हैं जब उनके मापदंड **निर्वैयक्तिक, वस्तुपरक** और **सामाजिक** हों, आत्मपरक या आंतरिक नहीं।

सत्रहवीं शताब्दी के अंत में 'प्राचीनों' और 'आधुनिकों' के बीच गहन वाक्-युद्ध हुआ जो अठारहवीं शताब्दी तक चलता रहा। 18वीं शताब्दी में श्लेगल ने शास्त्रवाद का पक्ष लेकर और फ्रांसीसी विदुषी मदाम दस्ताल ने उसे जड़ और रूढ़िबद्ध करार देकर इस विवाद का संचालन किया। विजय अंततः स्वच्छंदतावादियों की हुई।

उन्नीसवीं सदी के मध्य से फ्रांस में और 19वीं सदी के अंत तथा 20वीं सदी के आरंभ में इंग्लैंड तथा अमरीका में भी फिर से नव्य-आभिजात्यवादी प्रवृत्ति उभरने लगी। फ्रांस में **सेंट ब्यव** (1804-69) ने क्लासिक रचनाओं का उल्लेख करते हुए **नैतिकता, आदर्श, मानवीयता** तथा **मध्यम मार्ग** को उनकी प्रमुख विशेषता माना। इसके साथ ही उन्होंने उनमें **अभिकल्प की अन्विति** (यूनिटी ऑफ डिजाइन), **समुचित निष्पादन** (एक्जेक्यूशन) तथा व्यवस्था को आवश्यक ठहराते हुए **संप्रेषणीयता** और **सार्वकालिकता** की वकालत की। सेंट ब्यव ने आभिजात्यवादी रचनाकारों की विशेषताओं को भी रेखांकित किया।

इंग्लैंड में **मैथ्यू आर्नल्ड** (1822-89) ने स्वच्छंदतावाद के पराभव के समय साहित्य को जीवन से जोड़ने की आवश्यकता को समझाया। यह ऐसा समय था जब समाज से साहित्य का संबंध लगभग घटता जा रहा था। कविता को वे 'जीवन की आलोचना' मानते थे, और सामाजिक तथा नैतिक प्रतिमानों पर बल देते थे। उनके अनुसार कविता का प्रयोजन लोक-कल्याण है, मात्र मनोरंजन नहीं। इस उद्देश्य की सिद्धि के लिए उस प्राचीन (अभिजात) साहित्य के आदर्श का अनुसरण आवश्यक है जिसमें महान् कृत्यों तथा मनुष्य के स्थायी मनोवेगों का वर्णन गहन गरिमा, गंभीरता तथा संतुलन के साथ किया जाता था। आर्नल्ड काव्य में वस्तु और रूप का संतुलन भी आवश्यक मानते थे। उन्होंने रचना तथा आलोचना दोनों के ही संदर्भ में गरिमा, संतुलन तथा नैतिक दृष्टि के आभिजात्यवादी मूल्यों पर बल दिया।

आर्नल्ड के बाद बीसवीं शताब्दी में जिन विचारकों ने नव्य-आभिजात्यवाद को नये सिरे से पुनः परिभाषित किया उनमें विशेष रूप से **इर्विंग बेबिट, टी.एस. इलियट** और **ह्यूम** का उल्लेख किया जाता है। इनमें इलियट (1882-1965) का महत्त्व सर्वाधिक है। उन्होंने सन् 1928 में साहित्य के **प्रति** अपने दृष्टिकोण को औपचारिक रूप से

'आभिजात्यवादी' कहा। वे अपने प्रसिद्ध निबंध 'ट्रेडिशन एंड इंडिविजुअल टैलेंट' में सन् 1919 में ही आभिजात्यवादी सिद्धांतों की स्थापना कर चुके थे। कला को उन्होंने **वस्तुनिष्ठ** माना। विषय में **गरिमा** और **प्रौढ़ता** पर बल दिया और कुछ बिंदुओं पर नव्य-आभिजात्यवादी परंपरा में कुछ नया भी जोड़ा। उन्होंने परंपरा को महत्त्व तो दिया पर साथ ही वैयक्तिक प्रतिभा के महत्त्व को भी स्वीकार किया। परंपरा को भी उन्होंने जड़ और निरपेक्ष नहीं माना। उनके अनुसार हर रचना परंपरा का हिस्सा भी होती है, साथ ही उसमें कुछ जोड़ती और बदलती भी है। इलियट ने आर्नल्ड की ही तरह आलोचना की भूमिका पर भी विचार किया और तटस्थता को उसका आवश्यक गुण माना।

ह्यूम ने आभिजात्यवाद को **दार्शनिक आधार** दिया। उन्होंने रोमांटिसिज्म की सापेक्षता में क्लासिसिज़्म की व्याख्या करते हुए कहा : ''रूसो के अनुसार रोमांटिसिज्म में मनुष्य को संभावनाओं का अनंत कोश माना गया, जबकि क्लासिकी दृष्टि में मनुष्य वस्तुतः सीमित है और परंपरा तथा नियमों के अनुशासन द्वारा मूल्यवान उपलब्धि करता है।'' इस मान्यता के मूल में ईसाई मत की मनुष्य संबंधी अवधारणा काम कर रही थी।

बीसवीं शताब्दी में इलियट, ह्यूम और अन्य विचारकों ने नव्य-आभिजात्यवादी दृष्टि के माध्यम से **वस्तुनिष्ठता** को अनिवार्य कला मूल्य के रूप में स्थापित किया। इसी युग में कुछ और आंदोलनों तथा अनुशासनों में भी वस्तुनिष्ठता की प्रवृत्ति का समर्थन किया गया। इनमें मुख्य थी रूपवादी आलोचना जिसमें कविता को मूलतः **भाषिक संरचना** मानकर उसके अध्ययन का आधार अंतर्वस्तु को न बनाकर रूपगत विधान को बनाया गया।

नव्य-आभिजात्यवाद की विशेषताओं पर विचार करने पर यह स्पष्ट दिखाई पड़ता है कि ये विशेषताएँ आभिजात्यवाद में लक्षित होने वाली विशेषताओं से मूलतः भिन्न नहीं हैं। आभिजात्यवाद में प्राचीन ग्रीक तथा रोमन साहित्य के अतिरिक्त उस विचार-पद्धति के प्रति भी आस्था थी जिसके आधार पर उस साहित्य की रचना हुई थी। यह आस्था परंपरा के प्रति उस श्रद्धाभाव से उपजी थी जिसकी मान्यता थी कि प्राचीन परंपरा ने श्रेष्ठता के शिखर को पा लिया है और उसे जन्म देने वाला समाज एक प्रकार से पूर्ण समाज है। आभिजात्यवाद का विश्वास था कि प्राचीन युग के रचनाकारों ने अभिव्यक्ति के सही साधन पाकर सभी कला रूपों को सिद्ध कर लिया है। इसलिए उनके द्वारा स्थापित नियमों को शाश्वत और सार्वकालिक मानकर हर युग में उन्हें कला के मूल्यांकन की कसौटी बनाना चाहिए। नव्य-आभिजात्यवाद में भी लंबे समय तक इसी विचार का कट्टरता से पालन किया गया। कार्नील, बुअलो, रासीन आदि ने सभी स्तरों पर प्राचीन साहित्य के अनुकरण को काम्य माना तथा साहित्य-रूपों के अनिवार्य तत्त्वों का निर्धारण प्राचीन रचनाओं और सिद्धांतों के ही

आधार पर किया। इस दृष्टि में बदलाव अट्ठारहवीं सदी में तब आया जब अलेक्जेंडर पोप ने इस बाह्य अनुकरण के बजाय आदर्शों के अनुकरण पर बल दिया।

आभिजात्यवाद और नव्य-आभिजात्यवाद में प्राचीन मूल्यों के प्रति निष्ठा के कारण नये प्रयोगों का विरोध होता रहा। अनुकरण और रूढ़िबद्धता की प्रवृत्ति जहाँ कृति में संतुलन और अनुशासन लाती है वहाँ वैयक्तिक प्रतिभा और सर्जनशीलता के मार्ग में बाधक होती है। इसी कारण परवर्ती नव्य-आभिजात्यवाद में रचना परंपरा के अनुकरण के बजाय मूल्यों और आदर्शों के अनुसरण को प्राथमिकता दी गई।

नव्य-आभिजात्यवाद में भी प्राचीन अभिजात-साहित्य की तरह **वैशिष्ट्य** (एक्सिलेंस) तथा **चिरंतनता** (परमनेंस) के मूल्यों को ही साहित्य का शाश्वत मूल्य माना गया। नव्य-आभिजात्यवाद में कला तथा साहित्य में संतुलन, संयम, अनुशासन, व्यवस्था तथा तर्क-संगति पर बल दिया गया। वस्तुनिष्ठता पर अधिक जोर देने के कारण नव्य-आभिजात्यवादी चिंतन में **रूप** (फार्म) पर बल बढ़ता गया। कृति की श्रेष्ठता का आधार उसकी **बाह्य-गठन का सौष्ठव** हो गया। भाषा, अलंकार तथा छंद-योजना का महत्त्व बढ़ गया और मौलिक सृजन की संभावना कम होती गई।

आभिजात्यवाद और नव्य-आभिजात्यवाद दोनों में वैयक्तिकता के स्थान पर सार्वभौमिकता का लक्ष्य प्रधान रहा। कवि के लिए उन्होंने आवश्यक माना कि वह देश-काल से निरपेक्ष होकर सही और गलत, उचित और अनुचित के प्रत्ययों का सार्वभौम स्तर पर विवेचन करे। उसका सरोकार व्यक्ति से न होकर संपूर्ण जाति और समाज की सामान्य वृत्तियों से होना चाहिए। काव्य के प्रयोजनों में उन्होंने आनंद को गौण और शिक्षा को प्रमुख स्थान दिया।

आभिजात्यवाद मूलतः अभिजात वर्ग के साहित्य से प्रेरित हुआ था। नव्य-आभिजात्यवादी साहित्य भी नागर और सुशिक्षित वर्ग से जुड़ा था। इस साहित्य में भावना की अपेक्षा बुद्धि और तर्क की प्रधानता थी। आभिजात्यवाद में सामान्यतः भावुकता और आत्मानुभूति की उपेक्षा की जाती थी किंतु विकास-क्रम में नव्य-आभिजात्यवाद में पंडिताऊ वृत्ति की कट्टर शास्त्रबद्धता क्रमशः कम होती गई और सिद्धांत-निरूपण के लिए तर्क, विवेक और युगानुरूपता को अधिक महत्त्व दिया जाने लगा। 20वीं शताब्दी तक आते-आते अनुभूति तथा संवेदनशीलता के महत्त्व को भी स्वीकार किया जाने लगा। नव्य-आभिजात्यवादी दृष्टि मूलतः समाजोन्मुखी होती है और सिद्धांत के स्तर पर इस मान्यता से इंकार नहीं किया जा सकता कि रचना में भाव और बुद्धि का समन्वय होना चाहिए। आर्नल्ड ने कविता और जीवन के पारस्परिक संबंध पर जिस रूप में बल दिया था वह प्रगतिशील विचारधारा का भी मूल आधार है। निष्कर्ष रूप में कहना अनुचित न होगा कि नव्य-आभिजात्यवाद की मूल दृष्टि में अनेक बातें ऐसी हैं जिनके कारण काफी समय तक साहित्यालोचन पर इसका उल्लेखनीय प्रभाव रहा।

कलावाद

काव्यचिंतन का इतिहास जितना पुराना है, उतने ही कुछ मौलिक प्रश्न जो इस संदर्भ में लगातार उठाए जाते रहे हैं। साहित्य का प्रयोजन ऐसा ही प्रश्न है। साहित्य के मूल्य और उसके मूल्यांकन के प्रतिमान के प्रश्न भी इसी प्रश्न से जुड़े हैं। आरंभ से ही साहित्य के प्रयोजन के रूप में 'आनंद' को स्वीकार तो किया जाता रहा, पर महत्त्व प्रायः शिक्षा या उपदेश को ही अधिक दिया गया।

: 1 :

वैचारिक पृष्ठभूमि

एरिस्टोफ़ेनीज से लेकर प्लेटो, होरेस, मध्ययुगीन विचारकों, पुनर्जागरण युग तथा 17वीं-18वीं सदी के साहित्यकारों तथा साहित्यशास्त्रियों तक सभी ने नैतिक शिक्षा या उपदेश को काव्य के प्रमुख प्रयोजन के रूप में मान्यता दी। प्लेटो तथा मध्ययुग के धार्मिक कट्टरपंथियों ने तो कला तथा साहित्य का इस तर्क के आधार पर लगभग बहिष्कार ही किया कि इनमें अनैतिकता को प्रश्रय मिला है। साहित्य के लिए नैतिक उपदेशात्मकता इतनी जरूरी समझी जाती थी कि रोमानी चिंतन के पूर्व-पुरुष सर फिलिप सिडनी जैसे रचनाकार भी काव्य के आनंद में उपदेशात्मक या जीवन-उन्नायक तत्त्व को स्वीकृति देने के लिए बाध्य हुए। नव्य-आभिजात्यवादियों की कट्टर, रूखी नीतिवादिता के विरुद्ध स्वच्छंदतावादी आंदोलन ने आवाज उठाई, तो उन्नीसवीं सदी में ही साहित्य के नैतिकतावादी प्रतिमान के पक्ष में जॉन रस्किन, मैथ्यू आर्नल्ड और तॉल्स्तॉय जैसे प्रभावशाली विचारक सामने आ गए। रस्किन तथा तॉल्स्तॉय ने कला को धर्म तथा आध्यात्मिकता से जोड़ते हुए नीति शिक्षा को उसका उद्देश्य बताया। आर्नल्ड ने कविता को जीवन की आलोचना मानते हुए नैतिकता की विरोधी कविता को जीवन-विरोधी करार दिया।

साहित्य पर साहित्येतर प्रतिमानों के इस प्रबल दबाव ने ही कलावादी आंदोलन को जन्म दिया जिसमें कला को ही अपना चरम उद्देश्य मानकर उसके लिए कला

से इतर हर प्रतिमान का पूरी तरह निषेध किया गया।

यह आंदोलन कलावादी दृष्टि का चरम विकास था किंतु इस विचार का स्रोत सुदूर अतीत से चला आ रहा था। अरस्तू ने काव्य के सामाजिक दायित्व को स्वीकार करते हुए भी काव्य-कला के प्रतिमानों की स्वायत्तता पर बल दिया था। पुनर्जागरण काल में भी कला के प्रयोजनों में शिक्षा की अपेक्षा रंजन या आनंद को अधिक महत्त्व मिला। अठारहवीं सदी में शास्त्रवादी उपदेशात्मकता के विरुद्ध सौंदर्यशास्त्रीय स्वायत्तता का स्वर उभरने लगा और कलागत आनंद को मात्र ऐंद्रिय-संवेदन या भाव-संवेदन के बजाय प्रमाता की 'अभिरुचि' तथा आंतरिक संवेदन का विषय माना जाने लगा। एक ओर जर्मनी के आत्मवादी दर्शन ने और दूसरी ओर इंग्लैंड की स्वच्छंदतावादी विचारधारा ने इस प्रवृत्ति को और पुष्ट किया। इस विचारधारा के अनुसार कविता मानव-मन को प्रभावित और उद्वेलित करती है किंतु प्रत्यक्ष उपदेश द्वारा नहीं। उपदेश तत्त्व उसमें केवल प्रासंगिक रूप से निहित रहता है, जबकि उसका मुख्य उद्देश्य आनंद प्रदान करना ही होता है।

स्वच्छंदतावाद ने कला तथा सौंदर्य के आनंद पक्ष को महत्त्व देने की प्रवृत्ति को पुष्ट आधार दिया। इसी का अगला चरण था—नैतिकता, राजनीति और सामाजिकता के प्रतिमानों पर निर्भरता से मुक्त होकर **कला की स्वायत्तता** को सर्वोच्च मान्यता देना। इस विचार को एमानुएल कांट (1724-1804) के 'क्रितीक ऑफ जजमेंट' से दार्शनिक आधार मिला जिसके अनुसार कला-व्यापार का अपना क्षेत्र और महत्त्व है। उसे ज्ञान और नैतिकता से स्वतंत्र होना चाहिए। विशुद्ध सौंदर्यशास्त्र के पक्षधर कांट के अनुसार **सौंदर्य का अस्तित्व चेतना में होता है, बाह्य विश्व में नहीं**। इस मान्यता से स्वाभाविक रूप से यह निष्कर्ष निकलता है कि सौंदर्य के प्रतिमान भी आंतरिक होंगे, बाह्य नहीं। सन् 1814 तक आते-आते इस दृष्टि से प्रेरित 'कलावाद' का स्वरूप स्पष्ट होने लगा, हालाँकि इसका पृथक् संकेत उन्नीसवीं सदी के आरंभ में ही बेंजामिन कौस्तांत के लेखन में दिखाई देने लगा था।

: 2 :

कलावादी आंदोलन का विकास

इस सिद्धांत की प्रेरणा और प्रचलन उन्नीसवीं शताब्दी के आरंभ में जर्मनी के दार्शनिक चिंतकों, विशेषंकर कांट और उनके अनुयायिओं के विचार-विमर्श (सन् 1814-1816) से हुआ। सौंदर्यशास्त्र और साहित्य की समालोचना में कांट की विचारधारा के अनेक शब्दों का वातावरण में सरलीकृत प्रचलन हो गया था जिनके बीच एक नया सौंदर्यशास्त्रीय मुहावरा आकार ले रहा था। **'स्वतंत्रता'**, **'निस्संगता'**, **'प्रतिभा'**, **'विशुद्ध कला'**, **'विशुद्ध सौंदर्य'**, **'रूप'**, **'जर्मन सौंदर्यशास्त्र'**, और **'कांट का सौंदर्यशास्त्र'**,

जैसे पदों का प्रयोग और प्रचलन कला संबंधी चर्चा में बहुतायत से दिखाई पड़ने लगा था।

पत्र-पत्रिकाओं में पारस्परिक विवाद के क्रम में एक सूत्र उभरा **'ल आर पूर ल आर'** अर्थात् कला के लिए कला, जिसकी प्रतिष्ठा और प्रयोग शीघ्र ही कलावादी आंदोलन के सूत्र वाक्य के रूप में होने लगा।

कलावादी आंदोलन काफी तेजी तथा गंभीरता से फैला। उन्नीसवीं सदी के मध्य तक इसने फ्रांस में पूरी तरह अपनी जड़ें जमा ली थीं। मदाम द स्ताल और विक्तर कूजें के बाद **थियोफील गोतिए, पियेर शार्ल बॉदलेअर** तथा **स्तेफान मलार्मे** आदि ने इस आंदोलन को आगे बढ़ाया। इंग्लैंड में यह कुछ देर से आया किंतु वहाँ इसके तेजी से चर्चित तथा व्यापक होने का महत्त्वपूर्ण कारण था—रस्किन, आर्नल्ड, तॉल्स्तॉय आदि की विशुद्ध नैतिकतावादी साहित्यिक दृष्टि के विरुद्ध चित्रकार **जेम्स ह्विसलर** तथा लेखक **ऑस्कर वाइल्ड** द्वारा चलाया गया अभियान। इन दोनों के अतिरिक्त अमरीका तथा इंग्लैंड में **एडगर एलेन पो, वाल्टर पेटर, ए.सी. ब्रैडले, ए.सी. स्विनबर्न** आदि भी इस आंदोलन के मुखर प्रवक्ता रहे हैं। अपने चरम रूप में यह आंदोलन इटली के **बेनेदितो क्रोचे** के अभिव्यंजनावाद तक पहुँचा जिसमें कला की बाह्य अभिव्यक्ति को पूर्णतः अनावश्यक मानते हुए उसके पूरे अस्तित्व को ही मानसिक स्तर तक सीमित कर दिया गया।

आंदोलन के रूप में इसके क्रमशः क्षीण होते महत्त्व का अंदाजा इस बात से लगाया जा सकता है कि शिपले के कोश में, जिसकी रचना दूसरे महायुद्ध के बाद हुई थी इस आंदोलन पर स्वतंत्र प्रविष्टि नहीं है। इसका विवेचन उपदेशवाद (डाइडेक्टिसिज्म) के अंतर्गत किया गया है।

: 3 :

प्रमुख प्रवृत्तियाँ

वाल्टर पेटर ने उपर्युक्त सूत्र का अनुवाद 'कला कला के लिए' किया। फ्रांसीसी लेखक गोतिए ने 1832 में अपनी रचना 'प्रेमेयर पोएजी' की भूमिका में अर्थशास्त्रियों, उपयोगितावादियों, समाजवादियों आदि को ध्यान में रखते हुए प्रश्न किया 'कविता से आखिर कौन-सा लक्ष्य सधता है (सिवाय इसके कि) वह सुंदर होने के लक्ष्य को पूरा करती है।' 1847 के अपने एक लेख में उन्होंने प्रचलित सूत्र को स्वीकार करते हुए कलावाद की विस्तार से व्याख्या की और इस अवधारणा के दो मुख्य आशयों को स्पष्ट किया; (1) कला की सत्ता राजनीतिक, सामाजिक परिस्थितियों से स्वतंत्र तथा निरपेक्ष होती है (2) कला का शिल्प उसे स्वतःपूर्ण, श्रेष्ठ तथा मूल्यवान बनाता है।

कलावादियों का मानना था कि सौंदर्यशास्त्र के अपने नियम होते हैं जो बाह्य जगत में स्थित नहीं होते। कला का मूल प्रयोजन भी सौंदर्य-सृष्टि के अलावा किसी अन्य सामाजिक-नैतिक आवश्यकता की पूर्ति करना नहीं है। **कला अन्य सभी मूल्यों से निरपेक्ष, अपना साध्य स्वयं ही होती है।**

कला कला के लिए सूत्र का विस्तार क्रमशः फ्रांसीसी सौंदर्य और कला-चिंतन से बाहर होता गया, और वह संपूर्ण वातावरण में सूक्ष्म रूप में परिव्याप्त हो गया। अर्धशताब्दी से कुछ पहले अमरीकी कथाकार और कवि **एडगर एलेन पो** के लेखों और समीक्षाओं में इसकी नाटकीय अभिव्यक्ति हुई। विशेषकर उनकी पिछली रचनाओं **'द फिलॉसफी ऑफ कंपोजीशन'** और उनकी मृत्यु के बाद प्रकाशित (1850) उनके अंतिम व्याख्यान **द पोएटिक प्रिंसिपल** में उनके विचार स्पष्ट और विकसित रूप में सामने आए।

कविता को पो **सौंदर्य की लयात्मक सृष्टि** (द रिदमिकल क्रिएशन ऑफ ब्यूटी) कहते थे और उसके प्रभाव को **आत्मा का गहन और शुद्ध उन्नयन** (इंटेंस एंड प्योर एलिवेशन ऑफ द सोल) मानते थे जो सौंदर्य के अनुचिंतन का परिणाम होता है। उपदेशवाद और उपयोगितावाद के वे घोर विरोधी थे। उनके अनुसार सौंदर्य के अनुचिंतन से मिलने वाला आनंद शुद्ध तीव्र उदात्त और साथ ही तर्कातीत्त होता है। पो ने सुंदर में उदात्त को भी सम्मिलित कर **सौंदर्य-सृजन** को ही कविता का विषय माना। कविता का लक्ष्य उनके अनुसार स्वयं कविता ही है जो परम भव्य, पवित्र तथा गरिमामयी होती है। अगर उससे वस्तुजगत का सत्य भी प्रकाशित होता हो, तो वह मात्र प्रासंगिक स्थिति है अनिवार्य नहीं।

पो के विचारों पर कांट और कॉलरिज का विशेष प्रभाव था। कुल मिलाकर उनके सोच में कुहासा और अस्पष्टता मिलती है।

फ्रांसीसी कवि बॉदलेयर (1821-67) पर पो का गहरा प्रभाव पड़ा। उन्होंने कलावाद से संबद्ध सूत्र को नया आयाम दिया। उनके काव्य-संग्रह का शीर्षक **'फ्लावर्स ऑफ द ईविल'** (अंग्रेजी अनुवाद) उनके विचारों का प्रतीक है। उन्होंने अपने काव्य-संग्रह को 'विशुद्ध कला का ग्रंथ' के साथ 'एक नैतिक वक्तव्य' भी कहा। पर नैतिकता की उनकी अवधारणा—उपदेशात्मक काव्य के समर्थकों—और ऑर्नल्ड और तॉल्स्तॉय की नीतिवादिता से भिन्न है। उन्होंने कहा : ''मैं चुनौती देता हूँ कि कोई भी व्यक्ति मुझे ऐसी कलाकृति दिखा दे जो सौंदर्य की कसौटी पर खरी भी उतरती हो और उसके साथ-ही-साथ अनिष्टकर भी हो।'' नैतिकता को वे औपचारिक रूप से अलग करके नहीं देखते थे, वे जीवन में उसके घुलेमिले होने का समर्थन करते थे। उनकी दृष्टि में कविता इस अर्थ में नैतिक होती है कि उसमें मानव जीवन की 'असंगतियों के जादू, पतन की चमक और पाप के फूलों' का भी अंतर्भाव होता है।

कला को बॉदलेयर ने उस निरी प्रकृति से भी अलगाया जिसमें कुरूपता, हिंसा, अनाचार के दर्शन होते हैं। कला उसके सुंदर पक्ष को उभारती है। इसीलिए बॉदलेयर ने **कल्पना** को बहुत महत्त्व दिया। कल्पना सौंदर्य का सृजन करती है और कल्पनाजन्य सौंदर्य अनैतिक या अनिष्टकर हो ही नहीं सकता। मलार्मे (1842-1908) ने भी बॉदलेयर की इसी बात का समर्थन अपने ढंग से किया।

अंग्रेजी में यह आंदोलन 19वीं सदी के अंत में **वाल्टर पेटर, व्हिसलर** और **ऑस्कर वाइल्ड** के द्वारा प्रचलित हुआ। 1891 में प्रकाशित ऑस्कर वाइल्ड के लेखों का संग्रह **'इंटेंशंस'** इस आंदोलन का सबसे प्रभावशाली सैद्धांतिक दस्तावेज माना जाता है।

वाल्टर पेटर (1839-94) स्वयं नैतिक शुद्धाचरणवादी व्यक्ति थे। वे कलात्मक अनुभव को **अनुभव का शुद्धतम प्रकार** और स्वयं साध्य मानते थे। उनका कहना था कि जीवन अनुभव को समर्पित होना चाहिए, अनुभव के फल को नहीं। अर्थात् कला के अनुभव से प्राप्त होने वाला नैतिक फल नहीं, अनुभव अपने आप में साध्य होना चाहिए। अपने निबंध 'स्टाइल' में पेटर ने कहा कि **कला का सत्य अपने अंतर्दर्शन के प्रति ईमानदार बना रहने में होता है।** उन्होंने प्रश्न उठाया कि "वह कौन-सी वस्तु है जो अंतर्दर्शन को अभिव्यक्ति के योग्य बनाती है? क्या एक अंतर्दर्शन दूसरे की अपेक्षा श्रेष्ठ नहीं होता?"

निबंध के अंत में उन्होंने स्पष्ट किया कि श्रेष्ठ कला शिल्प की देन हो सकती है, किंतु "कला की **महानता** इस पर निर्भर होती है कि वह जिस वस्तु को अनुप्राणित अथवा नियमित करती है वह किस कोटि की वस्तु है, उसकी विविधता, महान साध्यों से उसका संबंध, उसमें विद्रोहों की गहराई अथवा आशा का संदेश : ये सब उसकी महानता को निर्धारित करते हैं"—उदाहरण के बतौर उन्होंने 'डिवाइन कॉमेडी', 'पेरेडाइज लॉस्ट', 'ला मिजरेबल' और 'इंगलिश बाइबल' का उल्लेख किया। उनकी मान्यता थी कि ऐसी कला हमारी **सहानुभूति का विस्तार** करके हमें **मानव-कल्याण** के लिए प्रेरित करती है। इस प्रकार अंततः उन्होंने कला को नैतिकता से सम्पृक्त तो कर दिया पर साथ ही यह भी स्पष्ट कर दिया कि ये तत्त्व साफ-साफ नैतिक उपदेश के रूप में नहीं आने चाहिए और यह भी कि **कला नैतिकता की दासी** नहीं उसकी **स्वामिनी** होती है।

बॉदलेयर और पेटर से भिन्न **जेम्स व्हिसलर** (1824-1903) और **ऑस्कर वाइल्ड** (1854-1900) ने आचारपरक तथा नैतिकतावादी तत्त्वों को कला के लिए एकदम अप्रासंगिक माना। उन्होंने कला के प्रति कलाकार के दायित्व पर बल देने की बात तो स्वीकार की पर नैतिकता के मुद्दे पर रस्किन की कड़ी आलोचना की। चित्रकार व्हिसलर कला का उद्देश्य सिर्फ **सुंदरता की खोज और निरूपण** मानते थे। उनके अनुसार कला अपने में पूर्ण और स्वतंत्र होती है। वह विषयवस्तु पर भी आधारित नहीं होती।

क्योंकि वह भी पाठक या दर्शक का ध्यान कलाकृति के अपने सौंदर्य से हटाने में साधक होती है। उदाहरण के लिए किसी कथाकृति पर आधारित चित्रों को देखते हुए, दर्शक यदि साथ-साथ उस कथा के मोड़ों या पात्रों की चारित्रिक विशेषताओं का ध्यान भी करता चलेगा तो चित्रांकित आकृतियों के विशुद्ध कलागत सौंदर्य का आस्वाद खंडित होगा। दर्शक को किसी भी अन्य विचार या भाव से मुक्त होकर अपनी समस्त ज्ञानेंद्रियों से कृति पर पूरा ध्यान केंद्रित कर **सौंदर्य का ही आस्वाद** करना चाहिए। व्हिसलर ने अपने प्रसिद्ध व्याख्यान 'टेन ओ क्लॉक' (1888) में कला के व्यावसायीकरण की भी निंदा की।

ऑस्कर वाइल्ड ने भी कला की विषयवस्तु को उपेक्षणीय और शिल्प को महत्त्वपूर्ण ठहराते हुए कहा कि किसी कृति में रूप तथा भाव परस्पर एकाकार हो जाते हैं पर रचना-यात्रा शिल्प-विधान से आरंभ होकर भाव तक जाती है। वाइल्ड **कला को चरम सत्य और जीवन को कल्पकथा की एक विधि** (मोड) भर मानते थे। कला की समालोचना का कोई प्रतिमान भी वाइल्ड के अनुसार कलाकृति के बाहर नहीं होता। वह अपना लक्ष्य, अपना नियम और अपना प्रतिमान स्वयं ही होती है।

कलावादी दृष्टि से उपर्युक्त रचनाकारों के अलावा **जे.ई. स्पिनगार्न, ए. सी. ब्रैडले** तथा **ए.सी. स्विनबर्न** आदि ने भी बहुत कुछ लिखा। विचारों के इस क्रम में 'कला' और 'सौंदर्य' शब्द कला-विवेचन के केंद्र में रहे और उनके शुद्ध रूपों की कल्पना की गई। मुख्य बात यह थी कि **सौंदर्य का मान किसी बाहरी तत्त्व को नहीं, स्वयं कृति को ही माना गया**। सार रूप में इनकी मान्यताएँ इस प्रकार हैं–

(1) अनुभूति के लिए अनुभूति कला का लक्ष्य है और कर्म के लिए अनुभूति जीवन का लक्ष्य है।

(2) सौंदर्य हर वस्तु का उद्घाटन करता है, क्योंकि वह किसी चीज की अभिव्यक्ति नहीं करता।

(3) सुंदर वस्तुएँ केवल वे हैं, जिनका हमसे कोई सरोकार नहीं। जब तक कोई वस्तु हमारे लिए उपयोगी या आवश्यक बनी रहती है, या हम पर कोई दुखद या सुखद प्रभाव डालती है, उस समय तक वह कला के सीमा क्षेत्र से बाहर ही बनी रहती है। कला की विषयवस्तु के प्रति हमें प्रायः उदासीन ही बना रहना चाहिए।

(4) कलावादी आंदोलन के पिछले दौर में क्रमशः कला में **'रूप'** पर अत्यधिक बल दिया जाने लगा। वाइल्ड ने कहा, ''रूप....सर्वस्व है। वही जीवन का रहस्य है।...रूप की पूजा से आरंभ करो, और तब कला का कोई रहस्य ऐसा न बचेगा जो तुम्हारे लिए उद्घाटित न हो जाए।''

(5) वाइल्ड ने लय की क्षमता की अत्यधिक प्रशंसा की और वाल्टर पेटर ने भाषा को 'गंभीर अध्ययन का विषय' बनाने पर बल दिया–हर पद और शब्द की

सही शक्ति को इस तरह तोलने पर जैसे वह कोई बहुमूल्य धातु हो।

(6) सामान्य चित्रकार की अनुकरणात्मक पद्धति का सायास तिरस्कार करके, वाइल्ड ने विशुद्ध रूप से अलंकृत कला की प्रशंसा की।

(7) कलावादी विचारक संगीत को 'विशुद्ध रूप' का आदर्श, अतः कलात्मक आदर्श मानते थे।

(8) रूप की विशुद्धता के आग्रह की स्वाभाविक परिणति यह थी कि कलाओं के **प्रभाव की अनन्यता** और **वैशिष्ट्य** पर बल दिया जाने लगा। रोजर फ्राई ने घोषणा की कि कला जितनी विशुद्ध होती जाती है, उसी अनुपात में उससे प्रभावित होने वालों की संख्या घटती जाती है।

निष्कर्ष रूप में, कृति तथा उसके शिल्प पर बल तथा बाह्य कसौटियों के पूर्ण निषेध के कारण कलावाद क्रमशः अधिकाधिक आत्मकेंद्रिकता की ओर बढ़ता गया। इस हद तक कि इसने अभिव्यंजनावाद जैसे पूर्णतः आत्मपरक सिद्धांत के लिए आधार तैयार कर दिया।

समालोचना के क्षेत्र में कलावादी आंदोलन का महत्त्व निर्विवाद है। धर्म तथा नैतिकता की साहित्येतर कसौटियों के दबाव में साहित्य-समीक्षा रूपगत सौंदर्य और शिल्प-सौष्ठव की उपेक्षा की ओर बढ़ने लगी थी। इससे साहित्यालोचन एकांगी हो चला था। ऐसे में कलावाद ने फिर से सौंदर्यशास्त्रीय मूल्यों की स्थापना की। इस से आगे रूपवादी आलोचना के लिए भी मार्ग प्रशस्त हुआ।

दूसरी ओर इससे भी इंकार नहीं किया जा सकता कि साहित्य-समीक्षा को एक अतिवाद से उबारकर संतुलन स्थापित करने के स्थान पर कलावाद खुद दूसरे अतिवाद का शिकार हो गया। पहले जहाँ कलागत मूल्यों की उपेक्षा हो रही थी, वहीं अब कला को इतना अधिक आत्मकेंद्रित कर दिया गया कि वह जीवन से लगभग कट गई; उसका ठोस आधार नहीं रह गया।

बाह्य कसौटियों का तिरस्कार करके कलावाद ने जिन सौंदर्यशास्त्रीय कसौटियों को महत्त्व दिया, वे मुख्यतः कृति-केंद्रित थीं। ऐसे में आलोचना के सामान्य, वस्तुगत प्रतिमानों का विकास नहीं हो सकता था, न आलोचना में मानकता की स्थापना हो सकती थी।

कलावाद में शिल्प और रूप-विधान पर अतिरिक्त बल देने के कारण भाव तथा विषयवस्तु पूरी तरह उपेक्षित हो गए। यह स्थिति आत्मा को भूलकर कलेवर को सजाने जैसी थी। अधिकतर कलावादियों ने इस संभावना की बिलकुल उपेक्षा कर दी कि आत्मा के बिना साज-शृंगार से मंडित सुंदर शरीर भी निर्जीव और अप्रासंगिक हो सकता है।

कलावाद के मूल्य और समसामयिक स्थितियों में इसके महत्त्व से इंकार नहीं

किया जा सकता किंतु अपने युग के सामाजिक-नैतिक मूल्यों से इसकी विच्छिन्नता भी स्वीकार करने योग्य नहीं है। सौंदर्यशास्त्रीय प्रतिमानों से किसी कृति की कलात्मकता को जाँचा जरूर जाता है किंतु सौंदर्यपरक मूल्यों के समान महत्त्व उसके प्रतिपाद्य और प्रासंगिकता का भी होता है और जब उसकी मूल्यवत्ता, युगानुकूलता और प्रासंगिकता का प्रश्न उठता है, तब साहित्येतर मूल्यों की आवश्यकता से इंकार नहीं किया जा सकता।

नयी समीक्षा

: 1 :

बीसवीं शताब्दी को आंग्ल-अमरीकी साहित्य में 'आलोचना का युग' माना जाता है। सन् 1930-60 तक के समय को जॉन हॉलावे ने 'साहित्यिक आलोचना में क्रांति' का युग कहा है। कहना न होगा कि इस समय की सबसे महत्त्वपूर्ण और समृद्ध आलोचनात्मक प्रवृत्ति **नयी समीक्षा** है। इस प्रवृत्ति के लिए यह नाम सन् 1941 में प्रकाशित जॉन क्रो रैंसम की इसी शीर्षक की रचना से रूढ़ हुआ। इस रचना में चार समसामयिक आलोचकों का अध्ययन करने के बाद एक 'ऑनटोलॉजिकल क्रिटिक' की वकालत की गई है। नयीं समीक्षा संज्ञा के औचित्य के संबंध में रैंसम के मन में तो संदेह था ही, इस प्रवृत्ति के जनक टी. एस. इलियट ने भी सन् 1956 में प्रकाशित अपने निबंध 'समीक्षा के सीमांत' में इसके निर्बंध प्रयोग के विरुद्ध सावधान किया था : ''लोग नयी समीक्षा शब्द का प्रयोग अक्सर यह बिना समझे करते हैं कि इस शब्द में कितनी विविधता का समावेश है परंतु इस शब्द का प्रचलन इस तथ्य को प्रमाणित करता है कि इस युग के अधिक प्रतिष्ठित आलोचकों में परस्पर कितना भी व्यापक अंतर क्यों न हो, वे सब अपने से पहले की पीढ़ी के आलोचकों से किसी-न-किसी महत्त्वपूर्ण बात में भिन्न हैं।'' संभवतः इस पद के इसी अर्थगत अनिश्चय और अतिव्याप्ति के कारण नयी समीक्षा के लिए **सौंदर्यपरक रूपवाद** (एस्थेटिक फॉरमलिज़्म) या **विश्लेषणात्मक आलोचना** जैसे पदबंध सुझाये गये। ये शब्द शायद नये आलोचकों के आलोचनात्मक व्यवहार की प्रकृति के अधिक अनुकूल हैं किंतु चूँकि नयी समीक्षा मात्र **रूपवाद** नहीं है, अतः अपनी अनिश्चयार्थकता के बावजूद, बीसवीं शताब्दी के सबसे प्रबल आलोचनात्मक आंदोलन के लिए यह शब्द रूढ़ होकर स्वीकृति पा गया।

सबसे पहले कोलंबिया विश्वविद्यालय में तुलनात्मक साहित्य के प्रोफेसर **स्पिनगार्न** ने सन् 1910 में अपने एक लेख में इस पदबंध का प्रयोग किया। उन्होंने नये समीक्षक से अपेक्षा की थी कि वह ऐतिहासिक और सामाजिक कारणों के झमेले से मुक्त

रहकर, अपने प्रतिपाद्य विषय पर ही ध्यान केंद्रित रखे। स्पिनगार्न ने इस प्रकार कलाकृति को समाज विज्ञान और ऐतिहासिक अध्ययन के दबाव से मुक्त रखने का आग्रह किया। आगे चलकर नयी समीक्षा में इसी प्रवृत्ति का विकास हुआ।

यह आकस्मिक नहीं है कि इसी के आसपास (1908) इंग्लैंड में **टी.ई. ह्यूम** ने काव्य पर विचार-विमर्श करने के लिए एक गोष्ठी की स्थापना की। ह्यूम स्वच्छंदतावाद के इस हद तक विरोधी थे कि वे उसमें जो कुछ श्रेष्ठ था, उससे भी घृणा करते थे। स्वच्छंदतावाद की 'हँसने-हिनहिनाने' और 'रोने-बिलखने' की भंगिमाएँ उनके मन में वितृष्णा पैदा करती थीं। यह वही समय था जब युवक **जॉन क्रो रैंसम** 'रोड्ज़ स्कॉलर' के रूप में ऑक्सफोर्ड में रह रहे थे (1910-13)।

नयी समीक्षा का आरंभ किस समय और किस रचना से हुआ, यह भले ही निश्चित रूप से तय न किया जा सके किंतु उसकी प्रमुख प्रवृत्तियाँ **टी. एस. इलियट** की **द सेक्रेड वुड** (1920), **मिडलटन मरे** की **द प्राब्लम ऑफ स्टाइल** (1922) और **आई. ए. रिचर्ड्स** की **प्रिंसिपल्ज ऑफ लिटरेरी क्रिटिसिज्म** (1924) जैसी रचनाओं में मिलने लगी थीं। इस प्रकार आलोचना के क्षेत्र में इस आंदोलन के आरंभ का श्रेय इलियट को ही है; हालाँकि उन्होंने विनम्रतावश कहा था कि "मुझे ऐसा कोई आलोचनात्मक आंदोलन नहीं दिखाई पड़ता जिसके लिए यह कहा जा सके कि उसका आरंभ मुझसे हुआ।" आलोचना के क्षेत्र में जब **एफ. आर. लीविस** ने प्रवेश किया, उस समय तक यह परंपरा पूर्णतः विकसित हो चुकी थी। सन् 1936 में प्रकाशित अपनी रचना **रिवेल्युएशंस** में लीविस ने स्पष्ट घोषणा की थी कि वे काव्यालोचन परंपरा में उस नये दृष्टिकोण का अनुसरण कर रहे हैं जिसकी शुरुआत एज़रा पाउंड, टी. एस. इलियट और रिचर्ड्स ने की थी। यह बात अलग है कि यह नाम देने का श्रेय अमरीका के आलोचकों को ही है।

: 2 :

नयी समीक्षा का आरंभ जिस युग में हुआ, वह वैज्ञानिक विकास और औद्योगीकरण की प्रगति का युग था। आधुनिक सभ्यता के इस दौर में काव्य की उपयोगिता प्रमाणित करना कठिन हो रहा था। विज्ञान द्वारा प्रस्तुत सत्यापनीय एवं ग्राह्य सत्य की तुलना में कविता द्वारा प्रस्तुत सैद्धांतिक एवं अप्रमाणित सत्य के लिए यह कहना कि कविता हमें सृष्टि के रहस्यों को समझने की अंतर्दृष्टि प्रदान करती है, उपहास का विषय ही हो सकता था। परंतु यह भी सच है कि वैज्ञानिक प्रगति ने मानवता के सामने एक सांस्कृतिक संकट उत्पन्न कर दिया था। प्रथम महायुद्ध के बाद विश्व के सांस्कृतिक माहौल में निराशा और आत्मघाती प्रवृत्तियाँ पनपने लगी थीं। जीवन के सभी स्वीकृत मूल्य संदेहास्पद हो गये थे और यूरोपीय सभ्यता की केंद्रीय परंपरा को नकारने की

प्रवृत्ति जोर पकड़ रही थी। **जे. वी. क्रच** ने **दी मॉडर्न टेंपर** में ऐसी व्यापक निषेधवादी और निराशावादी मानसिकता का जिक्र किया है जिसमें मनुष्य ने अपने को बौद्धिक, नैतिक और आध्यात्मिक, सभी क्षेत्रों में एक भ्रामक और विषाक्त वातावरण में भटकते और मार्ग टोहते पाया। लायनल ट्रिलिंग ने **द मॉडर्न एलिमेंट इन मॉडर्न लिटरेचर** में इस मानसिकता को भटकन, अजनबीपन और निराशा का बोध कहा है। मनुष्य की इस दुरवस्था का वर्णन लेखकों ने अनेक रूपों में किया है। उसे **समूह मानव, अ-मानवीकृत मानव, संकट काल का मानव** या **दायवंचित मानव** कुछ भी कहा जाए, पर बात लगभग वही है। **यूज़ीन देलाक्रुआ** ने मानव की इस नियति की व्याख्या करते हुए पूछा कि "क्या यह स्पष्ट नहीं हो चुका कि शुभ या अशुभ, अच्छी या बुरी दिशा में प्रगति ने समाज को एक ऐसे अतल के कगार पर ला खड़ा किया हैं जिसमें उसे गिरना ही होगा ताकि पूर्ण बर्बरता की स्थिति के लिए मार्ग साफ हो जाए?"

सभ्यता के इस खतरे की आशंका कार्लाइल, रस्किन, ह्विटमैन, हेनरी जेम्स और इन सबसे अधिक मैथ्यू ऑर्नल्ड को थी। परंतु विषयासक्ति के विरुद्ध ऑर्नल्ड ने जो जिहाद बोला था, वह भी आने वाले युग को बचा न सका। प्रथम विश्वयुद्ध के बाद यूरोप की जो विघटित स्थिति सामने आई, उसमें लेखक **बंजर धरती के नपुंसक राजा** की कथा कहने के लिए विवश था। जीवन में विकृति और निरुद्देश्य भटकन के अतिरिक्त जैसे कुछ बच नहीं रहा था।

जीवन के स्थायी मूल्यों के धुँधले या नाशोन्मुख हो जाने के कारण ही इस युग के लेखक ने उस परंपरा के विरोध की गहरी आवश्यकता महसूस की जिसमें साहित्य को बैठे-ठाले का निरर्थक काम समझा जाता था। जब मैथ्यू ऑर्नल्ड ने साहित्य को धर्म के स्थानापन्न का दर्जा दिया था तो उसका तर्क था कि डार्विन, मिल, स्पेंसर, हक्सले और कोंत के युग में धर्म का विनाश हो चुका है। इसी प्रकार युद्धोत्तर विश्व में जीवन के केंद्र में किसी ऐसी शक्ति की गहरी आवश्यकता अनुभव की जाने लगी थी, जो जीवन की आलोचना करे, उसे खोयी मानवीयता प्रदान करे और जीवन को जीवन बनाये रखे।

यह एक बड़ी चुनौती थी। जैसा कि एफ. आर. लीविस ने अपनी कृति **मास सिविलाइज़ेशन एंड माइनॉरिटी कल्चर** में स्पष्ट किया है, एक सर्वथा यांत्रिक, भौतिकवादी और विघटित समाज में आलोक-मधुर सामान्य प्रतिक्रियाओं की संभावना नहीं की जा सकती थी। यदि मानवीय चेतना के केंद्र को सक्रिय बनाए रखना हो और एक पतनशील संस्कृति की रक्षा करनी हो, तो ऐसा केवल कुछ सजग, बुद्धिमान और विवेकशील अल्पसंख्यक लोग ही कर सकते हैं।

नये समीक्षकों ने अपने समय में इस दायित्व का वहन करने का प्रयत्न किया। एक ओर स्वच्छंदतावादी प्रवृत्तियों का विरोध करते हुए इन समीक्षकों ने उस सबका

तिरस्कार किया जो अव्यवस्थित, पलायनवादी, दुरूह, क्षीण और इस सबके साथ भावुक भी था। दूसरी ओर इन्होंने विक्टोरियन साहित्य की नैतिकता का विरोध किया। चूँकि मार्क्सवादी चिंतकों द्वारा साहित्य को प्रचार का साधन बनाने का प्रयत्न जारी था अतः इस विरोध को नया बल मिल गया। इस बात पर बल देने की आवश्यकता महसूस की जा रही थी कि साहित्यिक अध्ययन का मुख्य दायित्व आर. डब्ल्यू. स्टॉलमेन के शब्दों में स्वयं **कृति अर्थात् 'केंद्र को आलोकित'** करना है।

इन समीक्षकों के सामने विज्ञान के बरक्स जीवन में कलाओं की उपयोगिता सिद्ध करने की चुनौती थी। जीवन में धर्म जैसी किसी केंद्रीय शक्ति के अभाव में मनुष्य की संवेदनशीलता क्षीण हो चुकी थी, और वह अपनी पहचान भूलने लगा था। इस विकेंद्रित जीवन का संपोषण कल्पना की क्रियाओं से ही किया जा सकता था। रिचर्ड्स ने मानव-जीवन के इस मोहभंग करने वाले स्वरूप का उद्घाटन **साइंस एंड पोयट्री** में किया। इलियट ने **आफ़्टर स्ट्रेंज गाड्स** में इसी प्रश्न पर ईसाई दृष्टि से विचार किया। उन्होंने यह सिद्ध किया कि आधुनिक लेखकों ने प्रतिनिधि धर्मों या मिथकों का प्रयोग कलाकार के रूप में अपनी निजी समस्याओं को सुलझाने के लिए किया है। इन प्रश्नों पर दूसरे आलोचकों ने भी विचार किया जिसमें सबसे महत्त्वपूर्ण मत ऐलन टेट का है। टेट के अनुसार "आधुनिक साहित्य ने सामाजिक मानस की अपेक्षा व्यक्ति के अस्तित्व को, आत्मसजग बोध की अपेक्षा अचेतन अनुभूति को, विचारणा और व्यवस्थित नैतिकता की अपेक्षा आवेग और इच्छाशक्ति को, स्थिर बिंब की अपेक्षा गत्वर अंतर्दृष्टि को, और व्यावहारिक सत्य की अपेक्षा सघन वास्तविकता को महत्त्व दिया है।"

: 3 :

इस नयी दृष्टि का उदय 19वीं शताब्दी की घिसी-पिटी जीर्ण परंपरा के विरोध में हुआ था। **बैबिट** और **ह्यूम** ने **रूसो** के जीवन-दर्शन के सामने पहले ही प्रश्नचिह्न लगा दिये थे। रूसो ने मनुष्य को अनंत संभावनाओं का कोश मानते हुए उसकी उन्मुक्त अशिक्षित आदिम कल्पना को पूरी छूट देने की सिफारिश की थी। मनुष्य की मनुष्यता की ऐसी अवधारणा उसे हर प्रकार के दायित्व से मुक्त कर देती है और यह दायित्वहीनता या तो पलायनवाद में व्यक्त होती है या फिर कविता को एक नितांत निजी दस्तावेज बनाकर छोड़ देती है। वह मलार्मे और रैंबो की तरह अपने पाठक के लिए सर्वथा दुर्बोध होने लगता है। ह्यूम के अनुसार इसका निदान केवल क्लासिसिज्म के पुनरुद्धार में ही संभव था, जिसमें मनुष्य की सीमाओं को पहचानते हुए, ऑर्नल्ड के शब्दों में "अब तक के **ज्ञान और विचार के सर्वोत्तम अंश को**" एक बार फिर **सांस्कृतिक परंपरा की रीढ़** बनाया जा सकता है।

क्लासिसिज्म के पुनरावर्तन की इसी प्रवृत्ति को लक्ष्य करते हुए नवमानवतावादी और मार्क्सवादी विचारकों ने रैंसम और टेट को 'क्लासिसिस्ट्स' कहा था। स्वयं रैंसम ने जब **द वर्ड्स बॉडी** (1938) में कहा कि वह एक ऐसे कार्यक्रम का अभिलाषी है जो "व्यवहार में अभिजात हो, धर्म में आनुष्ठानिक हो, और कला में परंपरावादी हो" तो मानो उसमें इलियट के आत्मपरिचयात्मक कथन की अनुगूँज थी कि मैं "साहित्य में क्लासिसिस्ट, राजनीति में राजभक्त और धर्म में ऐंग्लो-कैथलिक हूँ।" इस प्रकार आरंभ में 'नयी समीक्षा' को **रोमांटिसिज्म के विरुद्ध एक नये क्लासिकल पुनरुत्थान** के रूप में देखा गया।

इसका मुख्य कारण यह था कि बीसवीं शताब्दी के पहले दो दशाब्दों में आलोचकों की प्रवृत्ति कविता को केवल कवि से परिचय के माध्यम के रूप में ग्रहण करने की ओर हो गई थी। 19वीं शताब्दी में भी, या तायं जैसे आलोचकों ने कविता की उपेक्षा करके **समय, स्थान** और **वातावरण** पर ध्यान दिया और ऑर्नल्ड ने धर्म के स्थानापन्न के रूप में कविता के प्रयोग की संभावना पर। सबसे अधिक आपत्तिजनक स्थिति इन समीक्षकों को प्रभावाभिव्यंजक आलोचना में दिखाई पड़ी जहाँ आलोचना का अर्थ कविता से मन पर पड़ने वाले प्रभाव का वर्णन हो गया था।

परंतु नयी समीक्षा का उदय स्वच्छंदतावाद के विरोध भर से नहीं हुआ। 19वीं शती के उत्तरार्द्ध और 20वीं शती के आरंभ में ज्ञान-विज्ञान की विविध शाखाओं के व्यापक और तीव्र प्रसार ने भी कलाकृति की प्रकृति और कार्य के संबंध में नयी अंतर्दृष्टि प्रदान की। इतिहास, दर्शन, समाजशास्त्र, मनोविज्ञान, नृविज्ञान, सौंदर्यशास्त्र और अर्थविज्ञान आदि ने कलाकृति की प्रकृति पर नया प्रकाश डाला।

आधुनिक समाज में साहित्य का स्थान निर्धारित करने के प्रयास में इन आलोचकों ने इस बात पर बल दिया कि साहित्यिक रचना **एक भाषिक कृति या भाषिक संरचना** है और अपने इस रूप में वह मूलतः **संप्रेषण की एक विधि** है। इसका संबंध एक ओर कलाकार से और दूसरी ओर पाठक और समाज से होता है। आलोचक की जिम्मेदारी कलाकृति के गूढ़ अर्थ का उद्घाटन करके लेखक के अर्थ को पाठक तक पहुँचाने की होती है। परंतु इस प्रक्रिया में ज़रूरी है कि वह अपने-आपको प्रभावपरक और अभिप्रायपरक हेत्वाभास से बचाये रहे। संप्रेषण के माध्यम के रूप में **भाषा की प्रकृति की पहचान** पर इस समय अनेक लेखकों ने बल दिया।

इनका विश्वास था कि सामूहिक प्रसार के साधनों, विज्ञापनों और पत्रकारिता ने इस युग में लगातार भाषा को भ्रष्ट किया है, इसलिए साहित्य के आलोचक के लिए तत्काल आवश्यकता इस बात की है कि वह **साहित्यिक संप्रेषण के प्रति प्रतिक्रिया व्यक्त करने के अभ्यास** को पुनः जीवित और प्रतिष्ठापित करे। भाषा का ह्रास क्रमशः रुचि को भ्रष्ट करता है परंतु यदि कोई आलोचक कृति की व्याख्या करे तो इलियट

और ब्लैकमर के अनुसार इससे क्षीण होती हुई साहित्यिक रुचि परिष्कृत और पुनर्जीवित होती है।

नयी समीक्षा में कृति की समझ के लिए साहित्य की पृष्ठभूमि और ऐतिहासिक-सामाजिक वातावरण पर अतिरिक्त बल देने का भी विरोध किया गया और कृति से हटकर कृतिकार पर ध्यान देने का भी। साहित्य के अध्ययन की यह दृष्टि मुख्यतः शैक्षिक केंद्रों में अपनाई जाती थी। रिचर्ड्स ने कविता के सही मूल्यांकन के लिए कविता को प्रतिक्रियाओं के लिए एक गुमनाम रचना के रूप में पेश किया। ये समीक्षक कविता को एक ओर ऐतिहासिक-सामाजिक ब्योरों से और दूसरी ओर कवि से काटकर एक **स्वतंत्र स्वायत्त इकाई** के रूप में देखने के हिमायती थे। इसका सहज परिणाम यह हुआ कि विश्लेषण के लिए केवल कृति का **रूप** और **संरचना** ही बच रही। और एक हद तक विश्लेषण का क्षेत्र **रूपात्मक विशेषताओं** तक सीमित हो गया। कविता के प्रति इस रूपात्मक दृष्टिकोण के पीछे तीन मूल विचार थे : (1) कविता एक अद्वितीय और असाधारण **संरचना** होती है, (2) साहित्य जीवन की कुरूप और निरर्थक वस्तुओं को **तकनीकी कौशल से सुंदर रचनाओं में रूपांतरित कर देता** है और (3) कविता को दूसरे प्रकार की रचनाओं से पृथक् करने वाली विशेषता **उसका रूप है, कथ्य नहीं।**

नयी समीक्षा को कोरा रूपवाद या कलावाद समझने का भ्रम न हो जाए इसलिए एक बार सामान्यतः यह स्वीकार कर लेने के बाद कि साहित्यिक-कृति एक स्वतंत्र स्वायत्त रचना है, अधिकांश समीक्षकों ने इस स्वायत्तता को कलावादियों के द्वारा प्रतिपादित स्वायत्तता से अलगाने का प्रयास किया। इन समीक्षकों ने साहित्य के संदर्भ में मूल्य की जो व्याख्याएँ की हैं, वे यद्यपि एक-दूसरे की पर्याय नहीं हैं परंतु मानव और सभ्यता के बारे में उन सभी के मन में गहरी चिंता है। जब वे अपनी व्याख्याओं में आपाततः रूपवादी दिखाई पड़ते हैं, तब भी उनका लक्ष्य **कथ्य और रूप के बीच संबंध** की पहचान होता है, विशेषकर इस दृष्टि से कि उसमें सत्य का ग्रहण किस रूप में हुआ है। और जैसा कि आर. पी. ब्लैकमर ने स्पष्ट किया है, कविता की आलोचना किसी न किसी रूप में अंततः **मानवीय या नैतिक मूल्य की प्रतिष्ठा और आस्वादन** के साथ जुड़ी रहती है। कविता इस प्रकार जीवन की आलोचना का माध्यम बन जाती है। वह रिचर्ड्स के विश्लेषण में मनोवैज्ञानिक हो सकती है, इलियट के विवेचन में धार्मिक हो सकती है अथवा टेट और लीविस में मानवीय हो सकती है। नयी समीक्षा का रूपवाद वस्तुतः एक ऐसे 'सत्तामूलक' (ऑनटोलॉजिकल) सिद्धांत के विकास का प्रयत्न है जिसके आधार पर कविता की स्वायत्त प्रतिष्ठा, **सत्य को ग्रहण करने की अद्वितीय विधि** के रूप में की जा सके। कलाकृति के स्तर-निर्धारण का प्रश्न नये समीक्षकों के लिए सर्वथा निरपेक्ष प्रश्न नहीं है। किसी कृति का मूल्यांकन करते समय वे इस बात के परीक्षण के लिए निरंतर परंपरा का हवाला देते हैं—कि

उस कृति में एक समकालिक व्यवस्था का समावेश कहाँ तक हो सका है। उसने परंपरा को किस रूप में और किस हद तक आत्मसात् किया है। परंतु आलोचक का प्रमुख दायित्व इनकी दृष्टि में कविता की व्याख्या करना था।

तीसरे और चौथे दशाब्द में समीक्षक प्रायः मूल्यांकनपरक समीक्षा से कतराते रहे। यह धारणा कि कविता की मूल्यांकनपरक आलोचना न संभव है और न सार्थक, संभवतः 19वीं सदी की प्रभाववादी आलोचना के विरोध के कारण दृढ़ हुई थी। विवेचना के लिए मूल्यों की अपेक्षा ये **प्रविधि पर** अधिक बल देते थे। इनकी विषयीगत अभिरुचि आधुनिक मनोविज्ञान से प्रभावित थी और कृति के प्रति निर्वैयक्तिक वस्तुनिष्ठ आलोचनात्मक रुख विज्ञान के प्रभाव से निर्मित हुआ था।

रचना के उपरांत कविता को ये एक **स्वायत्त निरपेक्ष इकाई या रूप** मानते थे। कविता की वस्तुनिष्ठ निरपेक्ष समझ के लिए इन्होंने इस बात पर बल दिया कि पाठक और आलोचक को, केवल कविता के भीतर प्रयुक्त अक्षरों, शब्दों, बलाघातों, पंक्तियों, बिंबों, प्रतीकों आदि के बीच संबंधों का विश्लेषण और व्याख्या करनी चाहिए। इस प्रकार की आलोचना की पहली शर्त यही थी कि **कविता को कविता के रूप में** ग्रहण किया जाए न कि किसी दर्शन या विचारधारा के माध्यम के रूप में।

इस प्रकार नयी समीक्षा ने आलोचना में कविता के विस्तृत विश्लेषण और **घनिष्ठ पाठ** की परंपरा कायम की। परिणामतः बहुत-सी कविताओं के पाठ पर आधारित सूक्ष्म व्याख्याएँ प्रस्तुत की गईं और व्यावहारिक आलोचना के कई महत्त्वपूर्ण संग्रह सामने आये। **एक्सप्लिकेटर** और **क्रिटीक** जैसी पत्रिकाओं का आरंभ क्रमशः कविता और उपन्यास के इसी प्रकार के सूक्ष्म विश्लेषण के लिए किया गया। इस प्रकार के विश्लेषण का मुख्य उद्देश्य **साहित्येतर तत्त्वों** से निरपेक्ष रहकर **कृति की आंतरिक संहिति** का विश्लेषण करना था। इसके लिए इन समीक्षकों ने साहित्य की पाठ-प्रक्रिया पर बहुत गंभीरता से विचार ही नहीं किया, पाठकों को इस विषय की शिक्षा देने के लिए अनेक उपयोगी रचनाएँ प्रस्तुत कीं। एज़रा पाउंड की **ए. बी. सी. ऑफ़ रीडिंग**, एफ. आर. लीविस की **हाउ टु टीच रीडिंग**, रिचर्ड्स की **हाउ टु रीड ए पेज** और **इंटरप्रटेशन इन टीचिंग** आदि रचनाएँ इसका प्रमाण हैं कि **काव्य-पाठ** को ये समीक्षक एक निश्चित अनुशासन के रूप में ग्रहण करते थे।

कहना न होगा कि क्रमशः साहित्य के प्रति यह रुख एकांगी और अतिवादी होने लगा। इसीलिए क्लींथ ब्रुक्स जैसे आलोचक को जो स्वयं कविता की सीमाओं से बँधे रहने का हिमायती था, अंततः यह कहना पड़ा कि यदि हम कविता के तनावों और समाहितियों को सही ढंग से समझना चाहते हैं तो ''हमें कविता के बाहर जाने के लिए बाध्य होना पड़ेगा।'' कविता की तार-तार व्याख्या की इस प्रवृत्ति ने इतना जोर पकड़ा कि 'समीक्षा के सीमांत' में स्वयं इलियट ने इस प्रकार के आलोचकों को 'नीबू निचोड़' आलोचकों की संज्ञा देते हुए इस बात पर सही बल दिया कि

कविता का पाठक कविता को केवल समझना नहीं चाहता, बल्कि उसका आस्वादन भी करना चाहता है।

नयी समीक्षा का इतिहास इलियट के निबंध-संग्रह **सेक्रेड वुड** (1920) से आरंभ हुआ। इसी समय वैंडरबिल्ट विश्वविद्यालय में प्रोफेसर पद पर आसीन जॉन क्रो रैंसम ने डोनाल्ड डेविडसन, मेरिल मूर, ऐलन टेट, रॉबर्ट पेन वॉरन के सहयोग से काव्य-पत्रिका **द फ्यूजिटिव** (1922-25) का संपादन आरंभ किया। इस पत्रिका में आलोचना प्रायः संक्षिप्त पुस्तक-समीक्षाओं या संपादकीय लेखों तक ही सीमित थी, जो अक्सर रैंसम या टेट लिखा करते थे। रिचर्ड्स की पुस्तक **प्रिंसिपल्ज ऑफ लिटरेरी क्रिटिसिज्म** 1924 में प्रकाशित हुई थी, और एम्पसन की **सेवन टाइप्स ऑफ एंबिगुइटी** और रैंसम की **गॉड विदाउट थंडर** 1930 में। इनके अतिरिक्त लीविस की **रिवेल्यूएशन** (1936) और **द कॉमन पर्सूट** (1953) में, रैंसम की **द वर्ल्ड्स बॉडी** (1938), एलेन टेट की **ऑन दि लिमिट्स ऑफ पोयट्री** (1948), **द फॉरलोन डेमन** (1955), आर. पी. ब्लैकमर की **लैंग्वेज एज़ जैसचर** (1952) और **लायन एंड द हनीकोम्ब** (1956), तथा केनेथ बर्क की **ए ग्रामर ऑफ मोटिव्स** (1948) तथा **पर्मनेंस एंड चेंज** आदि नयी समीक्षा की कुछ अन्य महत्त्वपूर्ण कृतियाँ मानी जाती हैं। नयी समीक्षा का विकास बीस वर्ष में इस हद तक हुआ कि सन् 1940 के आसपास **द कीनियन रिव्यू** और **द सिवानी रिव्यू** जैसी आलोचनात्मक पत्रिकाओं पर इस समीक्षादृष्टि का पूर्ण प्रभुत्व हो गया। कुल मिलाकर नयी समीक्षा के उदय और विकास का काल **दो विश्वयुद्धों के बीच का काल है।**

सन् 1950 के आसपास नयी समीक्षा की सीमाएँ सामने आने लगीं। इस प्रवृत्ति के वरिष्ठ आलोचकों ने स्वयं इसकी खामियों की ओर ध्यान आकर्षित किया और उनकी आलोचना की। नयी समीक्षा की सभी महत्त्वपूर्ण कृतियाँ पहले ही प्रकाशित हो चुकी थीं, और आलोचक जैसे अपने ऐतिहासिक दायित्व को पूरा करके विराम की मुद्रा में थे। आलोचना का एक प्रमुख दौर, एक विशेष युग मानो समाप्त हो गया था। क्लींथ ब्रुक्स ने तो 'द वेल रॉट अर्न' (1947) की रचना के बाद ही यह भाव व्यक्त किया था कि ऐसी दस पुस्तकें नहीं लिखी जा सकतीं। उधर एफ. आर. लीविस ने 1952 में 'स्क्रूटनी' का प्रकाशन इस घोषणा के साथ बंद कर दिया कि अब उसका काम पूरा हो गया और उसके प्रकाशन की जरूरत नहीं रही। इसी के कुछ वर्ष पश्चात्, डब्ल्यू. के. विमसाट और क्लींथ ब्रुक्स के सहयोगी लेखक के रूप में 'लिटररी क्रिटिसिज्म : ए शॉर्ट हिस्ट्री' (1957) प्रकाशित हुई। मानो ये आलोचक अपने दायित्व को पूरा करने के उपरांत अब स्वयं को उस आंदोलन की सीमाओं और उपलब्धियों का लेखा-जोखा एकत्र करने के योग्य स्थिति में पा रहे हों। जाहिर है किसी भी आंदोलन का हिसाब-किताब उसके पूरा हो जाने पर ही किया जाता है। ऐसा कोई परिवर्तन इतिहास का हिस्सा तभी बनता है जब या तो वह चुक गया

हो या प्रतिष्ठा का अंग बन गया हो। नयी समीक्षा ने ये दोनों शर्तें पूरी कर दी थीं।

नयी समीक्षा का विरोध, केवल मतभेद नहीं था। इंग्लैंड और अमरीका में यह विरोध अत्यंत प्रबल और मुखर रूप में सामने आया। अमरीका में **आर. एस. क्रेन** के नेतृत्व में शिकागो स्कूल के नव-अरस्तूवादी आलोचकों ने इस पूरे आंदोलन पर पहला प्रबल आघात किया। **क्रिटिक्स एंड क्रिटिसिज्म** 1952-53 में प्रकाशित हुई। कृति की रूप-संरचना का सूक्ष्म विश्लेषण नयी समीक्षा की प्रमुख प्रतिज्ञा थी। शिकागो स्कूल के आलोचकों ने कृति के मूल्यांकन के लिए इस रूप-संरचना केंद्रित दृष्टि और प्रतिमान को नाकाफी ठहराया। उनका कहना था, जो शायद सही था कि रूप या संरचना के विश्लेषण की यह पद्धति लघु रचनाओं के लिए भले ही उपयुक्त प्रमाणित कर दी गई हो किंतु बृहत् कथात्मक काव्यों, प्रबंध रचनाओं—नाटक, महाकाव्य और दीर्घ संरचना वाली तमाम विधाओं के लिए यह एकदम नाकाफी है। स्वयं एलेन टेट ने पहले ही स्वीकार कर लिया था कि "लंबी कविता की समस्या कुछ अलग किस्म की होती है।" और यह भी कि उन्होंने "टीका तथा उदाहरण दोनों को ऐसे लघुतर प्रभावों तक सीमित रखा है जो (उन्हें) भाषा के कतिपय तात्कालिक गुणों के साथ तालमेल रखने वाले प्रतीत हुए।" बाद के आलोचकों को नयी समीक्षा के तमाम सैद्धांतिक और प्रयोगात्मक व्यवहार में संरचना के नाम पर कथानक की संरचना जैसी महत्त्वपूर्ण समस्या का हवाला भी नहीं मिला। इसलिए उन्होंने एक बार फिर 'विधाओं के सिद्धांत' (थियरी ऑफ़ जेनर्स) का समर्थन करते हुए इस बात पर ज़ोर दिया कि हर विधा के मूल्यांकन की पद्धति उस विधा की निजी अपेक्षाओं के आधार पर ही तय की जा सकती है। स्वयं नये समीक्षकों ने अपनी व्यावहारिक आलोचना के लिए जिन कविताओं का चुनाव किया था, वे इस आक्षेप को पुष्ट ही करती हैं।

नयी समीक्षा के समर्थक विद्वान मनरो. के. स्पिअर्स ने 'डायोनीसस एंड द सिटी' (1970) नामक ग्रंथ में दो महत्त्वपूर्ण आलोचकों का उल्लेख करते हुए नयी समीक्षा की उन सीमाओं की ओर संकेत किया जो इन आलोचकों के लेखन के माध्यम से सामने आईं। नयी समीक्षा की प्रतिक्रिया में उभरकर सामने आने वाले आलोचकों में **फ्रैंक कर्मोड** और **नॉर्थ्राप फ्राई** का महत्त्वपूर्ण स्थान है।

फ्रैंक कर्मोड ने नयी समीक्षा के रोमांटिक और प्रतीकवादी तत्त्वों पर आक्षेप करते हुए स्पष्ट किया कि आलोचना के ये आधार विज्ञान-विरोधी दृष्टि से पैदा होते हैं। आधुनिक कविता के संदर्भ में इस प्रकार की तर्कातीत (इर्रेशनल), विज्ञान-विरोधी दृष्टि की जगह उन्होंने एक नयी आलोचना प्रणाली के सूत्रपात की आवश्यकता पर बल दिया।

इसके ठीक विपरीत नॉर्थ्राप फ्राई ने इस समीक्षा पर पर्याप्त रोमांटिक न होने का आक्षेप लगाया। उनका कहना था कि नयी समीक्षा का रोमांटिक तत्त्व ब्लेक की

तरह काफी रोमांटिक नहीं है, अतः उसके प्रतिमानों के आधार पर ब्लेक जैसे कवि की आलोचना भी संभव नहीं है। उन्होंने एक अधिक व्यापक प्रतिमान के रूप में मिथकवादी आलोचना की प्रतिष्ठा और प्रसार किया।

इसी समय के आसपास अमरीका में **मरे क्रीगर** ने नयी समीक्षा का विरोध किया। वस्तुतः नयी समीक्षा का आरंभ इलियट जैसे कवियों की आधुनिकतावादी कविता की अपेक्षाओं को केंद्र में रखकर किया गया था। सन् 1950 तक आते-आते आलोचना का यह केंद्र बदल गया। इलियट के स्थान पर **डब्ल्यू. बी. येट्स** की कविता विचार के केंद्र में आ गई। परिणामतः आलोचना की प्रतिज्ञाएँ बदल गईं।

सन् 1920 के आसपास जिन नये समीक्षकों ने साहित्य के क्षेत्र में विद्रोहियों की मुद्रा में प्रवेश किया था, उनमें से अधिकांश विश्वविद्यालयों में प्रतिष्ठित पदों पर आसीन होकर प्रतिष्ठान का अंग बन चुके थे। कृति की स्वायत्तता पर दिया गया अतिरिक्त बल एक ओर कोरे रूपवाद में स्खलित होकर शुद्ध साहित्यिक मूल्यों का रूप धारण कर चुका था और दूसरी ओर साहित्य पर समाजशास्त्रीय दृष्टि का दबाव बढ़ रहा था। स्वयं एफ. आर. लीविस के शिष्य **रेमंड विलियम्स** साहित्य के समाजशास्त्रीय अध्ययन की दिशा अपना चुके थे। राजनीतिक-सामाजिक विचार की दृष्टि से भी नये समीक्षकों को **प्रतिक्रियावादी** घोषित किया जा चुका था।

नयी समीक्षा की मूलवर्ती विचारधारा या सिद्धांतों से असहमति हो सकती है परंतु इस बात से इंकार करना कठिन है कि इस समीक्षांदोलन ने पूरे आंग्ल-अमरीकी आलोचना साहित्य को एक नयी दिशा दी। इन्होंने केवल सिद्धांत-चर्चा नहीं की, उन्हें व्यावहारिक समीक्षा की कसौटी भी प्रदान की। इन्होंने अपने सिद्धांतों को जो अभ्यास-भूमि दी उससे इन सिद्धांतों की कुछ परिसीमाएँ भले ही सामने आई हों, असंगतियाँ नहीं। कुछ आलोचकों के सिद्धांत भी उनकी व्यावहारिक आलोचना के बीच बिखरे हैं। इलियट इसके सर्वोत्तम उदाहरण हैं परंतु शेष आलोचकों में भी ऐसे नाम बहुत कम हैं जिन्होंने सिद्धांत को कविता का संदर्भ प्रदान न किया हो—भले ही कविताएँ छोटी हों।

इलियट ने मैथ्यू ऑर्नल्ड के संदर्भ में महान् आलोचक की कसौटी की ओर संकेत किया था कि जब कोई महान् आलोचक पैदा होता है तो वह कविता के इतिहास की पुनर्व्यवस्था करता है। नये समीक्षकों ने जो आलोचना-दृष्टि निरूपित की उसके आधार पर यह कार्य स्वयं किया। इलियट ने यह कार्य क्रमबद्ध ढंग से न करके स्फुट लेखों के माध्यम से किया और क्लींथ ब्रुक्स और एफ. आर. लीविस ने योजनाबद्ध और व्यवस्थित रूप में। नये समीक्षकों ने इस प्रकार अंग्रेजी कविता के इतिहास का पुनर्लेखन या पुनर्व्यवस्था करके कवियों के मूल्यांकन में एक नया क्रम स्थापित किया, जिससे असहमति भले ही एक हद तक संभव हो किंतु उसकी उपेक्षा परवर्तियों के लिए असंभव हो गई। इस प्रकार उन्होंने आंग्ल-अमरीकी साहित्य में व्यावहारिक

आलोचना का स्वरूप जैसे स्थिर कर दिया।

मार्क शोरर ने नयी समीक्षा की उपलब्धियों का जिक्र करते हुए लिखा है कि ''साहित्यिक कृतियों के **श्रमसाध्य परीक्षण के द्वारा** आधुनिक आलोचना ने निर्णयात्मक रूप से यह सिद्ध कर दिया है कि कला में सत्य और सौंदर्य एक अविभाज्य इकाई है। यदि हम सौंदर्य के बजाय रूप का, और सत्य के बजाय कथ्य का प्रयोग करें तो इन शब्दों को **कीट्स** के द्वारा प्रदान की गई अधिव्यंजनाएँ कुछ कम हो सकती हैं और एक पुराने असमंजस का हल मिल सकता है। बिना किसी क्षति का खतरा मोल लिये हम उनको और सीमित करके प्रविधि और विषय-वस्तु की बात कर सकते हैं। आधुनिक आलोचना ने हमें दिखा दिया है कि केवल कथ्य की बात करने का मतलब एकदम कला की बात न करके अनुभव की बात करना है, जब हम सिद्ध कथ्य की–रूप की, अर्थात् कलाकृति के रूप में कलाकृति की बात करते हैं, तभी हम सही मानों में आलोचकों की तरह बात करते हैं। कथ्य और अनुभव तथा सिद्ध कथ्य अथवा कला के बीच जो बच रहता है वह प्रविधि है।

''जब हम प्रविधि की बात करते हैं तो लगभग सर्वस्व की बात करते हैं। क्योंकि प्रविधि ही वह माध्यम है जिसके द्वारा लेखक का अनुभव जो उसकी विषय-वस्तु है, उसे अपनी तरफ ध्यान देने के लिए मजबूर करती है; प्रविधि वह एकमात्र माध्यम है जिसके द्वारा वह अपने विषय की खोज, छानबीन और विकास करता है; जिसके द्वारा वह विषय में अंतर्निहित अर्थ का संप्रेषण करता है, और अंततः उसका मूल्यांकन करता है।''

नयी समीक्षा की प्रक्रिया और सिद्धियों का सार इससे बेहतर ढंग से प्रस्तुत नहीं किया जा सकता।

उत्तर-आधुनिकतावाद और विखंडन

उत्तर-आधुनिकतावाद की न कोई निश्चित सैद्धांतिकी है न परंपरागत अर्थ में कोई शास्त्र। उत्तर-आधुनिक परिदृश्य में, यह वस्तुस्थिति के प्रति एक तरह की मानसिकता है जो हमारे जीवनगत व्यवहार और आचरण में प्रतिफलित होती है। इस मानसिकता का कोई विचारधारात्मक आधार भी नहीं है क्योंकि इसका एक महत्त्वपूर्ण लक्षण विचारधारा-मात्र का निषेध है।

उत्तर-आधुनिकता ऐसी वस्तुस्थिति है जो केवल आधुनिकता की उत्तर-स्थिति तक सीमित नहीं है। यह कहीं अधिक व्यापक पैमाने का ऐसा **उत्तरवाद** है जिसने अपनी पहचान पूरी जीवन-शैली में व्याप्त होकर कायम की है। औद्योगिकता, पूँजीवाद, साम्राज्यवाद, साम्यवाद, संरचनावाद जैसी तमाम स्थितियों और वैचारिकताओं के संदर्भ में यह **उत्तर** स्थिति है—एक विराट 'उत्तरकांड'।

उत्तर के साथ-साथ यह एक तरह का **अंतवाद** भी है। क्योंकि विश्व के मंच पर अपने प्रवेश का ऐलान इसने पूर्ववर्ती सत्ताओं, विचारों, विधानों, इकाइयों यहाँ तक कि केंद्रीयताओं के **अंत** की घोषणा के साथ किया है। इस सोच का सूत्र 19वीं शती में नीत्शे के प्रसिद्ध वाक्य 'ईश्वर की मौत हो गई है' (गॉड इज़ डेड) से जोड़ा जा सकता है।

साहित्य में इस प्रवृत्ति के प्रसार का संकेत बीसवीं शताब्दी के नये आलोचकों और उनके समकालीनों के विचारों में दिखाई पड़ने लगा था। तीसरे दशक में इलियट ने एक प्रकार के **उपन्यास की मौत** की चर्चा की और कुछ ही वर्ष बाद एडमंड विल्सन ने **परंपरागत शैलियों को मरती हुई विधा** का दर्जा दे दिया। पाँचवें दशक तक पहुँचते-पहुँचते लायनल ट्रिलिंग ने **लेखक के अंत** का ऐलान कर दिया साथ ही इस बात का भी कि यह युग **पाठक** का युग है।

संरचनावाद और उत्तर-संरचनावाद दोनों में, संस्था के रूप में **लेखक की मृत्यु** की घोषणा को दोहराया जाता रहा। इनमें सबसे बुलंद आवाज **रोलां बार्थ** की है। सदी के अंत तक पहुँचते-पहुँचते **साहित्य के अस्तित्व के संकटग्रस्त** हो जाने की बात की जाने लगी।

उत्तर-आधुनिकतावादी सोच में, यह संकट वस्तुतः शब्द-संरचना के माध्यम के रूप में साहित्य के विलुप्त हो जाने की सूचना का बोध कराता है। साहित्य के अलावा भी, इस माहौल में और बहुत कुछ ऐसा है जिसके अंत की लगातार घोषणा की जाती रही है। यहाँ तक कि आधुनिकता और साम्यवाद के साथ **विचारधारा** (डेनियल वेल) और **इतिहास** (फ्रांसिस फूकूयामा) भी इसमें शामिल हैं। 21वीं शताब्दी ने 'अंतवाद' के इसी माहौल में प्रवेश किया।

जहाँ तक हिंदी और अन्य भारतीय भाषाओं का सवाल है, वस्तुस्थिति ठीक ऐसी ही नहीं है, लेकिन हम भी दर्शन, इतिहास, कला-साहित्य से खाली युग में प्रवेश करने के लिए उत्साहित हैं। इसका कारण है इस पूरे परिदृश्य में सब कुछ का **भूमंडलीकृत** होते जाना। **मार्शल मैक्लूहान** ने इस परिवर्तन को लक्ष्य करते हुए **'विश्वग्राम'** (ग्लोबल विलेज) संज्ञा प्रस्तावित की जो इसके विश्वव्यापी स्वरूप और प्रसार का बोध कराती है।

वास्तविकता यह है कि यह प्रक्रिया उत्तरी अमरीका और यूरोप के एक-दो देशों तक सीमित है। इसीलिए कुछ अमरीकी आलोचकों ने इसके **'द वर्लडिंग ऑफ अमेरिका'** (अमरीका का वैश्वीकरण) संज्ञा प्रस्तावित की है जो शायद वस्तुस्थिति की बेहतर व्याख्या करती है।

इसी संदर्भ में लगातार **'विश्वदृष्टि'** की चर्चा भी की जाती रही है जबकि वस्तुतः यह विश्व के बारे में पश्चिमी देशों (मुख्यतः अमेरिका) की दृष्टि है जिसे गैर-पश्चिमी देशों पर हावी करने के प्रयास उत्तरशती में लगातार जारी रहे हैं। पूरा विश्व लंबे समय से **विकसित** और **विकासशील** दो धड़ों में विभाजित हो गया है। सोवियत रूस के विघटन और पराभव के बाद विकसित देशों के बीच 'सुपर पॉवर' के नाम पर केवल अमेरिका ही बच रहा है। नतीजतन अमेरिका ने 'ग्लोब' के पर्याय होने की मुद्रा अख्तियार कर ली और उसी के यथार्थ को 'ग्लोबल यथार्थ' समझने-समझाने का भ्रम पलने लगा।

इस नये परिदृश्य में भी समस्या वही पुरानी थी—विकसित देशों के द्वारा अपेक्षाकृत अविकसित देशों पर **वर्चस्व** स्थापित करने की। अंतर केवल इतना था कि कब्जा करने के लिए आँख भूमिगत भौगोलिक विस्तार पर नहीं, **बाजार** पर केंद्रित थी। कुल मिलाकर बदले रूप में वही साम्राज्यवादी इरादे, पूँजीवादी वृत्तियाँ और औद्योगीकरण की प्रक्रिया सतत बरकरार थी। बस माध्यम और विधि बदली थी। वैश्वीकरण/भूमंडलीकरण की दुहाई देते हुए अपने बाजार का विश्व बाजार के रूप में प्रसार—कुछ ऐसे कि गिरफ्त में आने वाले को इस परिवर्तन के द्वारा घटित होने वाले सांस्कृतिक रूपांतरण का एहसास तक न हो। इस अभियान को **फ्रेडरिक जेम्स ने 'वृद्ध पूँजीवाद का सांस्कृतिक विकास'** कहा है।

पूँजीवाद की नजर इजारेदारी की बढ़ोतरी पर केंद्रित रहती है। पतनशील पूँजीवाद

और साम्राज्यवाद का लक्ष्य सारी दुनिया को अपने प्रभाव में लेकर उसे आर्थिक उपनिवेशों में परिवर्तित और विभाजित कर, कमजोर देशों का शोषण और पूँजी का निर्यात करना होता है। इस रूप में उत्तर-आधुनिकता एक संस्कृति के दूसरी संस्कृति पर आधिपत्य के परिदृश्य की निर्मिति है।

परिवर्तन की यह प्रक्रिया पहले के परिवर्तनों से, माध्यम की प्रकृति में अंतर के कारण भिन्न है। इलेक्ट्रोनिक मीडिया और सूचना-क्रांति ने आधुनिक समाजों की अर्थव्यवस्था का चेहरा बदल दिया है। सेटेलाइट, टी.वी., इंटरनेट के द्वारा पलक झपकते ही सूचनाएँ दुनिया के एक कोने से दूसरे कोने तक पहुँचना संभव हो गया है। जाहिर है उत्तर-औद्योगिक समाज, अतिविकसित तकनीकी व्यवस्था के बल पर **सूचना का साम्राज्यवाद** स्थापित करके अपना वर्चस्व कायम कर रहा है। संस्कृति इस समाज व्यवस्था में एक उद्योग हो गई है। विज्ञापन, सीरियल, मनोरंजन, खेल के माध्यम से एक वातावरण तैयार किया गया है, जिसका उपभोक्ता ग्राहक—पिछड़े समाजों का श्रोता-दर्शक अपने को हीन-भाव से ग्रस्त, निरस्त्र इसके आकर्षण के सामने विस्मयाभिभूत, हक्का-बक्का पा रहा है।

कलाकृतियों का सबसे बड़ा मानक उनकी **लोकप्रियता,** ग्लैमर समझा जाने लगा है। अधिक से अधिक ग्राहकों द्वारा अधिकाधिक उपभोग उनकी सफलता की कसौटी है। बाजार के दबाव ने इस बात की खोज की विवशता पैदा कर दी है कि कृति को किन **तरकीबों** से **'हिट'** या **'बेस्ट सैलर'** बनाया जा सकता है। आपाततः यह तर्क जनतांत्रिक लग सकता है, पर बाजारवाद की शब्दावली में यह फार्मूलाबद्ध/एजेंडाबद्ध ब्रांडधर्मी उत्पादन, विज्ञापनों द्वारा प्रचार-प्रसार के सहारे कहीं न कहीं लोकरुचि का नियमन-नियंत्रण कर रहा है।

स्वभावतः, इस परिदृश्य में **संस्कृति** और **कलाकृतियाँ** भी **उत्पाद** हो जाती हैं। रचनाकार का ध्यान प्रभाव की प्रकृति और गुणवत्ता पर नहीं, **प्रसार और सफलता** पर टिका रहता है। कलाकृतियाँ इस प्रक्रिया में अपनी विशिष्टता और निजी मौलिक पहचान खोकर, या तो किसी प्रचलित ब्रांड के अनुरूप अपने को ढालने का प्रयत्न करती हैं या फिर खुद ऐसी शैली तलाश करने लगती हैं, जिसमें नया ब्रांड बनने की संभावना हो।

उत्तर-आधुनिकता का एक दिलचस्प पहलू उसे कभी-कभी अतीतोन्मुख भी बनाता है। प्रचलित और ब्रांडधर्मी शैलियों के बीच, अपनी विशिष्टता या निजता को प्रमाणित करने के प्रयास में वह अपने जड़-मूलों की ओर लौटता है। सूचना परक समाज से अलग वह अपना विशिष्ट पाठ तैयार करना चाहता है। यह असमंजस या व्याकुलता उसमें अत्याधुनिक प्रचलित मुहावरों को अपनाने की, और वैशिष्ट्य की आकांक्षा रूढ़ियों और विश्वासों के सनातनत्व की दुहाई देने की दुविधापूर्ण मानसिकता पैदा करती है। हिंदी साहित्य में निर्मल वर्मा का लेखन इसका सटीक

उदाहरण है।

विकसित और विकासशील देशों के बीच यह परिदृश्य समान रूप से प्रतिफलित नहीं हो रहा है। एक पक्ष में **सूचना संस्कृति का साम्राज्यवाद** आकार ले रहा है और दूसरी ओर बौद्धिक तकनीक के जरिए विकासशील देशों का अपना विकास कम उन पर आयातित संस्कृति का वर्चस्व ज्यादा कायम हो रहा है।

एडवर्ड सईद ने इस खतरे की तरफ इशारा किया था कि इस साम्राज्यवाद के प्रसार का नतीजा यह हुआ है कि साहित्य और संस्कृति के तमाम रूप यूरोपीय समाज की, बल्कि अमरीकी साम्राज्यवाद के वर्चस्व की भाषा बोल रहे हैं। हम अपने इतिहास, संस्कृति, सपने, आकांक्षाएँ, यहाँ तक कि आत्म छवि परागत भाषा में रच रहे हैं। किसी समय बी.बी.सी. के प्रबंध निदेशक बिल वायट ने रूपर्ट मर्डोक की नयी योजना से बी.बी.सी. के स्वरूप और ढाँचे के बदलने का खतरा देखा था। यही खतरा फ्रेंच फिल्म समारोह में हॉलीवुड सिनेमा के संदर्भ में देखा गया था।

विकासशील देशों की स्थिति और भी बदतर हो गई है। हमारी अर्थ-नीतियाँ ही बाजारवाद की भाषा नहीं बोलतीं, संस्कृतिकर्मी, विचारक सब यूरोप-अमेरिका केंद्रित सोच की भाषा बोल रहे हैं। जो क्षेत्र इस हमले से बच रहे हैं, इस समय समस्या उन्हें तलाश कर बचाने और विकसित करने का नैतिक साहस जुटाने की है।

संस्कृति का यह सर्वग्रासी रूप बिना भौगोलिक सीमाओं से छेड़-छाड़ किए, बिना किसी की इजाज़त और सहयोग के, एक तरफ बहुराष्ट्रीय कंपनियों के विकास के सहारे और दूसरी ओर तकनीकी क्रांति और सूचना-तंत्र के जरिए आकाश मार्ग से, सेटलाइट से, ओटोमेशन से संस्कृति और अर्थ-तंत्र में प्रवेश कर गया है।

तीसरी दुनिया के देशों में इस खतरे का पर्याप्त बोध नहीं है कि उत्तर-औद्योगिक समाज, तकनीक के सहारे औरों का विकास कम अपना वर्चस्व ज्यादा कायम कर रहा है। समाजवादी विचारधारा जब शीत-युद्ध में लगी थी, उन्हीं दिनों अमेरिका बौद्धिक तकनीकी क्रांति के माध्यम से प्रभुत्व-विस्तार कर रहा था। जल-थल छोड़कर सेटलाइट नेट-वर्क के जरिए आने वाला यह प्रभाव बुद्धि को अभिभूत करने वाला था।

सबसे खतरनाक बात थी केंद्र से 'विचारधारा' का स्खलन। आइडियालॉजी की जगह टेकनॉलाजी का वर्चस्व। कुल मिलाकर मुद्रित माध्यम पर मँडराता संकट। इस सबके बावजूद साहित्य है और उसकी हैसियत 'पाठ' की है। 'पाठ' है तो अंत की तमाम घोषणाओं के बावजूद पाठ का निर्माता रचनाकार भी है। यही नहीं इस 'पाठ' और इसके पाठक द्वारा निर्मित 'प्रतिपाठ', दोनों का माध्यम और हेतु मुद्रित शब्द ही है। कहा जा रहा है कि समय आ रहा है जब कहानी और उपन्यास सैलोलाइड पर लिखे जाएँगे—देखने-सुनने के लिए, पढ़ने के लिए नहीं। और तब संवेदनों के शब्द-प्रतीकों और इन प्रतीकों के संवेदनात्मक बिंबों में बदलने की प्रक्रिया नहीं रहेगी। अभिव्यक्ति के माध्यमों में यह बदलाव ग्राहक की अभिरुचि का अनुकूलन कर लेगा।

यह केवल माध्यम बदलने का नहीं, यथार्थ-बोध की अलग ढंग की नयी दुनिया के अस्तित्व में आने का मामला है। कहा जा रहा है कि 'मास मीडिया' के फैलाव ने हमारे सोच और संवेदना को विस्तार दिया है। ज्ञान, कला, संस्कृति का दूरव्यापी, वर्ग-भेद मुक्त प्रसार किया है। इस दौर में महत्त्व वैशिष्ट्य का नहीं, संख्या और प्रसार का है। 'विश्वग्राम' में सब भूमंडलीकृत हो गया है। नये माध्यम अस्तित्व में आ रहे हैं, और पुरानों का पुनर्नवीकरण हो रहा है। कागज, छापेखाने, मुद्रण तकनीक, टी.वी., दूरभाष सब इस 'मीडिया मंथन' में शामिल हैं।

माध्यमों के इस बदलाव से 'संदेश' की प्रकृति में बदलाव आया है। सुनना, देखना, छूना एक ही आनुभविक प्रक्रिया के अलग-अलग रूप नहीं, अलग-अलग अनुभव होते हैं। 'माध्यम' के बदलने से संदेश बदल जाता है। साहित्य में यह परिवर्तन क्रमशः 'श्रव्य' से 'दृश्य' की दिशा में यात्रा के रूप में लक्षित हो रहा है। कहानी, उपन्यास, कविता—सभी की नाट्य प्रस्तुति संभव होने लगी है।

दृश्य-श्रव्य माध्यमों की दुनिया में जो व्यापक सांस्कृतिक परिवर्तन घटित हो रहा है उसमें दृष्टि **लोकप्रिय संस्कृति** के विकास-विस्तार पर है और माध्यम है सामूहिक संचार-साधन। 'गंभीर' साहित्य जाहिर है इस लक्ष्य के अनुकूल नहीं पड़ता, प्रचारधर्मी प्रयास में रास नहीं आता। श्रव्य-दृश्य माध्यम अब यथार्थ को साक्षात् दर्शाते हैं और प्रभावी ढंग से दर्शक की चेतना को अपनी गिरफ्त में ले लेते हैं।

साहित्य के संदर्भ में, सदी के सातवें-आठवें दशक के दौरान, फ्रांस में **विखंडनवादी** दृष्टि का निरूपण और प्रचलन हुआ जिसने विश्व के बौद्धिक माहौल पर निर्णायक प्रभाव डाला। इसकी सबसे बड़ी विशेषता यह थी कि इसने साहित्यिक पाठ और आलोचनात्मक पाठ में कोई भेद नहीं माना। इस प्रस्ताव ने उस मिथ को तोड़ा जिसके अनुसार आलोचना को दोयम दर्जे का काम समझा जाता था। विखंडनवाद के अनुसार यह मानना गलत है प्रामाणिक अनुभव साहित्यिक पाठ में निहित रहता है और आलोचक का काम उसकी तरफ इशारा करना होता है।

विखंडनवाद न विधाओं के वर्गीकरण के सिद्धांत को मान्यता देता है न किसी प्रकार के तत्त्ववाद को। वह आलोचनात्मक व्यवहार की कोई सुनिश्चित पद्धति भी प्रतिपादित नहीं करता। उसके अनुसार लेखन इस अर्थ में अद्वितीय होता है कि वहाँ ग्रहण करने के लिए 'पाठ' के बाहर कुछ नहीं होता। इसलिए समीक्षक उसकी समझ के लिए बाहरी 'प्रमाणों' या 'कारणों' को खोजने के बजाय रचना यानी 'पाठ' का ही विखंडन करती है। विखंडन के ही द्वारा वह रचना के भीतर दबे अर्थ को मुक्त करती है। वह अर्थ, जो सांस्कृतिक कर्म के द्वारा, ज्ञान रूप में लेखन में निहित रहता है।

विखंडन ही साहित्य की उत्तर-आधुनिक स्थिति है। यहीं वह दर्शन, समाजशास्त्र का दर्जा और स्वतंत्र सत्ता ग्रहण करती है। मूलतः यह साहित्यिक रणनीति तो है

ही, दुनिया को देखने-पढ़ने की एकमात्र आधुनिक विधा भी है। विखंडन को आलोचना का एकमात्र कर्म और धर्म मानने से जितनी सुविधा होती है, उतना ही अराजकता के लिए बेहद्दी मैदान तैयार होता है।

सामाजिक न्याय की दृष्टि से इसे पश्चिम के साम्राज्यवाद विरोधी सिद्धांत के रूप में देखा-समझा गया। मूलतः यह हर प्रकार की केंद्रीयता से—वह अर्थ की हो या वर्चस्व की, इंकार करता है। विखंडनवादी दृष्टि का मानना है कि हर पाठ की एक से अधिक व्याख्याएँ संभव होती हैं। इसलिए उसकी कोई व्याख्या अंतिम व्याख्या नहीं हो सकती। व्याख्या की प्रामाणिकता का प्रश्न इसलिए बेमानी हो जाता है क्योंकि प्रामाणिकता का भी कोई प्रमाण नहीं होता। **यही अर्थ की लीला है**। उत्तर-आधुनिक अमेरिका में सबके विखंडन, सबके विमर्श अलग और स्वतंत्र ही नहीं सब वैध हैं, क्योंकि वैधता स्वयं प्रश्नातीत है।

शास्त्र निर्भर वैधता के लिए उत्तर-आधुनिकतावाद में कोई जगह नहीं है। हर पाठ की निजी पद्धति विकसित करना या उससे नया पाठ विकसित करना दूसरे शब्दों में शास्त्रहीन स्थिति पैदा करना, एक तरह का 'स्यादवाद' या अनेकांतवाद है। आलोचना की शब्दावली में—पाठ का खुलापन।

आलोचक के कर्म और दायित्व के बारे में रोलां बार्थ ने कहा कि उसकी जिम्मेदारी सिर्फ अर्थ खोलना नहीं, **एक पाठ के लिए एक अर्थ का निर्माण करना** होता है। मूल पाठ हमेशा बहुलार्थी/अनेकार्थी होता है। इन **अनेकार्थी** संभावनाओं के बीच से आलोचक **एक** को बनाता है जो अनिवार्यतः लेखक का अभिप्रेत नहीं होता। वह **लेखकीय उद्देश्य** से **एकदम मुक्त** चिह्नों (शब्दों) की स्वतंत्र लीला पर निर्भर रहता है। संरचनावादी सिद्धांत के इसी मूल बिंदु से लेखक का विकेंद्रण आरंभ होता है जिसका विकास आगे चलकर देरिदा के विखंडन के सिद्धांत में दिखाई पड़ता है। रचना का विखंडन करके आलोचक किसी **एकमात्र** अर्थ को **निकालता** नहीं है बल्कि तमाम संभावित अर्थों के बीच से एक अर्थ को **स्थापित** करता है। महत्त्वपूर्ण बात यह है कि इस अर्थ को स्थिर करने के लिए लेखक के अनुभव तक पहुँचना गैर-जरूरी है।

उत्तर-आधुनिकतावादी रचना में विचारधारा की स्थिति को अनिवार्य मानकर नहीं चलते। यह अलग बात है कि विखंडन की प्रक्रिया में पाठक भले ही विचारधारा तक पहुँच जाए। यह ऐसा सुविधाजनक रास्ता है, जिस पर चलकर समीक्षक सारी जवाबदेही से मुक्त हो जाता है। इतिहास, परंपरा, मूल्य, शास्त्र या सिद्धांत, किसी के प्रति उसकी कोई जवाबदेही नहीं रह जाती।

विखंडन का सारा बल **पाठ पर, उसके पाठक और पढ़ने की प्रक्रिया पर होता** है। इस प्रक्रिया के बाद या पहले वह न **किसी सिद्धांत का सहारा** लेता है और न ही पढ़ने के बाद कोई **सर्वसम्मत निष्कर्ष** प्रस्तुत करने के लिए बाध्य होता है।

लेखकीय **'पाठ'** उसका वह प्रस्थान बिंदु होता है जिससे आरंभ करके वह एक **'प्रतिपाठ'** की रचना भर करता है।

उत्तर-आधुनिकतावाद की शक्ति इस बात में थी कि उसने जहाँ 'पाठ' को किसी केंद्रीय अर्थ से मुक्त किया वहीं 'सत्य' को भी। **'सत्य'** के **सर्वानुमति-सम्मत केंद्रीय वृत्तांत** से हटकर इन्होंने उपकेंद्रों की तलाश की। समाज के उपेक्षितों, स्त्रियों, दलितों, बच्चों, भाषायी समुदायों अर्थात् हाशिये पर स्थित लोगों और समुदायों को वहाँ से उबारकर केंद्रों के समानांतर प्रतिष्ठित किया। महत्त्वपूर्ण बात इनकी यह मान्यता थी कि **किसी भी उपकेंद्र** से देखे गए सत्य की वैधता उतनी ही है जितनी केंद्राधारित सत्य की।

केंद्रीयता के वर्चस्व का टूटना या बदलना, सामाजिक न्याय की दृष्टि से चिंता की बात नहीं थी। लेकिन ठीक यही बात विचारधारा मात्र के निषेध के बारे में नहीं कही जा सकती। इसीलिए मार्क्सवादी विचारकों ने उत्तर-संरचनावाद के इस मुक्ति अभियान में अराजकता का खतरा देखा। टेरी ईगलटन ने 'क्रिटिसिज्म एंड आइडियालॉजी' (1978) में कहा कि यह वैसी ही पाठ मुक्ति है जैसी राजनीति में बुर्जुआ 'अराजकतावाद' के रूप में प्रकट होती है। उनका कहना था कि आधिकारिक केंद्र से आधिकारिक प्रामाणिक अर्थ को संबद्ध करने के बजाय **शुद्ध लीला** के रूप में अर्थ खोजना वास्तव में अर्थ का निषेध करना है।

ईगलटन 'विखंडन' को ऐसी रहस्यवादी और अनंत प्रक्रिया मानते हैं जिसकी न कोई तर्कसम्मत नियम या विधि है, न कोई अंत। वे साहित्य को विचारधारा से मुक्त करने के पक्ष में नहीं हैं।

लुई अल्थ्युसर ने भी विचारधारात्मक अंतर्वस्तु पर बल देकर, विखंडन को पाठ की ऐसी प्रक्रिया के रूप में देखा जो वहाँ ले जाती है जहाँ पहुँचकर विचारधारा को पाया जा सकता है।

उत्तर-आधुनिकतावाद को साम्राज्यवाद के वर्चस्ववाद के ऐसे विरोध के रूप में देखा जा सकता है जो किसी भी सर्वाश्लेषी विचार-केंद्र को अस्वीकार करता है।

पश्चिम में आज भी इस विचार का अंत नहीं हुआ है कि रचनाकार के पीछे रचनाकार के उस परिवेश की भूमिका होती है जिसमें वह जन्म लेता और परवरिश पाता है। यह विचार भी अभी तक पूरी तरह स्वीकृत नहीं हो पाया है कि कला, साहित्य और सामान्य उपयोग की वस्तुओं में कोई अंतर नहीं है। परिवेश और विचारधारा के एकतरफा अप्रासंगिक करार दिए जाने पर भी वहाँ पुनर्विचार किया जा रहा है।

परिशिष्ट

परिशिष्ट-1

बिंबवाद

उन्नीसवीं सदी की भावुकतापूर्ण रोमानी कविता की प्रतिक्रिया में जो विरोधी आंदोलन पैदा हुए, उनमें बिंबवाद विशेष उल्लेखनीय है। इस प्रवृत्ति के प्रमुख कवि और सिद्धांतकारों में टी. ई. ह्यूम, एज़रा पाउंड, आर्लाइंगटन और एमी लॉवेल की गणना की जाती है।

ह्यूम ने स्वच्छंदतावाद और उसके प्रति ग्रहणशील प्रवृत्ति—दोनों का साग्रह विरोध किया। यह विरोध उनकी रचना 'स्पेक्यूलेशंस' के पृष्ठों में व्यक्त हुआ है। कविता के प्रति भावुकतापूर्ण प्रतिक्रिया की आलोचना करते हुए उन्होंने कहा : "मैं उस आर्द्रता का विरोध करता हूँ जिसके अनुसार वह कविता कविता ही नहीं होती जिसमें किसी-न-किसी के लिए आँसू न बहाए गए हों।"

कविता में सीधी भावाभिव्यंजना के स्थान पर बिंबवादियों ने एक ठोस विलक्षण बिंब मात्र को पर्याप्त माना। जिस कविता का प्रयोजन केवल एक पूर्ण बिंब होगा वह अनिवार्यतः छोटी होगी। कविता के विस्तार की प्रकृति पर टिप्पणी करते हुए एडगर एलेन पो ने कहा कि लंबी कविता में वस्तुतः अंतर्विरोध है। जिसे हम लंबी कविता कहते हैं वह वास्तव में छोटी-छोटी कविताओं की एक शृंखला होती है जो गद्यांशों के सहारे बँधी रहती है।

पाउंड ने बिंबवाद के उदाहरण के रूप में अपनी एक कविता उद्धृत की। कविता की पृष्ठभूमि थी भीगती रात के अँधेरे में पेरिस के एक रेलवे स्टेशन पर भीड़ में ट्रेन का इंतजार करते कुछ सुंदर चेहरे। कविता बस इतनी भर थी :

> भीड़ में इन चेहरों का दिव्य-दर्शन,
> मानों किसी भीगी काली टहनी पर पंखुड़ियाँ।

बिंबवाद की प्रमुख विशेषताओं को इसके समर्थकों ने इस रूप में प्रायः उदाहरणों और बिंबों के हवाले से समझाया।

स्वच्छंदतावाद की अस्पष्टता और अमूर्तता की तीखी आलोचना करते हुए ह्यूम ने कहा : "स्वच्छंदतावाद ने हमें इतना पतित बना दिया है कि किसी प्रकार की अस्पष्टता के अभाव में हम उत्कृष्टतम का निषेध कर देते हैं।" उनकी दृष्टि में

स्पष्टता रचना की अनिवार्य विशेषता है। अस्पष्टता के विरुद्ध दृश्यात्मकता और ठोस स्थिति की वकालत करते हुए उन्होंने कहा : "हर वाक्य को एक ढेला, एक मृत्तिका खंड, एक देखा हुआ दृश्य, बल्कि कोमल उँगलियों से छुई एक दीवार होना चाहिए।"

इसी विशेषता को एज़रा पाउंड ने प्रेक्षण की क्षमता से जोड़ कर कहा कि : "मूर्तता, प्रेक्षण की यथातथ्यता, तुलना की तात्कालिकता, और बिंब का सौंदर्य" बिंबधर्मी कविता की विशेषता होती है।

इन विचारकों का बल विषय की महानता से अधिक प्रेक्षण की सामर्थ्य और अपनी प्रतिक्रिया को परंपरा भिन्न मौलिक रीति से अभिव्यक्त करने पर रहा। ह्यूम का कहना था भौतिक वस्तुओं को देखने से उत्पन्न होने वाली छोटी-छोटी, अस्थायी, यहाँ तक कि नगण्य प्रतिक्रियाओं की परंपरामुक्त ढंग से अभिव्यक्ति कविता के लिए पर्याप्त है।

बिंबवादियों ने विषय से ज्यादा अभिव्यक्ति की प्रकृति की चर्चा की। शैली का सौंदर्य उनके अनुसार प्रधान रूप से नवीनता का सौंदर्य होता है। महत्त्व इस बात का नहीं होता कि जिस विषय पर कविता लिखी जा रही है, उसका भौतिक महत्त्व किस बात में है। ह्यूम के अनुसार, "यह सिद्ध करना अनिवार्य है कि छोटी-छोटी नीरस चीजों में भी सौंदर्य हो सकता है। कठिन, नीरस और अभिजात कविता का युग आ रहा है।"

तथाकथित छोटी और नीरस चीजों में सौंदर्य को सिद्ध करने की उनके अनुसार निश्चित पद्धति होती है : "सीधी-सादी बात अनिवार्य रूप से गलत होती है। नये रूपकों के सहारे ही उसे अधिक यथातथ्य, अधिक सारगर्भित बनाया जा सकता है।"

अन्तर इस बात से नहीं पड़ता कि विषय महान है अथवा क्षुद्र, उल्लेखनीय है या नगण्य, नीरस है अथवा सरस। महत्त्वपूर्ण होती है अभिव्यक्ति की युक्ति, शैली या माध्यम, जिससे रचना में सौंदर्य की सृष्टि होती है।

कवि किन्हीं बिंबों का चयन करता है। अलग पंक्तियों में उन्हें एक-दूसरे के सान्निध्य में रखता है और उनका उपयोग उसके द्वारा अनुभूत भावस्थिति की व्यंजना या उद्बुद्धि के लिए होता है।

बिंबवाद का बल कविता में नियतार्थ शब्द के प्रयोग पर था। एमी लॉवेल ने इसी को 'सही शब्द' कहा। ह्यूम ने इस विशेषता की व्याख्या कम से कम शब्दों में पाठक को अधिक से अधिक प्रभावित करने की क्षमता के रूप में की। शब्द में अवितथता का होना उनके अनुसार अनिवार्यता है।

दरअसल बिंबवाद में शब्दों की कमखर्ची, भाषा के समास गुण, कम से कम शब्दों के प्रयोग से अधिकाधिक अर्थव्यंजना को महत्त्व दिया गया। बिंबवाद के समर्थकों का मानना था कि विषय का सीधा और प्रत्यक्ष निरूपण किया जाना चाहिए। यानी

हम किसी संवेग का प्रेक्षण, उस संवेग से संबद्ध परिस्थिति और विषयवस्तु को बिना किसी टिप्पणी के प्रस्तुत करके करते हैं। किसी नारी का वर्णन करने के लिए एक बिंबवादी कवि पच्चीस विशेषणों का प्रयोग करने के बजाय उसे एक बिंब के माध्यम से प्रस्तुत करता है।

'सम इमेजिस्ट पोयट्स' (1915) शीर्षक से तीन वार्षिक संग्रह प्रकाशित हुए। उनमें से पहले की भूमिका में साग्रह वे शर्तें निर्धारित की गईं जिनका पालन किसी भी बिंबवादी कवि के लिए आवश्यक समझा गया। इन संग्रहों की भूमिका आर्लाइंगटन ने लिखी और एमी लॉवेल ने उसका संशोधन किया।

यह आंदोलन बहुत दीर्घजीवी नहीं हुआ क्योंकि विलक्षण और दुर्लभ बिंबों की खोज कठिन कार्य है। इसके अलावा एक ही बिंब तक सीमित रहने के कारण कविता में बड़े विचारों की अभिव्यक्ति के लिए गुंजाइश नहीं रही। किंतु इस बात से इंकार नहीं किया जा सकता कि आरंभ में स्वयं टी. एस. इलियट, मरियम मूर, वैलेस स्टीवेंस, विलियम कार्लोस विलियम्स जैसे बड़े कवि इस काव्यांदोलन के प्रभाव में थे और उनके परवर्ती विकास में इस काव्य-सिद्धांत की नियामक भूमिका स्वीकार की जाती है।

परिशिष्ट-2

प्रतीकवाद

प्रतीकवाद का समय उन्नीसवीं शताब्दी के उत्तरार्द्ध से बीसवीं शताब्दी के पूर्वार्द्ध (1850-1940) तक माना जाता है। काल में ही नहीं, भूगोल में भी इस आंदोलन की व्याप्ति और प्रभाव जर्मनी, फ्रांस, अमेरिका और इंग्लैंड सभी देशों के चिंतन और साहित्य पर दिखाई पड़ता है। परंतु इसका चरमोत्कर्ष फ्रांसीसी साहित्य में हुआ। फ्रांस के कवियों में इस प्रवृत्ति के प्रतिनिधि कवि थे बॉदलेयर, वर्ले, रैम्बो, मलार्मे और वैलरी। आंग्ल-अमरीकी रचनाकारों में एडगर ऐलन पो, येट्स और कार्लाइल, जर्मन कवियों में गेटे और दार्शनिकों में अर्नस्ट कैसिरर और सूज़न लैंगर विशेष उल्लेखनीय हैं। इस प्रवृत्ति के संक्रामक प्रभाव से रूसी कवि अलेक्जेंडर ब्लोक भी न बच सके।

इसके फ्रांसीसी उद्गम और विकास की व्याख्या करते हुए सी. एम. बोवारा ने कहा : ''बॉदलेयर प्रथम व्यक्ति था जिसने प्रतीकों के प्रयोग को महिमान्वित किया, वर्ले ने अपनी सहज वृत्ति की प्रेरणा से उनका प्रयोग किया और मलार्मे ने उनकी व्याख्या और संगति-निदर्शन के लिए तत्त्व-दर्शन का निर्माण किया।''

देश और काल के अत्यधिक विस्तार और विविधता के कारण प्रतीकवाद को प्रायः अपरिभाषेय स्वीकार किया गया है। वस्तुतः इसका आरंभ उन्नीसवीं शताब्दी की मनोदृष्टि के विरुद्ध प्रतिक्रिया के रूप में हुआ था। कला और दर्शन दोनों क्षेत्रों में प्रकृतवाद के तथा न्यूटनवाद से उत्पन्न यांत्रिक दृष्टि और डार्विनवाद से उत्पन्न जैविक भौतिकवाद के विरोध में प्रतीकवाद का ग्रहण और प्रचलन हुआ।

प्रतीक शब्द की परिभाषा के सहारे प्रतीकवाद को समझने का प्रयत्न भ्रामक सिद्ध होता है। 'वाद' के रूप में इसका विशिष्ट अर्थ है। वस्तुतः प्रतीकवाद शुद्ध कविता की खोज का ऐसा प्रयास है, जिसमें कविता को संगीत और स्वप्न के तुल्य बनाने का प्रयत्न किया जाता है। यह विशेष प्रकार की काव्य-भाषा का आग्रह है। भाषा के प्रति विशिष्ट दृष्टिकोण है जिसमें वाच्यार्थ और लक्ष्यार्थ से भिन्न ध्वन्यर्थ पर बल दिया जाता है।

काव्यगत प्रयोग में ये कवि भाषा को उसकी आदिमजातीय स्थिति तक ले जाने का प्रयत्न करते हैं—ऐसी तर्क-पूर्व (प्री-लॉजिकल) स्थिति तक जब भाषा अपनी

ध्वनि से जादुई असर पैदा करती थी।

प्रतीकवादी कवियों की दिलचस्पी आदिमजातीय धार्मिक विश्वासों, प्राच्य धर्मों और मध्ययुगीन ईसाइयत में विशेष रूप से थी, क्योंकि इनमें प्रतीक-पद्धति का विकास चरम सीमा तक हुआ था। कुल मिलाकर इनका विश्वास रहस्यमूलक प्रतीकों में था।

प्रतीकवादी व्यवहार में प्रतीक का अभिप्राय है तदर्थता, जिसका अर्थ है कि वस्तु का मूल्य उसके चित्रण में नहीं होता। वस्तु अपने आप में नगण्य होती है। उसका मूल्य उसकी गूढ़ सांकेतिकता में निहित रहता है। वस्तुतः प्रतीकवादी "वह व्यक्ति है जिसका उद्देश्य यथार्थ वस्तुओं के पक्षों या रूपों को प्रस्तुत करने की अपेक्षा विचारों को प्रतीकात्मक रूप देना होता है।"

प्रतीकवादियों ने वैज्ञानिक यथार्थवाद का विरोध किया। "उनका विरोध इस दृष्टि से रहस्यात्मक था कि वह एक ऐसे आदर्श जगत की ओर से किया गया था जो उनके अनुसार इंद्रियगोचर जगत से कहीं अधिक यथार्थ था।"

वस्तु के बाहरी ढाँचे को प्रतीकवादी कला का विषय ही नहीं मानते थे। कला का कर्म है वस्तु के भीतर छिपी सूक्ष्म छायाओं, गूढ़ संकेतों और धुँधले प्रकाश को पकड़ना। चूँकि साधारण शब्द इन अंतर्निहित गूढ़ आशयों को पकड़ नहीं पाते इसलिए इन सूक्ष्म अर्धव्यक्त संकेतों की व्यंजना के लिए प्रतीकों का उपयोग अपरिहार्य है। सामान्य शब्दों की असमर्थता के कारण ध्वनियों और संकेतों से वर्णन करना प्रतीकवादियों के लिए अनिवार्य हो जाता है। कैसिरर ने भाषा की इसी प्रतीकधर्मिता को लक्ष्य करते हुए कहा है : "भाषा का प्रयोजन यथार्थ का अनुकरण करना नहीं वरन् उसे प्रतीकात्मक रूप देना है।" प्रतीक की असीम व्यंजकता को कवि और दार्शनिक समान रूप से स्वीकार करते थे।

प्रतीकवादियों ने संवेदना और कल्पना के गहरे पुट के अभाव में कविता के सृजन को असंभव माना। स्वच्छंदतावाद में भी इन पर पर्याप्त बल दिया गया था। प्रतीकवाद में स्वच्छंदतावाद की इन संभावनाओं का विकास जरूर हुआ, पर वह इस अर्थ में स्वच्छंदतावाद से भिन्न था कि उसमें वास्तविकता की अवहेलना न करके उसमें निहित गूढ़ अर्थगर्भ संकेतों की पकड़ को महत्त्वपूर्ण माना गया था। उनके अनुसार "कल्पनाशील कलाकार ही क्षुद्र दैनिक वस्तुओं में महत्ता के दर्शन कर सकता है।"

यह बात अलग है कि गूढ़ अर्थ की पकड़ और धूमिलता के वर्णन से एक प्रकार के चमत्कार को प्रोत्साहन मिला। इन कवियों ने थोड़े में बहुत कहने की प्रवृत्ति को लक्ष्य बनाया। बल इस बात पर दिया गया कि प्रत्यक्ष वर्णन साहित्य का धर्म नहीं है। उसे वक्र और अप्रत्यक्ष होना ही चाहिए।

विषयों के अरूप, गूढ़, अतींद्रिय रूपों की व्यंजना के प्रयास का नतीजा यह हुआ कि इनका काव्य दुरूह हो गया। प्रतीक का सौंदर्य और लक्ष्य अभिधा से परे

रहस्यमय एवं धूमिल अर्थों की विवृत्ति में निहित रहता था। एक से अधिक अतः अनिश्चित अर्थों की ओर इंगित करने के कारण प्रतीक, कवि का अभिप्राय नियत करने में बाधक होने लगे। प्रतीकवादियों की मान्यता थी कि "शब्दों के द्वारा अगम्य की व्यंजना के लिए आवश्यक है कि उन्हें अपने सामान्य अर्थों से मुक्त कर दिया जाय और अपने परिचित प्रसंगों से तब तक अलग रखा जाय जब तक उनका शोधन न हो जाए।"

मलार्मे इस दुरूहता के सबसे ज्वलंत प्रमाण हैं। उनका विश्वास है कि कविता का कथ्य जितने कम शब्दों में समेटकर, बाँधकर संक्षेप में कहा जाएगा उतना ही उसका अर्थ समृद्ध होगा। उक्ति जितनी अप्रत्यक्ष होगी, उसी अनुपात में उससे उत्पन्न मानसिक स्पंदन गंभीर होगा। रहस्य को मलार्मे कवि का यंत्र समझते थे। अर्थ-ज्योतियों, ध्वनियों, प्रसंगों, गोधूलि के वातावरण और दूरागत झंकारों को वे कला का अभिन्न अंग मानते हैं।

मलार्मे के अनुसार साहित्य, संगीत और चित्र, सभी कलाओं का तीसरा आयाम ध्वनि है, जो प्रायः अनिश्चित होती है। अपनी कविताओं के प्रभाव और पाठकों के बारे में उनका कहना था : "मेरी कविताओं से कुछ लोग नाराज होंगे, कुछ उदासीन होंगे, मगर कुछ लोग ऐसे भी होंगे जो उन पर विस्मय करेंगे। मैं इन्हीं विस्मित होने वाले पाठकों के लिए लिखता हूँ।"

जो सुस्पष्ट है, मलार्मे की दृष्टि में वह सुंदर नहीं है। कम से कम वह कवियों के द्वारा लिखे जाने योग्य तो नहीं ही है। उनका कहना था कि कविता ज्यों-ज्यों शुद्धता की ओर बढ़ी त्यों-त्यों दुरूह होती गई। कविता उनके अनुसार "एक रहस्य है जिसके लिए कुंजी की खोज प्रत्येक पाठक को स्वयं करनी चाहिए।"

मलार्मे के लिए कविता का उद्देश्य था 'एब्सोल्यूट' पर धावा बोलना। अपनी रचना के बारे में उनका कहना था : "मैं केवल 'एब्सोल्यूट' पर धावा बोलने में दक्ष हूँ। मुझमें और कोई क्षमता नहीं है।"

यह 'एब्सोल्यूट' एक प्रकार की निराकार संपूर्णता है, जिसके अंतर्गत अध्यात्म और तत्त्वज्ञान भी निहित है। मलार्मे इसी निराकार संपूर्ण के लिए भाषा की तलाश में थे।

सूत्र रूप में कहा जा सकता है कि चित्रकला में जो प्रभाववाद था, वही साहित्य में प्रतीकवाद था।

विद्वानों ने इस संबंध में प्रायः संशय व्यक्त किया है कि 'प्रतीकवाद' का कोई निश्चित अर्थ है भी या नहीं? स्वच्छंदतावाद की ही तरह 'प्रतीकवाद' ऐसी विभिन्न काव्य-प्रवृत्तियों के पुंज का नाम है जो सदा-सर्वदा परस्पर निकट संबद्ध भी नहीं होतीं।

प्रतीकवाद के विविध कवियों ने प्रायः सिद्धांत विशेष के एक पक्ष विशेष का ग्रहण और विकास किया। वस्तुतः अपने समग्र रूप में इस व्यापक कला-सिद्धांत

का ग्रहण और पालन, कवि विशेष के लिए संभव भी नहीं था। परंतु इतना स्पष्ट है कि इस पूरे कला-सिद्धांत के मध्य मलार्मे के भाषा संबंधी वक्तव्यों से अधिकांश कवि सहमत थे। उसका वक्तव्य था : ''शब्दों की व्यंजकता का सिद्धांत इस विश्वास से उत्पन्न होता है कि प्रत्येक मनुष्य में एक अर्ध-विस्मृत और अर्ध-जीवित आदिम भाषा का निवास होता है। यह ऐसी भाषा है जो संगीत और स्वप्न से असाधारण समानता रखती है।''

चार्ल्स बॉदलेयर की जिस कविता ('कॉरसपॉन्डेन्स' अर्थात् सादृश्य) को प्रतीकवादियों ने अपना घोषणा-पत्र माना था उसका कवि दिनकर कृत अनुवाद इस प्रकार है :

प्रकृति-मंदिर के हर सजीव स्तंभ से,
समय-समय पर धुँधले शब्द निकलते हैं।
मनुष्य प्रतीकों के वन-कुंजों से होकर चलता है–
प्रतीकों के वन-कुंज,
जो अपरिचित भी हैं और गंभीर भी,
फिर भी आँखों में परिचय की आभा लिये
जो मनुष्य के पीछे-पीछे चलते हैं।
दूर से खिंचकर आने वाली प्रतिध्वनियाँ
आपस में मिल जाती हैं।
एक-दूसरे में संक्रमण करती हैं
और फिर गहरे, अंधकारपूर्ण
आलिंगन में मूर्च्छित हो जाती हैं।
इसी तरह खुशबू, रंग और आवाज
आपस में मिलकर एक हो जाते हैं।
खुशबुएँ बच्चों के बदन-सी शीतल हो सकती हैं,
सारंगी की तरह मधुर
और चरागाह की तरह
हरी और ताज़ी हो सकती हैं।
उलझी हुई, तीव्र और विजयिनी गंध
रेले में आती हैं।
और सभी असीम वस्तुओं के प्रसार के साथ
मिलकर एक हो जाती हैं।
अम्बर, मश्क, धूप और चंदन में से हर एक
आत्मा और इंद्रियों के
अतींद्रिय अभियान का गीत गाता है।

कोई सिद्धांत जो असाधारण, दुरूहता की सीमा तक अस्पष्ट, अप्रत्यक्ष, रहस्यधर्मी कला का प्रेरक हो, एक सीमा तक ही कारगर हो सकता है। रचना की सहज संप्रेषणीयता अकसर उसकी लोकप्रियता का कारण भी होती है। प्रतीकवाद का जन्म ऐसी कला के विरोध में हुआ था। परिणामतः उसके तहत जैसी दुर्बोध, अर्धस्पष्ट रहस्योन्मुख रचनाओं का सृजन हुआ, उन्हें देखते हुए इस आंदोलन का अवसान नहीं, दीर्घजीवी होना आश्चर्य का विषय है। महत्त्वपूर्ण रचनात्मक शैली के रूप में, प्रतीकवाद बीसवीं शताब्दी के मध्य तक ही पूरी तरह ओझल हो पाया।

परिशिष्ट-3

संरचनावाद

विचारों के इतिहास में संरचनावाद का जन्म दो विश्व-युद्धों के बीच हुआ, पर आंदोलन के रूप में विकास होने में काफी समय लगा। हालाँकि 'संरचना' का विचार अपेक्षाकृत काफी पुराना है। सत्रहवीं शताब्दी में इस पद का प्रवेश प्राणिविज्ञान की शब्दावली में हो गया था और उन्नीसवीं शताब्दी में भाषा, साहित्य और दर्शन के क्षेत्र में।

संरचनावाद का प्रधान क्षेत्र, जिसकी ओर इसका प्रयोग करने वाले रह-रहकर लौटते हैं भाषाशास्त्र का क्षेत्र है। दिलचस्प बात यह है कि इस अवधारणा को सबसे अधिक प्रेरणा उन्नीसवीं शताब्दी के आरंभ में पश्चिम में, संस्कृत भाषा के पुनरनुसंधान से मिली। संस्कृत की इस नयी खोज से यह महत्त्वपूर्ण संकेत मिला, कि कम से कम भारोपीय भाषाओं का मूल स्रोत और आरंभिक संरचना समान थी। इस खोज ने, इन भाषाओं के आरंभिक रूपों से विकास के ब्यौरों की तरफ भी ध्यान दिलाया।

फर्डिनेंड द सस्यूर ने इस दृष्टिकोण को प्रस्तुत करके इसका विकास किया कि किसी समय विशेष में एक भाषिक समुदाय में कोई भाषा वास्तविक रूप में जैसे बोली जाती है, उसकी एक आंतरिक व्यवस्था होती है। इस व्यवस्था में हर तत्त्व की अपनी जगह और दूसरे तत्त्वों के साथ उसके अपने संबंध (व्याकरणिक, व्युत्पत्तिपरक आदि) होते हैं। सस्यूर निरंतर इस व्यवस्था की संरचना की व्याख्या करते रहे, गोकि उन्होंने इस पद (संरचनावाद) का प्रयोग इस अर्थ में नहीं किया। सस्यूर के अंग्रेजी रूपांतर में अर्थ की दृष्टि से इसके सर्वाधिक निकट आने वाला शब्द 'विन्यास' है। सस्यूर ने 'बाह्य' और 'आंतरिक' भाषाशास्त्र का अंतर शतरंज के खेल का उदाहरण देकर समझाया है। उन्होंने जोर देकर कहा कि व्यक्ति को क्या बाहरी है और क्या भीतरी, इस अंतर को हमेशा ध्यान में रखना चाहिए। खेल की व्यवस्था और नियमों से संबद्ध हर बात आंतरिक होती है और हर आंतरिक परिवर्तन का गहरा असर खेल के व्याकरण पर पड़ता है अर्थात् व्यवस्था को किसी रूप में परिवर्तित करने वाली हर बात आंतरिक होती है।

सस्यूर के व्याख्याकारों ने संकेत किया है कि उन्होंने 'संरचना' शब्द का शायद ही इस्तेमाल किया हो। यदि इस आंदोलन के एक निश्चित स्रोत की तलाश करनी

ही हो तो मरणोपरांत उनके शिष्यों के नोट्स के आधार पर तैयार किए गए संग्रह में (1916) इसके सूत्र खोजे जा सकते हैं। पर विडंबना यह है कि प्रमुख संरचनावादियों के बीच भी इस आंदोलन की व्याप्ति के बारे में मतभेद है। विवाद का मुद्दा यह है कि इसे समाजविज्ञानों (या केवल भाषाशास्त्र तक) की विश्लेषण-पद्धति तक ही सीमित रखना चाहिए या फिर साहित्यिक आलोचना और दर्शन के क्षेत्र तक इसका विस्तार करना जायज है। इस आंदोलन के पिछले दौर के माइकेल फूको जैसे कुछ प्रकट संरचनावादियों तक ने इस पदनाम का परित्याग कर दिया है।

संरचनावाद का व्यवहार करने वालों और आलोचकों के मतों के बीच असाधारण दूरी है। एक ओर यदि इसे महज फैशन कहकर खारिज कर दिया गया, तो दूसरी ओर मानवीय-विचार तंत्र में परिवर्तन की ऐसी आधारभूत स्थिति कहकर इसका स्वागत किया गया जिसे पलटना संभव नहीं है। इन ध्रुवीय स्थितियों में कोई तत्त्व हो या न हो लेकिन तथ्य यह है कि इस समय समाज-विज्ञान और मानविकी के आधा दर्जन विषयों में संरचनावादी प्रवृत्तियों को बखूबी पहचाना जा सकता है। जिन विषयों में इस आंदोलन ने मुख्य रूप से जगह बनाई है, उन्हें फ्रांस में सामूहिक रूप से 'मानवीय विज्ञानों' का क्षेत्र कहा गया।

सस्यूर ने इस संदर्भ में भाषा के दो रूपों की चर्चा की है—**लांग** और **पैरोल**। **लांग,** समकालिक सामाजिक वास्तविकता है, जिसकी वैयक्तिक अभिव्यक्ति **पैरोल** होती है। लांग इस रूप में एक ऐसी व्यवस्था होती है जिसकी संरचना एक विशेष समय और विशेष समुदाय के संदर्भ में भाषा शास्त्रीय पड़ताल का विषय होती है। पैरोल ऐसे विशिष्ट वाचिक कर्म होते हैं जिसकी बनत लांग की परिपाटियों से नियमित होती है। उन्हें रोजमर्रा संपन्न करके भुला दिया जाता है। पर वही भाषा को अनुभूतिपरक और ऐतिहासिक वास्तविकता का रूप देते हैं और उसके विकास के ऐतिहासिक माध्यम होते हैं। बिना लांग के, पैरोल अलग-अलग और निरर्थक उक्तियों की शृंखला भर होती है, और बिना पैरोल के लांग एक अमूर्त और खोखली व्यवस्था।

भाषा की व्यवस्था का काम **सूचित करना** होता है और उसके तत्त्व संकेत होते हैं। संकेत एक जटिल सत्ता होती है, जिसके दो पक्षों को सस्यूर ने क्रमशः 'संकेत' और 'संकेतित' कहा है। दोनों मनोवैज्ञानिक होते हैं : संकेत करने वाला एक 'ध्वनि बिंब' होता है, जिसका संकेत किया जाता है वह इस ध्वनि-बिंब से संबद्ध अवधारणा होती है। सस्यूर के अनुसार दोनों के बीच संबंध यादृच्छिक होता है। दोनों के बीच कोई प्रकृत आंतरिक संबंध नहीं होता।

संरचनावाद के आंदोलन का लगभग विस्फोटक रूप फ्रांस में लेवी स्त्रास की नृविज्ञान संबंधी रचनाओं के माध्यम से व्यक्त हुआ। परंतु भाषाशास्त्र केंद्रित संरचनावाद को नयी दिशा और महत्त्व नॉम चॉम्स्की के कृतित्व से मिला। चॉम्स्की उन आरंभिक लोगों में से थे जिन्होंने भाषिक व्यवहार के अपेक्षाकृत उपेक्षित पक्ष,

अर्थात् उसके सर्जनात्मक स्वभाव की तरफ ध्यान दिलाया। तकनीकी भाषा विज्ञान के क्षेत्र में चॉम्स्की का मुख्य अवदान सैद्धांतिक रूप में **गहन संरचनाओं** की अवधारणा से शुरू होता है। ये ऐसे बुनियादी व्याकरणिक रूप होते हैं, जिनसे पूरी विविधता के साथ ऊपरी सतह की संरचनाओं को जन्म दिया जा सकता है। इन गहन संरचनाओं के अस्तित्व की व्याख्या इस रूप में की जा सकती है कि किसी भाषा के सभी बोलने वालों में ऐसे वाक्यों को बोलने की योग्यता होती है जो उनसे पहले कभी नहीं बोले गए हों। साथ ही उसी भाषा के अन्य वक्ताओं में ऐसे वाक्यों को समझने की योग्यता होती है। इसलिए कोई भाषा उक्तियों की वास्तविक पूर्वनियत नहीं, संभावित व्यवस्था होती है और ये संभावनाएँ अनंत होती हैं और अपनी गहन संरचनाओं के नियमों द्वारा शासित होती हैं।

संरचनावादी आंदोलन की दिलचस्पी चॉम्स्की के काम में इस सुझाव के कारण विशेष रूप से हुई कि ऐसी भाषाएँ जिनकी ऊपरी सतह की संरचनाएँ एक-दूसरे से बहुत भिन्न होती हैं, एक ही गहन संरचना में साझीदार हो सकती हैं। और यह कहीं न कहीं मूल रूप में मन की संरचना को प्रतिबिंबित करती है।

संरचनावादी आंदोलन में लेवी स्त्रास का महत्त्वपूर्ण योगदान है। उनके बौद्धिक विकास पर मार्क्सवाद और मनोविश्लेषण का स्पष्ट प्रभाव है। एक स्थल पर उन्होंने यह स्वीकार भी किया है कि संरचना का विचार उन्होंने मार्क्स और एंगिल्स से लिया है। लेवी स्त्रास ने तीन आधारभूत सामाजिक-दार्शनिक समस्याओं पर ध्यान केंद्रित किया : सामूहिक के बीच व्यक्ति की स्थिति, सामूहिक और प्राकृतिक संसार के बीच संबंध, और जिस संस्कृति का वह अध्ययन करता है और उसकी अपनी संस्कृति—दोनों के बारे में मानव-विज्ञानी की भूमिका। इसके अलावा, चॉम्स्की की ही तरह लेवी स्त्रास भी संरचनाओं का अध्ययन, उतनी ही दूर तक करते थे जहाँ तक वे मानसिक संरचना को प्रतिबिंबित करने में सहायक होती हैं।

स्त्रास ने 'मन की प्रकृत अवस्था' को अपना विषय बनाया। उनका तर्क था कि लगभग सभी आदिम संस्कृतियों में नाम देने और संबद्ध करने की जो जटिल व्यवस्था है जिसे स्त्रास 'वस्तु-विज्ञान' कहते हैं, वह अपने ढंग से उतनी ही सैद्धांतिक है जितना हमारा अपना विज्ञान। मिथक और टोटमवाद की विषम संरचनाओं में भी वैसे ही बोधगम्य और कठोर नियमों का पालन किया जाता है जितनी हमारी अपेक्षाकृत साफ-सुथरे ढंग से बनाई गई व्यवस्थाओं में।

लेवी स्त्रास ने व्यापक स्तर पर कई खंडों में सैकड़ों मिथकों का विश्लेषण किया है। उनका मानना था कि कोई मिथक किसी दूसरे की तुलना में आधारभूत नहीं होता : "मिथकशास्त्र की दुनिया गोल है।" गोकि यह अलग बात है कि आधार रूप में किसी एक मिथक या उसके संदर्भ का चुनाव सुविधा या व्यवस्था के लिए कर लिया जाए।

साहित्य के अध्ययन में संरचनावाद की उपयोगिता इस रूप में देखी गई कि संरचनावाद मुख्य रूप से सांस्कृतिक क्षेत्रों पर लागू होता है। जहाँ हर चीज प्रत्यक्ष या परोक्ष रूप में मस्तिष्क का उत्पाद होती है। इसलिए संरचनाओं के बीच समानता पर आश्चर्य नहीं किया जाना चाहिए। यह संभव है कि समानता पहली ही बार में दिखाई न पड़े या पूरी तरह प्रकट न हो; उसे आलोकित करने के लिए कृति की जरूरत पड़े, वह हो सकता है किसी दूसरी संरचना के माध्यम से, समझ में आए। इस प्रक्रिया का कोई अंतिम चरण नहीं होता। इससे स्पष्ट है कि अंततः तर्क के द्वारा नहीं प्रस्तुति के द्वारा ही बोधगम्यता सिद्ध की जा सकती है।

संरचनावाद के अनुसार भाषा सबसे बुनियादी और सर्वाधिक विश्वव्यापी सांस्कृतिक उत्पाद होती है। उसकी अपनी संरचना भाषाशास्त्र का सरोकार है, लेकिन भाषाशास्त्र यहाँ तक कि **पैरोल** (वैयक्तिक अभिव्यक्ति) का भाषाशास्त्र भी भाषा का अध्ययन सार्विक स्तर पर करता है। भाषा ऐसी अनेक शिल्पगत रचनाएँ प्रस्तुत करती है जिनकी तरफ केवल भाषिक-विश्लेषण करने वालों का ध्यान नहीं जाता। संरचनावाद की दिलचस्पी इनमें से मुख्य रूप से **दो** में होती है : वह जो भाषा से **बनाया** जाता है, अर्थात् **साहित्य** जो आलोचना की दिलचस्पी का विषय है, और वह जो भाषा से **खुद को बनाता** है, अर्थात् **विषय** जिसमें मनोविश्लेषण की दिलचस्पी होती है।

लेवी स्त्रास के अनुसार साहित्य उस क्षेत्र पर स्थित होता है जहाँ भाषाशास्त्र और मानव जाति-विज्ञान एक-दूसरे को काटते हैं। भाषाशास्त्री काव्यकृतियों में उन संरचनाओं की पहचान करता है जिनकी स्पष्ट रूप से समानता उन संरचनाओं से होती है जिन्हें नृविज्ञानी मिथकों में खोज निकालते हैं। अपनी ओर से नृविज्ञानी भी यह पहचानने के लिए विवश होते हैं कि मिथक केवल अवधारणाओं के वाहक नहीं, बल्कि स्वयं कलाकृतियाँ होते हैं। कला एक सांस्कृतिक उत्पाद होती है, और साहित्य भाषिक माध्यम की क़ला होता है।

साहित्यिक कृतियाँ भाषिक निर्मितियाँ होती हैं, लेकिन मिथकों की ही तरह उनमें अवधारणात्मक कथ्य होता है, साथ ही उनका विषयगत, सामाजिक, मनोवैज्ञानिक और कलागत पक्ष भी होता है। संरचनावाद, जहाँ भी बोधगम्यता दिखाई पड़े, उसकी पहचान करता है, और साहित्य के संदर्भ में उसका दायित्व इन पक्षों के महत्त्व की छानबीन करना भी होता है। फ्रांस में संरचनावादी आलोचना का वर्गीकरण मनोविश्लेषणात्मक, मार्क्सवादी, और अस्तित्ववादी दृष्टिकोणों के साथ, या 'नयी समीक्षा' या 'विचारधारात्मक आलोचना' के साथ किया जाता है। क्योंकि वह भी साहित्यिक प्रतिष्ठानों की रवायतों और उनके प्रति निष्ठा से इंकार करता है और इस बात पर बल देता है कि कृति संसार में एक **वस्तु,** एक **पाठ,** 'लेखन' का **उत्पाद** होती है। अथवा एक ऐसा मानवीय या सामाजिक **अवशेष** जिसकी तुलना मिथक

से की जा सकती है। इसलिए उसे किसी विशेष रचनाकार की उत्कृष्ट कलाकृति या किसी अंधश्रद्धास्पद साहित्यिक विरासत का नमूना मानने के बजाय एक ऐसे शहर या मंदिर की तरह देखा जाना चाहिए जिसकी वास्तुकलात्मक पुनर्रचना या उसके गूढ़ार्थ के उद्घाटन की संभावना हो।

आलोचना में संरचनावादी आंदोलन का नेतृत्व बार्थ ने किया। उन्होंने सामान्य रूप से संकेत-व्यवस्था का सार प्रस्तुत किया। यह उस विज्ञान की दिशा में पहला कदम था जिस पर सस्यूर और लेवी स्त्रास दोनों ने विचार किया था। वह विज्ञान, जो भाषा पर विचार करते हुए उसके पार जाता था। और भाषा को उपलब्ध अनेक महत्त्वपूर्ण व्यवस्थाओं में से केवल एक मानता था। आश्चर्य नहीं है कि बार्थ ने जो एकमात्र विकसित तकनीकी तंत्र प्रस्तावित किया वह पूरी तरह भाषाशास्त्र पर आधारित था। यह भी कि भाषा को ही प्रधान और प्रकट रूप में सबसे सुरचित व्यवस्था समझना निश्चित रूप से सही होगा, लेकिन और सबकी अपेक्षा केवल उसे प्रतिमानात्मक मानने के कुछ खतरे भी हैं।

बार्थ के विश्लेषण में एक प्रस्ताव यह भी है कि मानस की संरचना का सामान्य रूप से अनुमान भाषा, सांस्कृतिक कला-रूप जैसे उसके व्यापक कारकों के आधार पर लगाने के बजाय, विशिष्ट मानस अर्थात् व्यक्तित्वों की संरचना को उनके तात्कालिक कारकों से जोड़कर देखा जाय जिसमें वाक्य-विन्यास की वह वाचिक शृंखला होती है जिससे हर व्यक्ति की बोली निर्मित होती है।

निष्कर्ष रूप में 'संरचनावाद' ने अवधारणा और आंदोलन के रूप में साहित्य में जो स्वरूप ग्रहण किया, उसकी विडंबना यह थी कि इस आंदोलन का नेतृत्व करने वालों में भी कई लोगों को इसे 'संरचनावाद' शीर्षक से पहचाने जाने पर ही आपत्ति है। आपत्ति के अनेक रूपों में से मुख्य तीन हैं। पहली आपत्ति तो यह है कि संरचनावाद एक ऐसा 'वाद' या ऐसी विचारधारा है जो अपने समर्थकों को विचारों और अवधारणाओं का ऐसा 'पैकेज' थमा देती है जिन्हें या तो वे निष्ठा से अपनाएँ या पूरी तरह खारिज कर दें। इसके अलावा ऐतिहासिक, प्रत्यक्षवादी, अस्तित्ववादी जैसे किसी भी अन्य दृष्टिकोण या मतभेद के लिए उसमें कोई संभावना नहीं रहती। दूसरी आपत्ति जो इस आंदोलन के राष्ट्रीय स्रोतों की दृष्टि से समझ में आती है वह यह है कि संरचनावाद फैशन हो गया है। ऐसी हर चीज़ जिसका उससे स्पष्ट विरोध न हो, या ऐसी हर चीज़ जो पूरी तरह समझ में न आए, उसे फ्रेंच प्रेस में 'संरचनावादी' कह दिया जाता है। तीसरी आपत्ति यह की गई कि संरचना की धारणा का तकनीकी उपयोग होता है, विशेषकर गणित में। उसी मूल से यह अवधारणा भाषाशास्त्र और नृविज्ञान के क्षेत्र में आई है। अतः साहित्य और दर्शन जैसे क्षेत्रों में इसके अनियत विस्तार पर शुद्धतावादियों ने आपत्ति की। उदाहरण के लिए उन आलोचकों के बारे में लेवी स्त्रास का धैर्य जवाब देने लगता है जो

भाषाशास्त्रीय संरचनावाद की सीमा पार करते हैं।

कुल मिलाकर साहित्यिक आलोचना में इस सिद्धांत का न सुनिश्चित रूप बन सका न व्यवहार। इसका मुख्य कारण भाषाशास्त्रीय तकनीकी के साथ मनोविश्लेषण और नृविज्ञान जैसे विषयों पर इसकी निर्भरता थी।

□□

उत्तर कृष्ण

दुनिया जिसके लिए
हथेली पर रखा आँवला हो गई है
वह ज़्यादा दिनों तक
अँट नहीं पाएगा इस दुनिया में

अर्थ जान लेना
व्यर्थ कर देना है

पछाड. खाते और सिर पटकते
तूफान के लौटने का
आता हुआ सन्नाटा उसके पीछे होगा
और एक अनन्त काला बादल
उसके आगे

अपनी अटूट थकान
और अवेध्य अकेलेपन में

व्याध के तीर की प्रतीक्षा में लेटा हुआ
वह उत्तर-कृष्ण होगा

चमत्कार

न कहीं कुछ कौंधा। न कहीं कुछ प्रगट हुआ। न कहीं कुछ लोप हुआ।

हवा वैसे ही चली। चिड़िया वैसे ही उड़ी। जल वैसे ही बहा।
फूल वैसे ही खिले। तारे वैसे ही उगे।

बस उसने आँख उठाकर नज़र भर देखा। उसका हाथ
अपने हाथों में लिया। कोई बात निकली। खपरैल से
चूल्हे का धुआँ उठा। दो बूढ़े एक पुलिया पर बैठे।
प्रवासी पक्षी पेड़ को शुक्रिया कह अपने देश उड़ा।
एक अनलिखा पत्र पढ़ा। एक फोन मन में बजा।
एक भूला हुआ स्वाद जीभ में जगा।

इस तरह एक दैनिक चमत्कार हुआ।

●●●